Stephan Bröchler · Julia von Blumenthal (Hrsg.)
Regierungskanzleien im politischen Prozess

Schriften der Sektion Regierungssystem und Regieren in der Bundesrepublik Deutschland der Deutschen Vereinigung für Politische Wissenschaft

Stephan Bröchler
Julia von Blumenthal (Hrsg.)

Regierungskanzleien im politischen Prozess

VS VERLAG

Bibliografische Information der Deutschen Nationalbibliothek
Die Deutsche Nationalbibliothek verzeichnet diese Publikation in der
Deutschen Nationalbibliografie; detaillierte bibliografische Daten sind im Internet über
<http://dnb.d-nb.de> abrufbar.

1. Auflage 2011

Alle Rechte vorbehalten
© VS Verlag für Sozialwissenschaften | Springer Fachmedien Wiesbaden GmbH 2011

Lektorat: Frank Schindler | Verena Metzger

VS Verlag für Sozialwissenschaften ist eine Marke von Springer Fachmedien.
Springer Fachmedien ist Teil der Fachverlagsgruppe Springer Science+Business Media.
www.vs-verlag.de

Das Werk einschließlich aller seiner Teile ist urheberrechtlich geschützt. Jede
Verwertung außerhalb der engen Grenzen des Urheberrechtsgesetzes ist
ohne Zustimmung des Verlags unzulässig und strafbar. Das gilt insbesondere
für Vervielfältigungen, Übersetzungen, Mikroverfilmungen und die Einspeicherung und Verarbeitung in elektronischen Systemen.

Die Wiedergabe von Gebrauchsnamen, Handelsnamen, Warenbezeichnungen usw. in diesem
Werk berechtigt auch ohne besondere Kennzeichnung nicht zu der Annahme, dass solche
Namen im Sinne der Warenzeichen- und Markenschutz-Gesetzgebung als frei zu betrachten
wären und daher von jedermann benutzt werden dürften.

Umschlaggestaltung: KünkelLopka Medienentwicklung, Heidelberg
Gedruckt auf säurefreiem und chlorfrei gebleichtem Papier
Printed in Germany

ISBN 978-3-531-16386-4

Inhalt

Stephan Bröchler und Julia von Blumenthal
Einleitung 7

1 Stand und Perspektiven der Forschung im internationalen Vergleich

Stephan Bröchler
Regierungszentralenforschung: Konzeptionen und Entwicklungslinien
eines politik- und verwaltungswissenschaftlichen Arbeitsgebietes 15

Klaus König
Das Zentrum der Regierung 49

2 Das Bundeskanzleramt als Regierungszentrale

Friedbert W. Rüb
Regieren, Regierungszentrale und Regierungsstile.
Konzeptionelle Überlegungen zum Regierungsprozess
in einer sich beschleunigenden Welt 69

Ralf Tils
Strategisches Zentrum und Regierungszentrale im Kontext von
Party-Government. Strategische Regierungssteuerung am Beispiel
der Agenda 2010 103

Julia Fleischer
Das Bundeskanzleramt als Protagonist einer Institutionenpolitik?
Institutionelle Strategien und exekutive Entscheidungsfindung 133

Basil Bornemann
Regierungszentralen und Policy-Integration.
Die Bedeutung des Bundeskanzleramts für ein integratives Policy-Making
am Beispiel der nationalen Nachhaltigkeitsstrategie 153

3 Staatskanzleien im politischen Prozess

Martin Florack, Timo Grunden und Karl-Rudolf Korte
Kein Governance ohne Government.
Politikmanagement auf Landesebene 181

Martin Florack
Die Staatskanzlei als Regierungszentrale? Die nordrhein-westfälische
Staatskanzlei zwischen ‚politischer' und ‚strategischer' Steuerung
in der Hochschulpolitik 203

Rüdiger Frohn
Staatskanzleien als Regierungszentralen.
Erfahrungen und Erkenntnisse eines Akteurs 225

Verzeichnis der Autorinnen und Autoren 235

Einleitung

Stephan Bröchler und Julia von Blumenthal

Das Interesse an Regierungszentralen in der bundesdeutschen Politikwissenschaft wächst, wie mehrere Forschungsprojekte, eine Reihe von wissenschaftlichen Tagungen[1] und Publikationen, die sich besonders mit dem Bundeskanzleramt in Berlin und mit Staatskanzleien der Länder auseinandersetzen, eindrucksvoll belegen. Neue Akzente setzt die aktuelle Forschung dabei vor allem beim methodischen Zugang und bei der theoretisch-konzeptionellen Anlage. Jüngere Studien wenden sich ungleich stärker der Empirie zu und arbeiten vergleichend. Im Blick auf das reflexive Instrumentarium wird die Forschung zum Zentrum der Regierung in breiter Linie für konzeptionelle Ansätze und Theorien geöffnet.

Damit etabliert sich ein Verständnis von Regierungszentralenforschung als Teilgebiet der Regierungsforschung. Im Zentrum steht die Analyse des Regierens, also die Art und Weise in der die Aufgaben der Lenkung, Führung und Koordination durch die demokratisch legitimierten Kerninstitutionen des Regierungssystems ausgeübt werden (Hennis 1965: 424). Regierungsforschung interessiert sich für die Art und Weise der Tätigkeit des Regierens im Spektrum prozessualer, struktureller, funktionaler, instrumenteller und personaler Aspekte im Rahmen eines systematischen und empirisch gesättigten wie theoretisch anspruchsvoll gestalteten Forschungsprozesses. Sie will Regieren exakt beschreiben, erklären und kritisch bewerten (Bröchler 2010a). Die Charakteristik der Regierungszentralenforschung als Teilgebiet der Regierungsforschung resultiert aus ihrem Interesse für die theoriegeleitete empirische Erforschung der institutionellen und organisatorisch-instrumentellen Voraussetzungen und Bedingungen (Polity) der Regierungskanzleien, die politischen Prozesse, in die sie einbezogen sind (Politics) und der Politikinhalte (Policy), die sie bearbeiten (Bröchler 2010b). Der Blick in die politikwissenschaftliche Literatur zeigt, dass das Spektrum der Kerninstitutionen des Regierungssystems unvollständig ausgeleuchtet ist. Während das Parlament, besonders der Deutsche Bundestag (Schöne/Blumenthal 2009; Marschall 2005; Ismayr 2001) wie auch die Verwaltungen im föderalen Mehrebenensystem (Bogumil/Jann/Nullmeier 2006) intensiv be-

---

1 Die Beiträge dieses Bandes gehen auf eine Tagung zurück, die die Sektion Regierungssystem und Regieren in der Bundesrepublik Deutschland der DVPW im Jahr 2007 Jahr an der FernUniversität in Hagen veranstaltet hat.

forscht werden, ist die Rolle von Regierungszentralen als Kerninstitution der Regierung noch immer vergleichsweise wenig untersucht. Die übergreifende Frage, mit der sich die Beiträge dieses Bandes befassen, lautet: Welche Rolle kommt Regierungszentralen im politischen Prozess zu? In drei Kapiteln werden unterschiedliche Zugänge zu dem Forschungsfeld entfaltet: Im ersten Abschnitt „Stand und Perspektiven der Forschung im internationalen Vergleich" wird das konzeptionelle Profil der Regierungszentralenforschung reflektiert. Was ist der forschungsstrategische Kontext der Frage nach der Rolle der Regierungszentralen im politischen Prozess? Der Beitrag von Stephan Bröchler untersucht, wie das Forschungsfeld Regierungszentralen durch die bundesdeutsche Politik- und Verwaltungswissenschaft erschlossen wurde und wird. Wie haben sich Herangehensweisen und Problemstellungen verändert? Es zeigt sich, dass die Forschung seit den 60er Jahren strukturelle Veränderungen erfahren hat. Während lange Zeit die Polity-orientierte Regierungskanzleienlehre und die auf Policy-Aspekte orientierte Regierungszentralenforschung die Analysen prägte, diagnostiziert Bröchler seit dem Beginn des 21. Jahrhunderts einen forschungsstrategisch bedeutsamen Wandel zur modernen Regierungszentralenforschung, die sich vielfältiger theoretisch und methodisch reflektierter Zugänge bedient.

Grundsätzliche Fragen, die seitens der Forschung zu berücksichtigen sind, thematisiert Klaus König in seinem Beitrag. Für die Analyse des Zentrums der Regierung sind es zum einen Personen und Ereignisse, denen hohe Relevanz zukommt. Zum anderen aber, so verdeutlicht König am Beispiel der Regierungszentralen Deutschlands, der USA, Frankreichs und der Schweiz, ist es unverzichtbar, die Regierungsinstitutionen und –technologien, die „machinery of government", in Untersuchungen einzubeziehen. Besonders der international vergleichenden Forschung misst König dabei einen hohen Stellenwert zu. Das komparative Forschungsdesign ermögliche es, organisatorische wie funktionale Unterschiede und Gemeinsamkeiten aufzuzeigen.

Der zweite Teil des Bandes wendet sich dem Bundeskanzleramt als Regierungszentrale zu. Einen konzeptionellen Beitrag zur Erforschung der Rolle des Bundeskanzleramtes im Regierungsprozess präsentiert Friedbert Rüb. In Abgrenzung zu modernen Diagnosen, die von einem Verlust an klassischem Regieren ausgehen, konstatiert Rüb eine wachsende Bedeutung der Kernexekutive innerhalb des politischen Prozesses. Diese ergibt sich, wie im Folgenden dargestellt wird, aus Veränderungen in der „Sach-, Sozial- und Zeitdimension" des Regierens, die im Ergebnis zu einer Beschleunigung des politischen Prozesses führen. Wie sich diese Veränderungen im konkreten Regierungshandeln niederschlagen, sei, so Rüb, am besten mit einem an der Praxis orientierten analytischen Blick zu erfassen. Aus den systematisch identifizierten Regierungspraktiken gewinnt Rüb eine Typologie von Regierungsstilen, innerhalb derer das Bundeskanzleramt eine je spezifische Rolle übernimmt, wie im Folgenden anhand von kurzen Fallstudien zu den Regierungsstilen von Helmut Kohl, Gerhard Schröder und Angela Merkel vorgeführt wird.

Mit der Agenda 2010 hat sich Ralf Tils einen vielfach analysierten und unterschiedlich eingeordneten Fall vorgenommen. Tils folgt einer akteurszentrierten Perspektive, die sich dezidiert von institutionalistischen Überlegungen wie dem Governance-Ansatz abgrenzt. Im Zentrum seines Ansatzes steht das „Strategische Zentrum", ein Begriff, der Gemeinsamkeiten mit dem der Core Executive hat, damit jedoch nicht deckungsgleich ist, wie Tils zeigt. Die Aufgaben dieses strategischen Zentrums werden in vier Dimensionen ausdifferenziert, die sich auf das Problem, die Organisation, die Kommunikation sowie die politische Konkurrenz beziehen. Aus der Anwendung dieses Analyserasters auf den Fall der Agenda 2010 zeigt sich, so Tils, dass es der Regierung Schröder in allen vier Bereichen nicht gelungen ist, ein ausreichendes Maß an strategischer Steuerung sicherzustellen. Der innerparteiliche Konflikt in der SPD sowie der nachhaltige Absturz in der Wählergunst seien die konsequente Folge des Fehlens einer „integrierten Gesamtsteuerung" gewesen.

Julia Fleischer diskutiert die Frage nach der Rolle der Regierungszentralen aus organisationstheoretischer Sicht. Als Schlüssel für die Analyse erweist sich die neo-institutionalistische Organisationstheorie. Mit ihrer Hilfe lässt sich sowohl ein konzeptionelles Verständnis gewinnen, wie individuelle und korporative Akteure vom jeweiligen institutionellen Kontext beeinflusst werden als auch, wie die Akteure Einfluss auf ihre Umwelt nehmen. Zwei Fragen werden für die Analyse in den Vordergrund gerückt: erstens, wie die Rolle des Kanzleramtes vom institutionellen Kontext des politisch-administrativen Systems geprägt wird; zweitens, wie das Zentrum der Macht als institutioneller Akteur handelt, um politische Prozesse wie auch die eigene Kontextualisierung in der Regierungsorganisation zu beeinflussen.

Der Begriff der Policy- oder Politik-Integration verweist auf die Anforderung an Regierungen, ihre politischen Vorhaben inhaltlich so zu koordinieren, dass sie weitgehend widerspruchsfrei bleiben sowie auf das Problem politischer Steuerung angesichts der Vielzahl von Arenen, in denen politische Prozesse ablaufen. Bornemann zeigt in einer Auseinandersetzung mit den Kernbegriffen des Konzepts, dass eine Befreiung von häufig nur implizit damit verbundenen normativen Vorstellungen den analytischen Nutzen des Konzepts erheblich steigern würde. Er entwirft ein ausdifferenziertes Konzept, das Gegenstände, Orte, Mechanismen der Integration analytisch in den Blick nimmt. Dieses wendet er auf die Ausarbeitung der nationalen Nachhaltigkeitsstrategie im Jahr 2000 an. Es zeigt sich, dass das Kanzleramt – in Grenzen – eine integrative Rolle wahrnimmt, wobei es sich unterschiedlicher Vorgehensweisen (Mechanismen) bedient.

Der dritte Teil richtet den Blick auf die Landesebene und thematisiert die Rolle von Staatskanzleien im politischen Prozess. Martin Florack, Timo Grunden und Karl-Rudolf Korte analysieren wichtige Bedingungen von Politikmanagement auf der Ebene der deutschen Bundesländer. Am Beispiel von Nordrhein-Westfalen zeigen die Autoren, dass das Politikmanagement einer Landesregierung durch eine ausschließliche Governance-Perspektive nicht ausreichend erfasst werden kann. Fünf Strukturmerkmalen wird für das Regieren besondere Bedeutung beigemessen. Ministerpräsidentendemokratie, Parteiendemokratie, Koalitionsdemokratie, Mediendemokratie und verhandelnde Wettbewerbsdemokratie bilden für das Politikmanagement auf Landesebene die essentiellen Wechselwirkungen informellen Regierens mit institutionellen Rahmenbedingungen ab. Im Kontext der Diskussion über modernes Regieren arbeiten die Autoren heraus, dass die Governance-Perspektive für die Landesebene einer stark auf Government ausgerichteten Ergänzung bedarf.

Martin Florack untersucht in seinem Beitrag die Steuerungs- und Koordinationsleistung der Regierungszentrale von Nordrhein-Westfalen. Ausgangspunkt der Untersuchung ist die in der Literatur weit verbreitete Annahme, dass Staatskanzleien – wie das Kanzleramt auf der Ebene des Bundes – eine herausragende Steuerungs- und Koordinationsleistung zukommt. Am Beispiel des Gesetzgebungsprozesses des „Hochschulfreiheitsgesetzes" (HFG) des Landes NRW untersucht Florack, ob sich die in der Literatur häufig geäußerte Einschätzung, Staatskanzleien komme eine herausragende Steuerungs- und Koordinationsleistung zu, empirisch bestätigen lässt. Florack zeigt, dass im Blick auf das Fallbeispiel HFG die Staatskanzlei NRW nicht die Funktion eines zentralen Steuerungsakteurs übernommen hat. Als wichtige Ursachen für die in diesem Fall eingeschränkte Steuerungsleistung und damit auch als Bedingungen für erfolgreiches Politikmanagement identifiziert Florack die folgenden Faktoren: Akteurspräferenzen, zeitliche Einflussfaktoren und die strategische Nutzung informeller Koordinationsinstanzen.

Im abschließenden Beitrag schildert Rüdiger Frohn aus seiner langjährigen Erfahrung als Chef der Staatskanzlei NRW, wie vielfältig die Aufgaben einer Regierungszentrale sind. Sie ist nicht nur „Notariat" der Landesregierung, sondern auch die zentrale Koordinationsstelle für die mittelfristige Planung einer Legislaturperiode ebenso wie für die kurzfristige Reaktion auf außergewöhnliche Situationen und Krisen. Der Bericht lässt anschaulich werden, wie diese vielfältigen Aufgaben wahrgenommen werden und welche Qualifikationen die Mitarbeiterinnen und Mitarbeiter dafür benötigen.

Einleitung

Die Beiträge des Bandes zeigen, dass die Regierungszentralenforschung in Deutschland bereits aktuelle empirische Ergebnisse sowohl zur Bundes- als auch zur Landesebene vorweisen kann, wenngleich Forschungsbedarf für weitere, insbesondere vergleichende Analysen zu verschiedenen Ländern, Politikfeldern und Regierungsformaten besteht. In theoretisch-konzeptioneller Hinsicht spiegelt die Regierungszentralenforschung die Breite politikwissenschaftlicher Forschung zwischen stärker akteursorientierten und institutionalistischen Ansätzen sowie Kombinationen beider Perspektiven wider.

Herzlich möchten wir uns bei allen bedanken, die zum Gelingen dieses Bandes beigetragen haben. Neben den Autorinnen und Autoren gilt unser Dank insbesondere Steffi Grimm und Sebastian Scharch vom Lehrgebiet Innenpolitik der Humboldt-Universität zu Berlin für die intensive und sorgfältige Unterstützung bei der Fertigstellung. Seitens der Justus-Liebig-Universität Gießen haben Lena Herget und Anne Marie Hoffmann vom Lehrgebiet für das Politischsoziale System Deutschlands/Vergleich politischer Systeme mit Fleiß und Engagement an dem Projekt mitgewirkt. Dem VS-Verlag danken wir für die Aufnahme des Bandes in die Reihe der Sektion.

Literaturverzeichnis:

Bogumil, Jörg/Jann, Werner/Nullmeier, Frank (Hrsg.) (2006): Politik und Verwaltung, Politische Vierteljahresschrift-Sonderheft 37/2006, Wiesbaden: Verlag für Sozialwissenschaften.

Bröchler, Stephan (2010a): E-Government im Bundeskanzleramt. Reformfähigkeit durch technische Innovationen? In: Florack, Martin/Grunden, Timo (Hrsg.): Regierungszentralen: Organisation, Steuerung und Politikformulierung zwischen Formalität und Informalität, Wiesbaden, im Erscheinen.

Bröchler, Stephan (2010b): Regierungszentralenforschung: Entwicklungslinien eines politik- und verwaltungswissenschaftlichen Arbeitsgebietes, in: Bröchler, Stephan/Blumenthal, Julia von (Hrsg.): Regierungszentralen im politischen Prozess, Wiesbaden, Beitrag in diesem Band.

Hennis, Wilhelm (1965): Aufgaben einer modernen Regierungslehre. In: Politische Vierteljahresschrift, Band 6, Opladen, S. 422-441.

Ismayr, Wolfgang (2001): Der Deutsche Bundestag im politischen System der Bundesrepublik Deutschland, 2. Auflage, Opladen: Leske + Budrich.

Marschall, Stefan (2005): Parlamentarismus. Eine Einführung, München: Nomos.

Schöne, Helmar/Blumenthal, Julia von (2009) (Hrsg.): Parlamentarismusforschung in Deutschland: Ergebnisse und Perspektiven 40 Jahre nach Erscheinen von Gerhard Loewenbergs Standardwerk zum Deutschen Bundestag, München: Nomos.

1 Stand und Perspektiven der Forschung im internationalen Vergleich

Regierungszentralenforschung: Konzeptionen und Entwicklungslinien eines politik- und verwaltungswissenschaftlichen Arbeitsgebietes

Stephan Bröchler

Was wissen wir zu Beginn des 21. Jahrhunderts über Regierungszentralen? Das Weiße Haus, No. 10 Downing Street, der Elysée Palast oder das deutsche Bundeskanzleramt sind vielen Bürgerinnen und Bürgern besonders aus der Fernsehberichterstattung bekannt. Regierungskanzleien sind bevorzugte Orte sowohl für die Selbstinszenierung der Politik als auch für die journalistische Berichterstattung. In Rundfunk- und Fernsehansprachen und neuerdings auch in Internet-Video-Podcasts wenden sich die Staats- und Regierungschefs von hier aus persönlich an die Bevölkerung (Glaab 2000; Clemens 2000). In Nachrichtensendungen des Fernsehens stellt das „Zentrum der Regierung" (König 2010) eine beliebte Hintergrundkulisse für die aktuelle politische Berichterstattung aus Washington, London, Paris oder Berlin dar. Die mediale Konstruktion zeichnet ein Bild von Regierungszentralen als Bühne und Kulisse der Regierenden.

Doch reicht die Antwort aus, dass Regierungskanzleien „Paläste der Macht"[1] darstellen? Aus politikwissenschaftlicher Sicht ist diese Deutung differenziert zu betrachten. Zum einen trägt das mediale Bild durchaus dazu bei, die Bedeutung von Regierungskanzleien einzuordnen. Das Verständnis von Regierungskanzleien als Bühne und Kulisse lässt sich politikwissenschaftlich dem Begriff der „Darstellungspolitik" (Korte/Fröhlich 2009: 15) zuordnen. Regierungskanzleien sind Teil der symbolischen und öffentlich inszenierten medienvermittelten Politik. Zum anderen erweist sich der Fokus auf die „Darstellungspolitik" für die Analyse von Regierungskanzleien als selektiv. Denn der Blick ist darauf fixiert, was „auf" der Bühne und „vor" den Kulissen geschieht. Um die Bedeutung der Regierungskanzleien zu verstehen, reicht die Analyse der Darstellungspolitik aus politikwissenschaftlicher Perspektive allein nicht aus. Es ist vielmehr erforderlich, die Analyseperspektive zu erweitern und in den Blick zu nehmen, was „hinter" der Bühne geschieht. Wie tragen die Regierungskanzleien zum Lenken, Steuern, Bündeln, Koordinieren und Richtung Geben der Regie-

---

[1] So der Titel einer Dokumentationsreihe von Gero von Boehm, die im Zweiten Deutschen Fernsehen ausgestrahlt wurde.

rungspolitik bei? Diese Perspektive lässt sich als Entscheidungspolitik (Korte/Hirscher 2000) bezeichnen. Im Fokus steht die Analyse der Verfahrensmerkmale der Politik, wie durch Entscheidungsmanagement Konflikte bearbeitet und möglicherweise gelöst werden. Von der Darstellungs- und der Entscheidungspolitik zu unterscheiden ist eine weitere Analyseperspektive: die Organisationspolitik (Bröchler 2010; König 1990b). Während Darstellungspolitik die Bedeutung symbolischer Politik (Edelmann 1990; Sarcinelli 1987) beleuchtet, Entscheidungspolitik Machtstrategien analysiert, erforscht Organisationspolitik die instrumentelle Seite des Regierens. Was sind die organisatorischen Voraussetzungen und Instrumente (die „tools of government"), mit denen Regierungskanzleien ihre Funktionen und Aufgaben erfüllen? Welche Bedeutung kommt dem Einsatz neuer Medien, wie Computer und Internet (Bröchler 2010, 2001) zu? Die Trias aus Darstellungs-, Entscheidungs-, und Organisationspolitik konstituiert ganz wesentlich den forschungsstrategischen Rahmen politikwissenschaftlicher Regierungszentralenforschung: Diese umfasst sowohl die Analyse der (Selbst-) Inszenierung von Regierungszentralen im Kontext der medial vermittelten politischen Kommunikation als auch die (theoriegeleitete empirische) Erforschung der institutionellen und organisatorisch-instrumentellen Voraussetzungen und Bedingungen (Polity) der Regierungskanzleien, der politischen Prozesse, in die sie einbezogen sind (Politics) und der Politikinhalte (Policy), die sie bearbeiten.

Bis Mitte der 60er Jahre waren Regierungskanzleien, wie das Bundeskanzleramt in Bonn und die Staats- und Senatskanzleien der Bundesländer, ein brach liegendes politik- wie verwaltungswissenschaftliches Forschungsgebiet. Dass sich dieser Befund änderte, geht nicht unwesentlich auf den Aufsatz von Wilhelm Hennis „Aufgaben einer modernen Regierungslehre" zurück (Hennis 1965). Hennis diagnostizierte Desiderate politikwissenschaftlicher Forschung und leitete hieraus Aufgaben für künftige Analysen zum deutschen Regierungssystem ab. Ein wichtiger Aspekt betraf die Analyse der Aufgabenerfüllung zentraler Regierungsinstitutionen. Hennis betonte – angesichts des „Hinterherhinkens" im internationalen Vergleich – besonders die Notwendigkeit und Dringlichkeit der Erforschung des deutschen Bundeskanzleramtes. Seine rhetorisch gemeinte Frage, „Was wissen wir bei uns in der Bundesrepublik schon über die Arbeit des Bundeskanzleramt …." (Hennis 1965: 433), stellt einen wichtigen Referenzpunkt für die folgenden Anstrengungen zur Erschließung des Forschungsfeldes Regierungskanzleien in Deutschland dar.

Der Beitrag argumentiert, dass bereits wenige Jahre nachdem die Forschung über Regierungskanzleien in Deutschland aufgenommen wurde, sich zwei Herangehensweisen an den neuen Forschungsgegenstand herausbilden: Die Erste, die Regierungskanzleienlehre, legt den Schwerpunkt auf die Form, insbesondere auf die Analyse rechtlicher Normen und organisatorischer Aspekte der Regierungskanzleien. Die Zweite, die Regierungszentralenforschung ist durch ihren Fokus auf die inhaltliche Dimension, besonders die Analyse der Aufgaben, der Ziele und der Programme geprägt. Nach einer kurzen Blüte in den 60er und 70er Jahren schwand jedoch das Interesse und Analysen zum Zentrum der Regierung führten innerhalb der Regierungslehre lange Zeit ein Nischendasein. Zu Beginn des 21. Jahrhunderts kommt es zur quantitativen wie qualitativen Neubelebung der Forschung über Regierungszentralen. Es entwickelt sich die moderne Regierungszentralenforschung.

Im Folgenden wird untersucht, wie sich die Erschließung des Forschungsfeldes im Kontext der Regierungskanzleienlehre und der Regierungszentralenforschung entwickelt hat und welche Faktoren für den Wandlungsprozess zur modernen Regierungszentralenforschung bedeutsam sind. Wie haben sich die Herangehensweisen und Problemstellungen der politik- und verwaltungswissenschaftlichen Forschung zum Zentrum der Regierung verändert?

1 Der Fokus der Regierungskanzleienlehre

Im Zentrum dieses Abschnitts steht die Präzisierung des Begriffs Regierungskanzleienlehre. Um genauer zu fassen, was der Begriff beinhaltet, wird das Profil umrissen. Dabei geht es um die Beantwortung der Frage, welche Aspekte maßgeblich dazu beitragen, die Regierungskanzleienlehre zu charakterisieren. Im Anschluss wird die Leistungsfähigkeit des Ansatzes diskutiert. Wo liegen Stärken und Schwächen des Ansatzes?

1.1 Das Profil der Regierungskanzleienlehre: die Ordnung des institutionellen Zentrums der Regierung

Im Folgenden werden wichtige Aspekte benannt, anhand derer sich das Profil der Regierungskanzleienlehre illustrieren lässt. Es wird argumentiert, dass den folgenden Aspekten besondere Bedeutung zukommt: spezifische Fragestellungen, hoher Stellenwert der Polity-Dimension, Forschungsprofil und Adressatenkreis.

(1) Maßgeblich zum Profil tragen die spezifischen Fragestellungen bei, die im Rahmen der Regierungskanzleienlehre bearbeitet werden. Hier lassen sich drei bedeutsame Forschungsthemen identifizieren.

Zur Genealogie des deutschen Bundeskanzleramtes
Ein nicht unwesentlicher Bereich interessiert sich aus historisch-deskriptiver Sicht für die Genealogie bzw. die Entwicklungsgeschichte des heutigen Bundeskanzleramtes. Dabei lassen sich zwei Perspektiven unterscheiden: die inter-systemische und die intra-systemische Analyse der Entwicklung. Die inter-systemische Perspektive fragt, wie sich die deutsche Regierungskanzlei unter den Bedingungen unterschiedlicher Regierungssysteme - im Längsschnitt - von ihren Anfängen im 19. Jahrhundert bis in das 20. Jahrhundert entwickelt hat. Dem Thema haben sich besonders Günther Behrendt (Behrendt 1967) und Siegfried Schöne (Schöne 1968) bereits in der zweiten Hälfte der 60er Jahre gewidmet. Vor allem die Arbeit von Schöne entfaltet die institutionelle und organisatorische Geschichte der Entwicklung der Regierungskanzlei von den Anfängen als „Bundeskanzleramt" im Norddeutschen Bund (1867-1871), über das „Reichskanzleramt" und die 1878 geschaffene „Reichskanzlei" im Deutschen Kaiserreich (1871-1919), der Weimarer Republik (1919-1933) und im Nationalsozialismus (1933-1945), die „Direktorialkanzlei" in der BiZone (1948-1949) hin zur (Neu-)Gründung des „Bundeskanzleramtes" in der Bundesrepublik Deutschland (seit 1949). Der Fokus liegt auf der Darstellung von Kontinuität und Wandel der prägenden Funktionen, Aufgaben und Organisationsformen der deutschen Regierungskanzlei unter den unterschiedlichen institutionellen Bedingungen der verschiedenen Regierungssysteme in Deutschland: der Monarchie, dem Semi-Präsidentialismus, der Autokratie, der Besatzung und der parlamentarischen Demokratie der heutigen Bundesrepublik. Schöne kommt im Blick auf den Norddeutschen Bund, das Kaiserreich, die Weimarer Republik und die Bundesrepublik Deutschland zu dem Ergebnis, dass die deutsche Regierungskanzlei ihre Funktion im historischen Verlauf von einer „Ein-Mann-Exekutive" zum Sekretariat des Kanzlers unter Otto von Bismarck, über das Kabinettsbüro der parlamentarischen Weimarer Regierung zum Hilfsorgan des Regierungschefs seit Konrad Adenauer in der heutigen Bundesrepublik gewandelt hat (Schöne 1968).

Während der inter-systemische Blick längsschnittig die großen Linien der formalen Aspekte der Entwicklungshistorie in den Blick nimmt, geht die intra-systemische Perspektive stärker in die Tiefe und fragt, wie sich das Kanzleramt – vertikal - innerhalb der Zeitspanne eines Regierungssystems verändert. Ein Beispiel ist der Band von Volker Busse „Bundeskanzleramt und Bundesregierung" (Busse 2005). Die grundlegende Publikation, die besonders der politischen Bildung verpflichtet ist, illustriert das rechtliche und organisatorische Gefüge als Voraussetzung der Aufgabenerfüllung des heutigen Bundeskanzleramtes und des Wandels, der sich unter den verschiedenen Bundeskanzlern nach 1949 vollzogen hat. Eine neuere politik- und verwaltungswissenschaftliche Studie lässt sich ebenfalls der intra-systemischen Sicht zuordnen. Thomas Knoll legt in seiner

Studie „Das Bundeskanzleramt. Organisation und Funktion 1949 bis 1999" eine Querschnittsanalyse der Entwicklung der Organisationsstrukturen und der Funktionen des Bundeskanzleramtes vom Beginn der Republik 1949 in Bonn bis zum Umzug nach Berlin 1999 vor (Knoll 2005).

Analyse der Organisationsstrukturen der Regierungskanzleien
Eine weitere Fragestellung, die der Regierungskanzleienlehre zugerechnet wird, untersucht, welche Bedeutung der Organisationsstruktur der Regierungskanzlei zukommt. Der Organisation des Zentrums der Regierung wird eine starke Prägekraft attestiert: sie kanalisiert, normiert und strukturiert Kanzleramt und Staatskanzleien und somit die Ordnung der Institution Regierung insgesamt in erheblichem Maße. Die Organisation der Regierung wird als Voraussetzung und Folge des Regierens verstanden (Derlien 1990; König 1990a). Analysen zeigen dabei die Ambivalenz von Organisation: Die Regierungsorganisation stellt erstens eine wichtige Bedingung für die Möglichkeit von Regierungspolitik dar. Ohne organisatorische Strukturen wie die einer Regierungskanzlei würde weder ein deutscher Bundeskanzler noch ein Ministerpräsident über ein Instrument verfügen, mit dem sie die eigene politische Willensbildung systematisch vorbereiten und zur Steuerung und Koordination der Regierungsarbeit maßgeblich beitragen könnten. Im Regierungssystem Deutschlands wären Bundeskanzler und Ministerpräsidenten „Könige ohne Kleider", die auf „gestenartige Handlungen" (Vollrath 1990: 69) beschränkt wären. Organisation stellt zweitens eine Beschränkung des Regierens dar. Als Anschauungsfall gilt der Föderalismus im Blick auf die organisatorischen Vorgaben der Verfassung und seine Bedeutung für die Konstruktion von Machtermöglichung und –begrenzung (König 1990a: 106).

Eine Erkenntnis der Regierungskanzleienlehre liegt darin, dass das Kanzleramt über ein Instrumentarium unterschiedlicher Problembearbeitungsstrukturen verfügt, mit deren Hilfe es die Komplexität bei der Auswahl von Informationen, Ereignissen, Personen, Problemen und politischen Handlungsstrategien reduziert. Vier Strukturelemente tragen auf unterschiedliche Weise zur Komplexitätsreduktion bei (König 1989: 52 ff.). 1) Die formale Organisationsstruktur des Kanzleramtes reduziert Komplexität, in dem die Kommunikationsbeziehungen in der Aufbau- und Ablauforganisation hierarchisch-pyramidenförmig organisiert werden. 2) Aufgabe des Bundeskanzleramtes ist es sowohl dem amtierenden Bundeskanzler als Hilfsinstrument zu dienen als auch Sekretariatsfunktionen für die Bundesregierung zu erfüllen. Die Programmstruktur des Kanzleramtes reduziert Komplexität, in dem die nur schwer überschaubare Zahl von Tätigkeiten, die aus diesem Profil erwachsen, zu Arbeitsschwerpunkten verdichtet werden: Das Bundeskanzleramt erfüllt – im Unterschied zu den übrigen Ministerien der Bundesregierung – kaum Ressortaufgaben. Der Schwerpunkt liegt in der intensiven wechselseitigen Regierungskommunikation zwischen Kanzleramt und Bundesministerien („Spiegelreferate") und der Bearbeitung von ressortübergreifenden Problemstellungen („Querschnittreferate"). 3) Prozessstrukturen tragen zum Abbau von Komplexität dadurch bei, dass sie die Vielzahl von Kommunikationsströmen in die Bahn der formalisierten hierarchischen Kommunikationsstruktur kanalisieren. Die formale Weisungsstruktur im Kanzleramt ist hierarchisch als „top down" Steuerung und Koordination organisiert. Der Dienstweg ist dadurch gekennzeichnet, dass die Leiter größerer Verwaltungseinheiten (Abteilungen und Gruppen) gegenüber kleineren Einheiten (Referate) weisungsbefugt sind. 4) Die Personalstruktur reduziert dadurch Komplexität, dass die unterschiedlichen Handlungserwartungen an die ca. 500 Mitarbeiter auf ein verbindliches Leitbild fixiert werden. Das Leitbild „öffentlicher Dienst" stellt darauf ab, dass das Personal unabhängig von der parteipolitischen Orientierung des Kanzlers und der politischen Leitungsebene des Kanzleramtes loyal und sachverständig seine Aufgaben erfüllt (König 1989: 65 ff.). Dies erklärt, warum sich das Verwaltungspersonal überwiegend aus Berufsbeamten zusammensetzt, das nach einem Macht- oder Regierungswechsel nur in geringem Maße ausgetauscht werden kann. Nur politische Beamte, wie Staatssekretäre und Ministerialdirektoren können in diesen Fällen in den einstweiligen Ruhestand versetzt werden.

Eine jüngere politikwissenschaftliche Publikation bettet die Auseinandersetzung mit den Staatskanzleien der Bundesländer in eine weiter gefasste Analyse der Staats- und Regierungschefs im föderalen System ein (Schneider 2001). Die Studie „Ministerpräsidenten. Profil eines politischen Amtes im deutschen Föderalismus" von Herbert Schneider legt Funktionen, Organisationsstrukturen der Staatskanzleien und ihre Stellung im politischen System als Zuarbeiter der Ministerpräsidenten dar.

Transfer von Erkenntnissen für den Aufbau neuer Staatskanzleien
Eine weitere Perspektive befasst sich mit den Strukturen der Staatskanzleien in den deutschen Bundesländern. Dabei geht es um die Frage, was nach der deutschen Einigung 1989 aus dem rechtlichen und organisatorischen Aufbau der Staatskanzleien in den alten Bundesländern, für die Konstruktion neuer Staatskanzleien in den neuen Ländern übertragen werden kann. Insbesondere die Publikationen von Klaus König und Otto Häußer sind bedeutsam. Beiden geht es darum, im deutschen Transformationsprozess der 90er Jahre institutionelles Wissen für den Aufbau von Regierungsstrukturen zu vermitteln. Die Schrift von Klaus König „Staatskanzleien. Funktion und Organisation" nimmt die strukturellen Voraussetzungen für die Funktions- und Aufgabenerfüllung der Regierungskanzleien in den alten Bundesländern in den Blick. Die Organisation der etablierten Staatskanzleien soll als Vorbild für die neuen Zentren der Regierung in

Ostdeutschland dienen (König 1993). Es wird herausgearbeitet, dass die Ordnungsstrukturen maßgebliche Voraussetzung für die Erfüllung des Aufgabenspektrums und der Funktionen der Staatskanzleien darstellen. Im Vordergrund steht das Ziel, die Besonderheiten von Staatskanzleien zu verdeutlichen. Betont wird die starke Stellung des Ministerpräsidenten, die sich in der Organisation seiner Regierungskanzlei niederschlägt. Den Ministerpräsidenten kommt in den Regierungssystemen der Länder – anders als in Stadtstaaten – eine Doppelfunktion zu: sie sind Landesoberhäupter und Regierungschef zugleich. Diese Konstruktion bildet sich in den rechtlichen und organisatorischen Strukturen der Regierungskanzleien ab. Die Organisationsstruktur ist so gestaltet, dass die Staatskanzleien den Ministerpräsidenten in dieser Doppelfunktion als Präsidialkanzlei wie als Kanzlei des Regierungschefs unterstützen und darüber hinaus als Kabinettssekretariat für die Ressorts in der Regierung zuständig sind (Frohn 2010). Als Kernbereich der Staatskanzleien werden Koordinationsaufgaben, wie die Arbeits-, Zuständigkeits- und Machtverteilung definiert (König 1993). Die Darlegung der strukturellen Aspekte der Staatskanzleien zeigt auch Gemeinsamkeiten zur Organisation des Bundeskanzleramtes. Dies betrifft besonders die Aufbau- und Ablauforganisation und die Schwerpunktsetzung auf Koordinationsaufgaben. Das Anliegen, Wissen für „institution building" für die Regierungsorganisation der neuen Bundesländer zu vermitteln, führt Otto Häußer in seiner Studie „Die Staatskanzleien der Länder" fort (Häußer 1995). Es wird gezeigt, dass die rechtlichen Normen und die Organisationsstruktur der Staatskanzleien der alten Bundesländer mit ihren ausdifferenzierten Funktions-, Aufgaben- und Organisationsstrukturen eine Leitbildfunktion für die neuen Regierungskanzleien zukommt. Für die Darlegung der unterschiedlichen Funktions- und Aufgabenbereiche wird das aus der Management-Theorie von Luther Gulick stammende POSDCORB-Funktionenschema[2] für die Bedingungen der Analyse von Staatskanzleien auf 15 Funktionsbereiche ausdifferenziert (Häußer 1995: 37 ff.).

(2) Die Auseinandersetzung mit zentralen Themenstellungen verdeutlicht den hohen Stellenwert der Polity-Dimension. Die Darlegung der Ordnung der Staatskanzleien eröffnet den Einblick in die Ausformung der politisch-institutionellen und organisatorischen Strukturen der „Vorhöfe der Macht" in den Bundesländern. Die Publikationen rücken die Beschreibung und Analyse der bestimmenden rechtlichen Normen und des organisatorischen Aufbaus des Zentrums der Regierung in den Mittelpunkt: Die Untersuchungen zur Genealogie zeigen Ver-

---

2   Das Akronym „POSDCORB" setzt sich aus den folgenden Begriffen zusammen: Planing, Organizing, Stuffing, Directing, Coordinating, Reviewing und Budgeting.

änderungen der institutionellen und organisatorischen Strukturen. Arbeiten zur Organisationsstruktur vermitteln Wissen über wichtige Problembearbeitungsstrukturen und ihre methodisch-typologische Erfassung. Beiträge, die Hilfestellungen für die Konstruktion von Regierungskanzleien geben, zeigen die Relevanz etablierter Strukturen der Aufbau- und Ablauforganisation für den Aufbau neuer Zentren der Regierung auf Landesebene.

(3) Ein weiterer konstitutiver Faktor liegt im Forschungsprofil begründet. Der Fokus der Regierungskanzleienlehre, der auf die Analyse der formalen Dimension des institutionellen Zentrums der Regierung gerichtet ist, korrespondiert konzeptionell mit dem Ansatz des älteren Institutionalismus (Helms/Jun 2004). Prämisse dieses Verständnisses von Institutionalismus ist, dass der politische Prozess - wie in einem begradigten Flussbett - durch Verfassungsorgane und Verfahrensregeln kanalisiert, normiert und strukturiert wird (Naßmacher 1991: 33). Entsprechend kommt der Analyse, besonders von rechtlichen Normen und organisatorischen Aspekten, eine konstitutive Rolle für das Verständnis der Bedeutung des institutionellen Zentrums der Regierung zu. Die Orientierung des Institutionalismus verbindet das politikwissenschaftliche Interesse mit dem der Rechtswissenschaft, insbesondere dem Verfassungs- und Staatsorganisationsrecht. Die Studien besonders von Ernst-Wolfgang Böckenförde (1964) und Klaus Stern (1980) klären über die Architektur des rechtlich vorstrukturierten Raums auf, in dem Bundeskanzler wie Bundeskanzleramt im modernen Rechtsstaat agieren.

(4) Die im Rahmen der Regierungskanzleienlehre bearbeiteten Forschungsfragen vermitteln wichtige Hinweise auf den Adressatenkreis. Die Regierungskanzleienlehre ist zum einen wissenschaftsorientiert. Adressiert wird die Vermittlung von Erkenntnissen über die Ordnung des Zentrums der Regierung für die Forschung und besonders für die wissenschaftliche Lehre. Doch angesprochen sind nicht nur Forscherinnen und Forscher sowie Studierende. Die Regierungskanzleienlehre will zum anderen in zwei weitere Bereiche hineinwirken. Zum einen richtet sich die Regierungskanzleienlehre an die interessierte Öffentlichkeit, wie die Publikation von Volker Busse deutlich macht. Zum anderen sollen die Erkenntnisse dem wechselseitigen Transfer von Wissen von Forschern und politisch-administrativen Praktikern dienen. Eine Intention, die in besonderer Weise bei Klaus König deutlich wird.

1.2 Erfolge und Desiderate der Regierungskanzleienlehre

Die Auseinandersetzung mit wichtigen Charakteristika ermöglicht eine Einschätzung der Stärken und Schwächen der Regierungskanzleienlehre. Die Beiträge dieses Zugangs haben für die Analyse der Regierungskanzleien Pionierarbeit geleistet. Die frühen Analysen markieren den Beginn der politik- und verwaltungswissenschaftlichen Auseinandersetzung mit dem Bundeskanzleramt und den Staatskanzleien Deutschlands. In der Bandbreite ihrer Fragestellungen wird für eine bedeutsame Politikdimension Wissen erschlossen: die Polity-Dimension der Regierungskanzleien. Die bearbeiteten Themenstellungen produzieren neues Wissen über die bestimmenden rechtlichen Normen und die organisatorischen Strukturen. Die Vermittlungsstrategie ist innovativ: Die gewonnenen Erkenntnisse adressieren nicht nur die Wissenschaft, sondern projektieren den Transfer zwischen Wissenschaft und Politik sowie die Aufklärung der politisch interessierten Öffentlichkeit. Heute verfügen wir sowohl über Querschnitt- wie auch Längsschnittanalysen über bedeutsame Zeiträume des Kanzleramtes. Bezogen auf die Bedeutung der Regierungsorganisation sind Politik- und Verwaltungswissenschaft in der Lage, wichtige Problembearbeitungsstrukturen für den Umgang mit Komplexität im Bundeskanzleramt aufzuzeigen. Im Blick auf die Funktion und Organisation der Staatskanzleien wurde ein ausdifferenziertes Instrumentarium zur Analyse der Funktionen, Aufgaben- und Organisationsstrukturen entwickelt.

Doch die Analyse der Leistungen lässt auch die Desiderate deutlich erkennen. Im Folgenden werden drei Problemfelder der Regierungskanzleienlehre benannt. Als problematisch erweist sich erstens die Engführung der Regierungskanzleilehre auf die Analyse prima facie der formalen Dimension. Demgegenüber werden die Politikdimensionen Policy und Politics im Rahmen der Regierungskanzleienlehre kaum systematisch in die Untersuchungen einbezogen. Es fehlt zum einen an Forschungen, die sich mit den Inhalten, der Art und Weise der Bearbeitung der Aufgaben der Regierungskanzleien zuwenden. Was sind Policy Effekte der institutionellen Ordnung des Kanzleramtes und der Staatskanzleien? Zum anderen kennzeichnet die Regierungskanzleienlehre ein „blinder Fleck" für die prozessuale Dimension im Zentrum der Macht. Wie vollzieht sich die Willensbildung und Entscheidungsfindung im Blick auf die Durchsetzung von Inhalten, Zielen und Interessen?

Eng zusammen mit der Engführung auf die Polity-Dimension hängt der zweite Problembereich: die starke Orientierung der Regierungskanzleienlehre am älteren Institutionalismus. Aus dem institutionalistischen Verständnis resultieren zwei Schwachpunkte: 1) Die Fixierung auf die Ordnungsdimension und die Ausblendung der Prozess- und Inhaltsdimension erweist sich als Resultat des

„Strukturalismus" (Helms/Jun 2004: 26f.) des Institutionalismus. Dem liegt die Vorstellung zugrunde, dass die Akteure im institutionellen Zentrum der Regierung nicht nur durch Strukturen beeinflusst, sondern vielmehr maßgeblich bestimmt oder sogar determiniert werden. Im Zugang der Regierungskanzleienlehre kommen die Analyse des Verhältnisses von Strukturen und Akteuren sowie die systematische Erforschung der Bedeutung informeller Strukturen zu kurz. 2) Ausdruck der Prägekraft des Institutionalismus ist weiterhin das Theoriedefizit der Regierungskanzleienlehre. In keiner Studie zum Kanzleramt und den Staatskanzleien wird eine Strategie der expliziten Einbindung (sozialwissenschaftlicher) Theorien in ihre Fragestellungen verfolgt. Die Theorievergessenheit der Regierungskanzleienlehre erweist sich als ein gravierendes Problem. Denn für die moderne Politikwissenschaft lässt sich für die Gestaltung des Forschungsprozesses fordern, dass er empirisch-gesättigt, methodisch ambitioniert und theoretisch anspruchsvoll ist.

3) Das dritte Defizit betrifft die Methodik. Der Fokus liegt allein auf der Analyse der formalen Dimension der Regierungskanzleien Deutschlands. Es mangelt der Regierungskanzleienlehre am vergleichenden, insbesondere an einem international komparativen Forschungsdesign. Die Studien zum Bundeskanzleramt und den Staatskanzleien haben ausschließlich monographischen Charakter. Die Literatur befasst sich entweder mit dem Bundeskanzleramt oder mit Staatskanzleien. Diese Orientierung führt dazu, dass es der Regierungskanzleienlehre an systematischen Vergleichsanalysen mangelt. Dieses Defizit betrifft auch die horizontal angelegten Analysen zur Entwicklungsgeschichte des Kanzleramtes. Den Arbeiten von Schöne und Behrendt, die sich mit der Entwicklung des Kanzleramtes vom 19. bis in das 20. Jahrhundert befassen, fehlen aufgrund ihres historisch-deskriptiven Vorgehens analytische und systematische Vergleichsperspektiven. Erst die Studie zur Organisationsgeschichte des Bonner Kanzleramtes von 1949 bis 1999 von Thomas Knoll (Knoll 2005) beschreitet den Weg des systematischen Vergleichs. Nicht nur im Blick auf Deutschland fehlt es an komparativen Studien. Auch im Bereich des international vergleichenden Vorgehens zeigt sich ein beträchtliches Forschungsdesiderat. Im Repertoire der Regierungskanzleienlehre sind systematische Ländervergleiche der Organisationsstrukturen nicht vorhanden. Die monographische Orientierung erweist sich als sehr problematisch, da systematisch vergleichende Analysen der Ordnungsstrukturen des deutschen Bundeskanzleramtes und der Staatskanzleien mit Regierungskanzleien in anderen Regierungssystemen wichtige Gemeinsamkeiten und Unterschiede aufzeigen können sowie mögliche Muster zutage fördern könnten.

2 Der Ansatz der Regierungszentralenforschung

Die Auseinandersetzung mit der Herangehensweise der Regierungskanzleienlehre zeigt, dass ihr Profil besonders durch vier Faktoren geprägt wird. Erstens die Orientierung auf die Analyse der formalen Aspekte des Zentrums der Regierung. Zweitens die Bearbeitung der Themen Genealogie, Organisationsstruktur und Transfer von Organisationswissen. Drittens die Fixierung auf den älteren Institutionalismus. Viertens die Adressierung der gewonnen Erkenntnisse an Wissenschaft, politische Bildung und Politik.

Im Folgenden wird der Fokus auf die Erforschung des Zentrums der Regierung im Rahmen der Regierungszentralenforschung erweitert. Es soll die Frage beantwortet werden, welche Faktoren für die Herangehensweise bestimmend sind.

2.1 Zum Profil der Regierungszentralenforschung: die Analyse der Aufgabenerfüllung des Zentrums der Regierung

Wie der Begriff, wird auch die Bezeichnung Regierungszentralenforschung mit einem bestimmten Profil verbunden, das die Herangehensweise an die Analyse des Zentrums der Regierung prägt. Im Folgenden werden zentrale Charakteristika in den Blick genommen: Spezifik der Problemstellungen, Orientierung auf die Policy-Dimension, Zuwendung zur Theorie und Adressatenkreis.

(1) Zur Charakteristik tragen erstens gemeinsame Problemstellungen bei, die im Rahmen des Ansatzes bearbeitet werden. Was sind zentrale Problembereiche, die sich unter den Begriff der Regierungszentralenforschung fassen lassen? Um zur Beantwortung beizutragen, werden zwei bedeutsame Problembereiche illustriert.

Analysen zur instrumentellen Seite des Regierens:
Ein wichtiges Problemfeld ist die Analyse der Instrumente des Regierens. Hier steht die Fragestellung im Vordergrund, ob und wie besonders neue „tools of government" (Böhret 1993) dazu beitragen, die Art und Weise der Problembearbeitung der Regierungszentralen zu verbessern. Die Analysen geben Antworten, wie die Regierungskanzleien neue Instrumente nutzen und wie der Erfolg des Einsatzes politikwissenschaftlich zu bewerten ist. Ein prominentes Beispiel ist die systemtheoretisch orientierte Analyse der Planungsaktivitäten im Bundeskanzleramt (Schatz 1973; Scharpf 1973; Böhret 1990). Politikwissenschaftliche Forschungsbeiträge haben einen wesentlichen Beitrag zum Verständnis geleistet, warum das Bundeskanzleramt als Zentrale für die Regierungsplanung scheiterte.

Zu Beginn der ersten sozial-liberalen Koalition unter der Leitung von Bundeskanzler Willy Brandt Ende der 60er Jahre sollte das Bundeskanzleramt zum Planungszentrum für die gesamte Bundesregierung umstrukturiert werden. Ziel war die Abkehr von einem reaktiven und inkrementellen Regierungsstil, in der das Regierungsgeschäft überwiegend auf punktuelles Krisenmanagement fixiert ist und das in erster Linie mit der Bewältigung interessengesteuerter Tagespolitik beschäftigt ist. Im neuen Politikansatz der „aktiven Politik" (Mayntz/Scharpf 1973) sollte Regieren im Bund und unter Einbezug der Bundesländer fortan planerisch und steuernd erfolgen. Das Kanzleramt sollte mit Hilfe neuer Informations- und Planungstechniken zum politischen Leitstand der Bundesregierung werden. Dem Einsatz neuer Informations- und Kommunikationstechniken im Kanzleramt, wie in der Bundesregierung, wurde eine entscheidende strategische Bedeutung für die längerfristige Aufgabenplanung und die verbesserte Fachplanung der Bundesregierung zugemessen (Böhret 1970). Anfang der 70er Jahre führte die Bundesregierung ein computergestütztes Frühkoordinierungssystem ein, das die Arbeits- und Zeitplanung verbessern und Aufgabenplanung der Bundesregierung durch die Steuerung der Ressortaktivitäten mit Hilfe des Bundeskanzleramtes ermöglichen sollte (Schatz 1974). Doch bereits zu Beginn der 70er Jahre scheiterte der Versuch, das Bundeskanzleramt zum Steuerungs- und Koordinationszentrum für eine „integrierte Gesamtplanung" (Jochimsen 1975) der Bundesregierung umzugestalten. Als zentrale Ursachen des Scheiterns werden zum einen der überambitionierte Ansatz der Regierungsplanung und zum anderen die defizitäre Einbettung in die Ziele, Struktur und Arbeitsweise der Bundesregierung diagnostiziert (Schatz 1973). In jüngerer Zeit wird an die früheren Analysen der Planungsaktivitäten im Bundeskanzleramt angeknüpft. Stephan Bröchler analysiert im Kontext von E-Government das Planungsinstrumentarium zu Beginn des 21. Jahrhunderts im Kanzleramt in Berlin (Bröchler 2010).

Nicht nur das Bundeskanzleramt, sondern auch die Staatskanzleien werden im Blick auf neue Instrumente des Regierens zum Gegenstand politik- und verwaltungswissenschaftlicher Untersuchungen. Ein Beispiel ist das „Integrierte Planungs- Entscheidungs- und Kontrollsystem" (IPEKS), das in Rheinland-Pfalz in den 60er Jahren erprobt wird (Böhret 1990: 115). Zwei andere wichtige Beispiele aus den 80er Jahren sind das „Landessystemkonzept" (a.a.O: 121) des Landes Baden-Württemberg und für Schleswig-Holstein die „Denkfabrik" in der Staatskanzlei in Kiel (Jann 1994).

Bedeutung von Leadership

Ein anderes Problemfeld ist die Auseinandersetzung mit der Bedeutung unterschiedlicher Führungsstile für die Aufgabenerfüllung der Regierungskanzleien. Dabei interessiert die Frage, welche Bedeutung Leadership für die Rolle des Kanzleramtes und der Staatskanzleien im politischen Prozess zukommt. Inwiefern hängt die Fähigkeit der Regierungskanzleien zur Steuerung und Koordination der Regierungsarbeit vom Führungsstil der Kanzler bzw. der Ministerpräsidenten ab? Für die Beantwortung lassen sich zwei Standpunkte unterscheiden, die jeweils unterschiedliche Verständnisse von Leadership widerspiegeln.

Im Rahmen des ersten Standpunkts wird argumentiert, dass der persönliche Führungsstil für die Rolle der Regierungskanzleien bestimmend ist. Dieses Verständnis ist in der Debatte um die „Kanzlerdemokratie" maßgeblich (Niclauß 2004; Doering-Mannteufel 1983; Schwarz 1989). Karlheinz Niclauß formuliert, dass mit der Gründung der Bundesrepublik Deutschland und der prägenden Person Konrad Adenauers, ein neuer Regierungstyp entstand: die Kanzlerdemokratie (Niclauß 2004: 67ff.). Die Bezeichnung Kanzlerdemokratie bringt zum Ausdruck, dass das Amt des Bundeskanzlers – aufgrund der herausragenden Position des Regierungschefs (Haungs 1989: 38) - wie keine andere politische Institution das bundesdeutsche Regierungssystem prägt. Die Kanzlerdemokratie folgt aufgrund ihrer Orientierung an der Person dem Leitbild: Auf den Kanzler kommt es an! Die Durchsetzung der Kanzlerdemokratie stellt gerade aufgrund der bestimmenden Rolle des persönlichen Führungsstils keinen Automatismus dar. Die Realisierung des Regierungstypus Kanzlerdemokratie wird an Voraussetzungen gebunden, an denen sich jeder Amtsinhaber bewähren muss. Von Kanzlerdemokratie wird gesprochen, wenn es dem Bundeskanzler aufgrund seiner Persönlichkeit gelingt, folgende Kriterien zu erfüllen (Niclauß 2004: 68ff.): Erstens muss er das Kanzlerprinzip (insbesondere die Richtlinienkompetenz) in verfassungsrechtlicher und politischer Sicht zur Geltung bringen. Zweitens muss es dem Regierungschef gelingen, die Führung der stärksten Regierungspartei zu gewinnen. Drittens bedarf es stets aufs Neue der Aktualisierung der „Konfliktlinie" Regierung versus Opposition durch den Regierungschef. Viertens ist an die Realisierung der Kanzlerdemokratie das Kriterium gestellt, dass es der deutsche Regierungschef im politischen Alltag vermag, sich als handlungsstarker Akteur in der Außenpolitik zu profilieren. Last but not least muss der Bundeskanzler sich medial erfolgreich als entscheidungsstarke und handlungsfähige Persönlichkeit beweisen. Im Blick auf die Analyse der Rolle der Regierungskanzleien wird dem Merkmal „Kanzlerprinzip" große Bedeutung beigemessen. Das Kanzleramt wird als das wichtigste Instrument des Regierungschefs zur Durchsetzung des Kanzlerprinzips und als Kriterium erfolgreicher Kanzlerdemokratie gesehen (Niclauß 1988: 36). Die Richtlinienkompetenz wird als der Schlüssel verstanden, mit dessen Hilfe der Bundeskanzler die politische Richtung der Bundesregierung und damit die Bundespolitik bestimmt (kritisch: Bröchler 2008; Schuett-Wetschky 2003 und 2004). Dabei erweist sich die Rolle des Bundeskanzleramts als ein wichtiger Lackmustest für die Realisierung der Kanzlerdemokratie. Denn nicht jedem Bundeskanzler gelingt es, den Anforderungen zu genügen: So in Fällen der missglückten Kanzlerdemokratie, wie sie für die Kanzlerschaft von Karl Georg Kiesinger diagnostiziert wird. Aufgrund der Persönlichkeitsfaktoren des Kanzlers Karl Georg Kiesinger der ersten „Großen Koalition" wird attestiert, dass das Kanzleramt nicht in der Lage war, zur Durchsetzung des Kanzlerprinzips beizutragen (Niclauß 2004: 121 ff.).

Eine zweite Argumentationslinie kritisiert die Fixierung auf Persönlichkeitsfaktoren (Murswieck 1990; Jäger 1988; Mayntz 1980). Dem personenzentrierten Verständnis der Handhabung des Kanzleramtes als eines „Ein-Mann-Geschäfts" (Murswieck 1990) wird ein alternatives Verständnis gegenübergestellt. Es wird argumentiert, dass die Erforschung von Führungsstilen, die sich auf die Person des Kanzlers und seiner attribuierten Eigenschaften beschränkt, unterkomplex sei. Demgegenüber bedürfe eine anspruchsvolle Leadership-Forschung der systematischen Analyse des Zusammenspiels institutioneller wie personaler Faktoren (Korte/Fröhlich 2009). Institutionelle wie personale Faktoren werden besonders in den Arbeiten von Ferdinand Müller-Rommel für die Analyse des Bundeskanzleramtes einbezogen (Müller-Rommel 1994; 1988; Müller-Rommel/Pieper 1991). Es wird gezeigt, dass dem Bundeskanzleramt aufgrund seines Charakters als Instrument des Bundeskanzlers und der hieraus erwachsenden formalen und informellen Handlungsspielräume eine herausgehobene Bedeutung für die Steuerung und Koordination im Regierungsprozess zukommt. Im Blick auf die unterschiedlichen Bundeskanzler wird die Rolle des Kanzleramtes im politischen Prozess ganz unterschiedlich eingeschätzt: das Kanzleramt fungiert beispielsweise als Durchsetzungsinstrument der Autorität Konrad Adenauers; als Kabinettbriefkasten in den Regierungen von Ludwig Erhardt und Georg Kiesinger oder als Wachhund und Clearingstelle zur Zeit der Kanzlerschaft von Willy Brandt (Müller-Rommel 1988: 180f.).

(2) Die Analyse wichtiger Problemstellungen zeigt zweitens die hohe Bedeutung der Policy-Dimension für die Herangehensweise der Regierungszentralenforschung. Sie ermöglicht Einblicke in die Ausgestaltung des politischen Prozesses in Regierungszentralen. Dabei erweitert die Policy-Orientierung den Blick von der Darlegung der Rechts- und Organisationsstrukturen auf die Analyse der Art und Weise, wie Zentren der Regierung Problemstellungen bearbeiten. Die auf die Analyse von Policy Aspekten ausgerichtete Regierungszentralenforschung ver-

bindet zwei strategische Ziele miteinander: beschreibend-erklärende Forschung und wissenschaftliche Politikberatung (Lasswell 1971: 1).

(3) Ein dritter Aspekt, der hilft, die Konturen der Regierungszentralenforschung genauer zu bestimmen, besteht darin, die Theorieorientierung der Forschung zu betrachten. Aus den Themenfeldern „tools of government" und „Leadership" lassen sich zwei unterschiedliche theoretische Orientierungen identifizieren. Die Analysen zur instrumentellen Seite des Regierens lassen sich der Familie der Systemtheorien zurechnen. Die politische Planung im Bundeskanzleramt erfolgt im Kontext der Analyse des politisch-administrativen Systems (Schatz 1974). Eine andere theoretische Orientierung wird in den Beiträgen zu Leadership deutlich. Die Argumentation der Befürworter der These von der Kanzlerdemokratie bzw. Ministerpräsidentendemokratie lässt sich handlungstheoretisch interpretieren. Im Mittelpunkt steht die Untersuchung der persönlichen Führungsstile der Akteure Bundeskanzler bzw. Ministerpräsident im Anforderungsspektrum, das die Kanzlerdemokratie an die konkreten Amtsinhaber stellt.

(4) Viertens trägt auch die Auseinandersetzung mit dem Adressatenkreis dazu bei, den Begriff der Regierungszentralenforschung genauer zu bestimmen. Es können zwei Adressatengruppen unterschieden werden. Regierungszentralenforschung richtet sich mit ihren Erkenntnissen erstens an die Wissenschaft. Die Beiträge sind forschungsorientiert. So folgen zum Beispiel die Analysen zur Regierungsplanung im Bundeskanzleramt dem Ziel, neue Erkenntnisse über die Bedeutung von politischer Planung für das politisch-administrative System (PAS) zu gewinnen (Schatz 1973: 1). Der zweite wichtige Adressat ist die Politik. Die politikberatende Intention wird bei den Analysen zur instrumentellen Seite des Regierens ganz besonders deutlich. Denn auf der Basis empirisch gesättigter Forschung sollen Hilfestellungen für die Politik zur Verfügung gestellt werden, um die Bearbeitung von Problemen zu verbessern (Böhret 1993; 1970). Doch nicht nur die Planungsdebatte, sondern auch die Beiträge zu „Leadership" adressieren beide Zielgruppen. Die Analyse der Führungsstile bundesdeutscher Regierungschefs wendet sich zum einen an die Wissenschaft. Sie sollen das Verständnis des Forschungsgegenstandes „Leadership" in theoretischer wie empirischer Hinsicht verbessern. Zum anderen lassen sich die Kriterien der Kanzlerdemokratie (Niclauß 2004: 67 ff.) als Hinweise und Handlungsempfehlungen an die Bundeskanzler und Ministerpräsidenten interpretieren, welche Faktoren für eine erfolgreiche Regierungspraxis zu berücksichtigen sind. Die Struktur des Adressatenkreises unterstreicht die Policy-Orientierung der Regierungszentralenforschung.

Das Profil der Regierungszentralenforschung, so lässt sich zusammenfassen, wird maßgeblich durch vier Faktoren bestimmt: die Bearbeitung von Problemstellungen in den Bereichen „tools of government" und „Leadership"; die Fokussierung auf die Policy-Dimension; den Bezug auf System- und Handlungstheorie und die Orientierung auf Forschung und Politikberatung.

2.2 Leistungen der Regierungszentralenforschung

Das Profil ermöglicht es, den Beitrag der Regierungszentralenforschung zur Analyse des Zentrums der Regierung kritisch zu bewerten. Im Folgenden werden Stärken und Schwächen benannt.

Die Erfolge der Regierungszentralenforschung lassen sich auf zwei Ebenen benennen. Es zeigt sich erstens, dass die Regierungszentralenforschung einen eigenständigen politikwissenschaftlichen Zugang zur Erforschung des Zentrums der Regierung darstellt. Die Policy-Orientierung, der Fokus auf spezifische Problemstellungen, die Theorieorientierung und der Adressatenkreises zeigen, dass sich bereits recht früh eine spezialisierte Forschungsrichtung - neben der Regierungskanzleienlehre - etabliert hat. Doch die Bedeutung liegt nicht allein in der Spezialisierung des Ansatzes. Denn zweitens trägt die Regierungszentralenforschung dazu bei, das Wissen über und das Verständnis vom Zentrum der Regierung insgesamt zu verbessern. Der Grund hierfür liegt darin begründet, dass es der Regierungszentralenforschung gelingt, den Ansatz der Regierungskanzleienlehre hinsichtlich wichtiger Aspekte zu ergänzen und fort zu entwickeln. Neben die Erforschung der Ordnung (Polity) tritt nun der Aspekt der Aufgabenerfüllung (Policy). Im Bereich der Forschungsthemen kommt es zur Ausdifferenzierung. Die Themen Genealogie, Organisationsstruktur und Transferwissen für Staatskanzleien werden um die Arbeitsfelder „Instrumente des Regierens" und „Führungsstile" ergänzt. Die Hinwendung zu systemtheoretischen und handlungstheoretischen Aspekten öffnet die Tür zur Theorieorientierung. Drittens erweitert sich der Adressatenkreis. Analysen zum Zentrum der Regierung adressieren einen weiten Kreis von Akteuren: die politische Bildung, die Politikberatung sowie Lehre und Forschung.

Die Auseinandersetzung mit der Regierungszentralenforschung zeigt nicht nur Stärken, sondern legt auch Forschungsdesiderate frei. Diese zeigen sich besonders in drei Bereichen.

(1) Der erste Kritikpunkt betrifft die Engführung der Policy-Orientierung der Regierungszentralenforschung. In diesem Zusammenhang lassen sich Defizite auf zwei Ebenen identifizieren. Zum einen bleibt die Regierungszentralenfor-

schung im Blick auf das Themenspektrum und die Zahl empirischer Studien zur Problembearbeitung durch die Zentren der Regierung deutlich unter ihren Möglichkeiten und Fähigkeiten. Die Analyse hat gezeigt, dass in 30 Jahren nur wenige übergreifende Themen – besonders die Bereiche „tools of government" und „Leadership" - bearbeitet worden sind. Der Mangel resultiert nicht daraus, dass es keine Forschungsthemen gibt. Im Gegenteil: Im Bereich der Regierungszentralenforschung lassen sich erhebliche Forschungsdesiderate feststellen. Es fehlt an Studien, die zum Ziel haben, die Art und Weise der Aufgabenerfüllung in den verschiedenen Tätigkeitsbereichen des Zentrums der Regierung zu erhellen, ebenso wie Forschung zur Steuerung und Koordination beispielsweise in den Bereichen Abstimmungsaufgaben (z.b. im Gesetzgebungsprozess), Information des Kanzlers bzw. der Ministerpräsidenten (z.b. über das aktuelle politische Geschehen), Sekretariatsaufgaben für die Ressorts (z.B. die Vor- und Nachbereitung der Sitzungen der Regierung), über die Gestaltung der politischen Kommunikation (z.b. mit Parteien und gesellschaftlichen Organisationen) oder zur Wahrnehmung der wenigen Ressortfunktionen (z.B. die Nachrichtendienste). Eine wichtige Ursache, die wesentlich für die thematische Engführung der Regierungszentralenforschung verantwortlich ist, liegt im schwierigen empirischen Forschungszugang zu den Zentren der Regierung. Kanzleramt und Staatskanzleien stellten bis in die 90er Jahre einen Arkanbereich bzw. ein „verhülltes Thema" (Roman Herzog) für empirische Politikforschung dar. Forscherinnen und Forschern wurde – bis auf sehr wenige Ausnahmen - kein Zugang gewährt, um systematische Einblicke in die Art und Weise der Gestaltung der Politik „hinter den Kulissen" zu gewinnen.

Die Engführung der Regierungszentralenforschung resultiert zum anderen aus der Spezialisierung auf die Policy-Dimension der Regierungszentralenforschung. So erweist sich die Orientierung allein auf die Aufgabenerfüllung als sehr ambivalent: Sie schärft einerseits das Forschungsprofil für Aspekte der Bearbeitung von Aufgaben und Zielen sowie politischer Programme durch Regierungszentralen. Andererseits resultiert aus der Fixierung auf die inhaltliche Dimension ein beträchtlicher blinder Fleck in der Forschung. Denn kaum in den Blick genommen wird die prozessuale Analyse der Regierungszentralen: die Politics-Dimension. Dies hat zur Konsequenz, dass so grundlegende politikwissenschaftliche Aspekte wie die systematische Analyse von Macht-, Interessen-, Konflikt- und Konsensprozessen keinen festen Platz in der Erforschung des Zentrums der Regierung finden. Wie nutzt die Bundeskanzlerin das Kanzleramt für die Durchsetzung ihre Interessen im Kabinett? Welche Rolle spielt die Regierungszentrale bei Konflikt- und Konsensprozessen innerhalb der Regierung? Welche Bedeutung hat das Kanzleramt bei der Entwicklung und Abstimmung politischer Programme? Auf diese politikwissenschaftlich wie politisch wichtigen Fragen im Blick auf die Prozessdimension schweigt die Regierungszentralenforschung.

(2) Die zweite Schwachstelle liegt in der Theorieschwäche der Regierungszentralenforschung. Im Vergleich zur Theorievergessenheit der Regierungskanzleienlehre ist die Regierungszentralenforschung um einen Theoriebezug bemüht. Doch der Theoriegehalt ist noch immer unbefriedigend. So gelingt es den Analysen zu den „tools of government" und zur „Kanzlerdemokratie" weder ihre Erkenntnisinteressen systematisch im Rahmen sozialwissenschaftlicher Theorien zu kontextualisieren noch werden die gewonnen Erkenntnisse im Blick auf ihre Rückwirkung für die Theoriebildung reflektiert. Welche Bedeutung kommt dem Scheitern der Planungseuphorie für die Weiterentwicklung der Systemtheorie zu? Welchen Beitrag leistet „Leadership" zu Handlungstheorien?

(3) Das dritte Defizit der Regierungszentralenforschung resultiert aus dem Mangel an ländervergleichenden Studien. Zwar gelingt es erfreulicherweise Anschluss an die internationale Forschung und Publikationen zu den Zentren der Regierung zu finden (Blondel/Müller-Rommel 2001, 1997, 1993; Blondel/Müller-Rommel/Malova 2006). Doch die Beiträge in den englischsprachigen Sammelbänden haben zumeist monographischen Charakter. Komparative Studien zur Aufgabenerfüllung, beispielsweise zu den Regierungszentralen wie dem Executive Office of the President (EOP) in den USA oder No.10 in Großbritannien und dem Bundeskanzleramt in Deutschland, hätten die Funktion, Gemeinsamkeiten und Unterschiede festzustellen, Klassifikationen zu erarbeiten und Hypothesen zu entwickeln.

3 Entwicklungen der Forschung zum Zentrum der Regierung

Was wissen wir über Regierungszentralen, besonders in Deutschland? Die Frage nimmt unmittelbar Bezug auf eine Problemstellung von Wilhelm Hennis. Er hatte in den 60er Jahren nach dem politikwissenschaftlichen Kenntnisstand zur hiesigen Regierungslehre im Allgemeinen und zum deutschen Bundeskanzleramt im Besonderen gefragt. Seine Intervention zur deutschen Regierungskanzlei verfolgte zwei Ziele. Zum einen machte sie auf den Vorsprung der internationalen Forschung – besonders im Blick auf die USA, Großbritannien und Frankreich - zum Zentrum der Regierung aufmerksam. Zum anderen kritisierte er uno actu das Hinterherhinken der Forschung über das deutsche Bundeskanzleramt.

Regierungskanzleienlehre und Regierungszentralenforschung haben seit den 60er Jahren wichtige Beiträge geleistet. Im Folgenden geht es erstens um die

Frage, wie sich der Forschungsstand im Laufe der Zeit verändert hat. Ist es der Forschung zum Zentrum der Regierung gelungen, im Blick auf die internationale Forschung aufzuholen? In einem zweiten Schritt wird die aktuelle Forschung zu Beginn des 21. Jahrhunderts in den Blick genommen. Welchen Beitrag leisten neuere Forschungsanstrengungen zur Analyse des Zentrums der Regierung?

3.1 Zum Forschungsstand

Seit den 60er Jahren lässt sich eine deutliche Verbesserung des Forschungsstands zum Zentrum der Regierung feststellen. Dies betrifft erstens die internationale Forschung zu Regierungszentralen. Es zeigt sich, dass sich das Wissen ausdifferenziert und verstetigt hat.

- Die Ausdifferenzierung kommt in einer Reihe von Sammelbänden zu unterschiedlichen Aspekten der Core Executive Forschung zum Ausdruck. In dem von Rose und Suleiman herausgegebenen Sammelband „Presidents and Prime Ministers" (Rose/Suleiman 1980) wird besonders die Bedeutung institutioneller Faktoren für die Tätigkeit der Staats- und Regierungschefs innerhalb von sieben europäischen Ländern sowie in Bezug auf die Verhältnisse in den USA diskutiert. Dabei werden den Regierungskanzleien wichtige strategische Funktionen zugemessen. Colin Campbell untersucht in seinem Buch „Governments under Stress" Leistungen und Funktionen der Regierungszentralen in Washington, London und Ottawa (Campbell 1983). „Advising the Rulers" ist der Titel eines von William Plowden veröffentlichten Sammelbandes, in dem für sechs Länder die Beratung und Unterstützung der politischen Führer und der Rolle von Regierungskanzleien herausgearbeitet wird (Plowden 1987). Michael Laver und Kenneth A. Shepsle analysieren die Entscheidungsfindung in 14 Regierungssystemen, die entweder von einer Partei oder von Koalitionsregierungen geführt werden und zeigen die Bedeutung der Regierungszentralen auf (Laver/Shepsle 1994). In „Cabinets in Western Europe" untersuchen unter der Herausgeberschaft von Jean Blondel und Ferdinand Müller-Rommel verschiedene Autoren für 14 Mitgliedstaaten der EU das Aufgabenspektrum von Ministern und Premierministern (Blondel/Müller-Rommel 1997). Für die Autoren des von B. Guy Peters/R.A.W. Rhodes und Vincent Wright herausgegebenen Sammelbandes „Administering The Summit" steht die Organisation der Regierungskanzleien und die Frage nach der Rolle des als Berater der Regierungschefs und Staatsoberhäupter tätigen Personals in den Regierungszentralen im Vordergrund des Interesses. Der Band versammelt 12 Beiträge über „core executives" in Westministermodellen, in parlamentarischen Demokratien sowie in präsidentiellen Regierungssystemen (Peters/Rhodes/ Wright 2000).

- Die Forschung zu einzelnen Zentren der Regierung wurde verstetigt. Am intensivsten untersucht ist die Regierungszentrale der Hegemonialmacht USA: das Executive Office of the President (Dickinson 2005; Rockmann 2000; Wayne/Porter 1987; Patterson 1989, Hess 1988). Die Beiträge sind Teil der ausdifferenzierten Presidency Forschung[3]. Eine Reihe von wissenschaftlichen Publikationen liegen über die Regierungskanzleien Großbritanniens, Kanadas und Frankreichs vor: das Prime Ministers Office und Cabinet Office in Londons Number 10 Downing Street (Clifford 2000; King 1994; Burnham/Jones 1993; Jones/Lord Hunt of Tanworth 1987), Canadas Premier Ministers Office (Peters/Savoie 2000; Campbell 1983; Campbell/Pitfield 1987) und zu Hotel Matignon und Elysée Palast in Paris (Elgie 2000;Thiébault 1997 und 1994).

Der Stand zeigt zweitens, dass die bundesdeutsche politik- und verwaltungswissenschaftliche Forschung zum Zentrum der Regierung seit den 60er Jahren aufgeholt hat. Die Kenntnis über das Bundeskanzleramt – weniger zu den bundesdeutschen Staatskanzleien – hat sich deutlich verbessert. Ausdruck des Aufholens ist die Herausbildung zweier Forschungszweige über das Zentrum der Regierung, die sich analytisch als Regierungskanzleienlehre und Regierungszentralenforschung bezeichnen lassen. Während die Kanzleienlehre den Schwerpunkt auf die Form, insbesondere auf die Analyse rechtlicher Normen und organisatorischer Aspekte legt, interessiert sich die Regierungszentralenforschung, durch ihren Fokus auf die inhaltliche Dimension, besonders für die Analyse der Aufgaben, der Ziele und der Programmentwicklung. Beide Ansätze haben sich als bedeutsam erwiesen. Seit den 60er Jahren prägen sie maßgeblich die wissenschaftlichen Publikationen zu den Zentren der Regierung in Deutschland.

Die Analyse verweist nicht nur auf Stärken, sondern verdeutlicht auch Desiderate von Regierungskanzleienlehre und Regierungszentralenforschung. Defizite konnten besonders in drei Bereichen diagnostiziert werden. Erstens zeigt sich eine Engführung im Blick auf die politikwissenschaftlichen Politikdimensionen. Weder die Regierungskanzleienlehre noch die Regierungszentralenforschung

---

3 In der Presidency Forschung lassen sich Arbeiten zu folgenden Bereichen unterscheiden: Genese und Organisation der US-Präsidentschaft, Präsidentenbiographien, Präsidentschaftswahlen, Präsidentengatteninnen und das Verhältnis von Präsident und Kongress. Hingewiesen sei auf die Beiträge der Zeitschrift „Presidential Studies Quarterly", in der regelmäßig die verschiedenen Bereiche der Presidency-Forschung analysiert werden.

untersuchen zielgerichtet die Bedeutung der prozessualen Dimension (Politics) für das Zentrum der Regierung. Wichtige Aspekte politikwissenschaftlicher Analysen wie Interessendurchsetzung, Konflikt- und Konsensprozesse oder Willensbildung und Entscheidungsfindung werden nicht systematisch erforscht. Zweitens zeigt sich für beide Herangehensweisen ein deutliches Theoriedefizit. Es gelingt weder die Fragestellungen (z.b. Leadership) im Rahmen sozialwissenschaftlicher Theorien oder Ansätze (beispielsweise der modernen Systemtheorie, der Politischen Kulturforschung oder dem Veto-Spieler Ansatz) explizit und systematisch zu kontextualisieren noch vermag es die Forschung, die gewonnen Erkenntnisse im Lichte dieser Theorien kritisch zu reflektieren. Das dritte Defizit betrifft den politikwissenschaftlichen Vergleich. Die Studien zum Zentrum der Regierung sind monographisch auf Deutschland fixiert. Systematische Vergleiche bundesdeutscher mit internationalen Zentren der Regierung fehlen.

3.2 Moderne Regierungszentralenforschung

Im Blick auf die Desiderate ist besonders die Entwicklung der Forschung in den letzten Jahren zum Zentrum der Regierung von Interesse. Der Beitrag argumentiert, dass das traditionelle Profil der Forschung zum Zentrum der Regierung strukturelle Innovationen erfährt. Mit dem Begriff der modernen Regierungszentralenforschung werden im Folgenden die Veränderungen begrifflich zum Ausdruck gebracht. Warum ist es sinnvoll von modernerer Regierungszentralenforschung zu sprechen?

Zu Beginn des 21. Jahrhunderts lässt sich in Deutschland eine Neubelebung der Aktivitäten der Erforschung des Zentrums der Regierung feststellen. Träger und Katalysatoren dieser Entwicklung sind:

- DFG finanzierte Projekte, wie beispielsweise: Friedbert W. Rüb (Humboldt-Universität Berlin) „Das Bundeskanzleramt im Regierungsprozess. Eine mikropolitische Analyse der Organisation und Funktion der Regierungszentrale im Regierungssystem der Bundesrepublik Deutschland." (Rüb 2010); Werner Jann unter Mitarbeit von Marian Döhler, Julia Fleischer, Thurid Hustedt und Jan Tiessen „Regierungsorganisation als Institutionenpolitik: Ein westeuropäischer Vergleich." (Fleischer 2010; Hustedt/Tiessen 2006; Jann/Döhler u.a. 2005) und Ralf Tils (Universität Lüneburg) „Strategische Steuerung in Party-Government-Systemen" (Tils 2010).

- Beiträge im Kontext der NRW School of Governance (beispielsweise Korte 2010; Florack 2010; Florack/Grunden/Korte 2010; Florack/Grunden 2010; Grasselt/Korte 2007; Grunden 2007; Korte/Florack/Grunden 2006).
- Aktivitäten der Publikationen der Bertelsmann Stiftung im Rahmen des Projekts „Optimierung politischer Reformprozesse" (beispielsweise Schilling/Ruckh/Rübcke 2009; Sturm/Pehle 2007; Knill/Bauer/Ziegler 2006)
- Einzelpublikationen von Forscherinnen und Forschern (Bröchler 2011, 2010, 2008; Bornemann 2010; Goetz 2007; Helms 2005; Murswieck 2008 und 2003; Mertes 2000)
- Wissenschaftliche Tagungen zum Thema Regierungszentralen, wie „Regierungszentralen im politischen Prozess" (Sektion „Regierungssystem und Regieren in der Bundesrepublik Deutschland" der DVPW vom 02.-03.11.2007) und „Regierungszentralen: Führen, Koordinieren, Strippenziehen" (NRW School of Governance vom 13.-14.-06.2008).

Die verschiedenen Ebenen und die Zahl der Aktivitäten sind nicht nur Ausdruck eines gesteigerten quantitativen Interesses an Regierungszentralen der politik- und verwaltungswissenschaftlichen scientific community. Die Bedeutung der neueren Forschung liegt darin, dass es gelingt, zentrale Defizite der traditionellen Ansätze der Regierungskanzleienlehre und der Regierungszentralenforschung zu bearbeiten. Damit wird ein bedeutsamer qualitativer Beitrag zur Weiterentwicklung der Forschung zum Zentrum der Regierung geleistet. Veränderungen werden in drei Bereichen deutlich.

Bedeutsame Desiderate der traditionellen Forschung bestehen in der Ausblendung der prozessualen (Politics) und der vergleichsweise empirisch schwach ausgeprägten inhaltlichen (Policy) Dimensionen der Analyse des Zentrums der Regierung. Die jüngste Forschung stärkt die Ausleuchtung aller drei Politikdimensionen. Die Polity, Policy und Politics-Dimensionen werden in die Forschung zum Zentrum der Regierung zunehmend integriert. Dies zeigt sich beispielsweise in folgenden Bereichen: Im Rahmen des Projekts „Regierungsorganisation als Institutionenpolitik: Ein westeuropäischer Vergleich" werden die institutionellen und prozessualen Veränderungen im Bereich „Core Executive" (Jann/Döhler u.a. 2005) und explizit für das Bundeskanzleramt (Fleischer 2010) untersucht. Ludger Helms schließt an die Analysen zur prozessualen Dimension der Regierungsorganisation an (Helms 2005). Friedbert W. Rüb reflektiert den Prozess des Regierens, unter besonderer Einbeziehung von Regierungsstilen mit Bezug zum Bundeskanzleramt, unter zeitdiagnostischer Perspektive (Rüb 2010). Stephan Bröchler analysiert die Bedeutung neuer Medien (E-Government) im Blick auf ihre prozessuale und formale Relevanz für Regierungszentralen (Bröchler 2011, 2010, 2001). Die Integration der prozessualen Politikdimension findet auch für die Staatskanzleien statt. Während bis dato kaum empirische Analysen zu den Zentren der Macht in den Bundesländern vorlagen, erfährt das Thema in den letzten Jahren eine Konjunktur. Im Rahmen der NRW School of Governance fokussieren verschiedene Studien unter unterschiedlichen Gesichtspunkten die Bedeutung von Staatskanzleien (Florack 2010; Florack/Grunden/ Korte 2010; Grunden 2007).

Ein weiteres Desiderat betrifft den Theoriegehalt. Weder der Regierungskanzleienlehre noch der Regierungszentralenforschung gelingt es überzeugend ihre Problemstellungen planvoll in sozialwissenschaftliche Theorien zu kontextualisieren. Dies ändert sich grundlegend mit der jüngsten Forschung. Die Analysen zu Regierungszentralen zu Beginn des 21. Jahrhunderts bringen eine Belebung und Pluralisierung in der Aneignung von Theorien und Analysekonzepten zum Ausdruck. Analysen zu Regierungszentralen kontextualisieren heute Theorien und Konzepte wie Neo-Institutionalismus (Jann/Döhler u.a. 2005), akteurszentrierter Institutionalismus (Grunden 2007), das Konzept strategischer Steuerung (Tils 2010), neo-institutionalistische Organisationstheorie (Fleischer 2010), der Core-Executive Ansatz (Goetz 1997); der Principal-Agent Ansatz (Rüb 2010); Leadership (Grunden 2007; Florack 2010; Helms 2005), Management Theorien (Grasselt/Korte 2007), Pfadanalyse (Bröchler 2011), Government (Helms 2005) und Governance (Florack/Grunden/Korte 2010).

Als Problem der Forschung erweist sich auch die Fixierung auf monographische Studien zu deutschen Regierungszentralen. Systematisch vergleichende Studien im Kontext des hiesigen Regierungssystems (z.B. von Bundeskanzleramt und Staatskanzleien) oder im internationalen Kontext (etwa zum Bundeskanzleramt in Berlin und No. 10 Downing Street in London) fehlen. Es zeigt sich, dass im Rahmen der modernen Regierungszentralenforschung am Abbau dieses Desiderates gearbeitet wird. Zwei Beispiele für komparative Analysen sind: Erstens das Projekt „Regierungsorganisation als Institutionenpolitik: Ein westeuropäischer Vergleich". Im Vergleich fünf westeuropäischer Länder (Dänemark, Deutschland, Frankreich, Großbritannien und Schweden) wird der Wandel der politischen Strukturen und Prozesse der Regierungsorganisation erforscht (Jann/Döhler u.a. 2005). Ein zweites Beispiel ist die Studie von Stephan Bröchler „Die Technik des Regierens" (Bröchler 2011). Im Rahmen der Arbeit wird für die Bundeskanzlerämter in Deutschland und Österreich sowie für die Bundeskanzlei der Schweiz die Bedeutung von E-Government vergleichend analysiert.

Die Analyse zeigt, dass sich zu Beginn des 21. Jahrhunderts eine veränderte Herangehensweise an die Erforschung des Zentrums der Regierung herausbildet: die moderne Regierungszentralenforschung. Ursache hierfür sind sowohl quantitative wie qualitative Faktoren. Zum einen nimmt die Zahl der Forschungsbeiträge deutlich zu. Zum anderen werden wichtige Forschungsdesiderate in den Bereichen Politikdimension, Theorie und Methodik abgebaut. Moderne Regierungszentralenforschung lässt sich durch drei Charakteristika, in denen sie sich von traditionellen Ansätzen der Forschung zum Zentrum der Regierung unterscheidet, bestimmen: Erstens ist die Forschung im Blick auf die Politikdimensionen integrativ angelegt. Moderne Regierungszentralenforschung bezieht alle drei Politikdimensionen (Polity, Policy und Politics) in die Analyse des Zentrums der Regierung ein. Zweitens zeigt sich eine bis dato nicht vorhandene Pluralität von Theorien und Analysekonzepten. Moderne Regierungszentralenforschung kontextualisiert sozialwissenschaftliche Theorien und Analysekonzepte, wie beispielsweise Neo-Institutionalismus oder Management Theorien in ihre Fragestellungen. Drittens setzt sich in der Forschung eine ambitionierte Methodik durch. Die moderne Regierungszentralenforschung öffnet sich der Vergleichenden Politikforschung.

Die Forschung zum Zentrum der Regierung erfährt in den letzten Jahren eine inhaltliche Neubelebung. Zum heutigen Zeitpunkt ist jedoch nicht klar, wie sich das Forschungsfeld zukünftig entwickelt. Handelt es sich bei der modernen Regierungszentralenforschung, wie bei der Forschung zum Zentrum der Regierung in den 60er und 70er Jahren, um eine kurze konjunkturelle Phase, auf die Bedeutungsschwund und Nischendasein folgen? Ein Aspekt, dem in der Zukunft eine wichtige Rolle zukommt ist, ob es gelingt, das Arbeitsgebiet im Rahmen des ausdifferenzierten Kanons politikwissenschaftlicher Forschungsinteressen, besonders der modernen Regierungsforschung, zu integrieren (Bröchler 2010; Korte/Grunden 2010; Lauth/Pickel /Pickel 2009).

Literaturverzeichnis:

Behrendt, Günther (1967): Das Bundeskanzleramt, Frankfurt am Main und Bonn.
Blondel, Jean (1995): Comparative Government. An Introduction, Second Edition, Cambridge.
Blondel, Jean/Müller-Rommel, Ferdinand (ed.) (1993): Governing Together. The Extent and Limits of Joint Decision-Making in Western European Cabinets, New York.
Blondel, Jean/Müller-Rommel, Ferdinand (ed.) (1997): Cabinets in Western Europe, London.
Blondel, Jean/Müller-Rommel, Ferdinand (ed.) (2001): Cabinets in Eastern Europe, London.

Blondel, Jean/Müller-Rommel, Ferdinand/Malova, Darina (ed.) (2006): Governing New European Democracies, London.

Böckenförde, Ernst-Wolfgang (1964): Die Organisationsgewalt im Bereich der Regierung, Berlin.

Böhret, Carl (1970): Entscheidungshilfen für die Regierung, Opladen.

Böhret, Carl (1990): Instrumente des Regierens in der Bundesrepublik Deutschland: Wandel und Kontinuität in der Regierungspraxis. In: Hartwich, Hans-Hermann/Wewer, Göttrik (Hrsg.) Regieren in der Bundesrepublik I, Konzeptionelle Grundlagen und Perspektiven der Forschung, Opladen 1990. 113-130.

Böhret, Carl (1993): Funktionaler Staat. Ein Konzept für die Jahrhundertwende?, Frankfurt am Main.

Böhret, Carl/Wewer, Göttrik (Hrsg.) (1993): Regieren im 21. Jahrhundert, Opladen.

Bornemann, Basil (2010): Regierungszentralen und Politikintegration. Die Bedeutung des Bundeskanzleramts für ein integratives Policy-Making am Beispiel der nationalen Nachhaltigkeitsstrategie. In: Bröchler, Stephan/von Blumenthal, Julia (Hg.) (2010): Regierungszentralen im politischen Prozess, Wiesbaden, i.E.

Bröchler, Stephan (2001): Does technology matter? Die Rolle von Informations- und Kommunikationstechniken in Regierung und Parlament. In: Georg Simonis, Renate Martinsen und Thomas Saretzki (Hrsg.): Politik und Technik – Analysen zum Verhältnis von technologischem, politischem und staatlichem Wandel am Anfang des 21. Jahrhunderts, PVS-Sonderheft 31/2000, Opladen, 213-231.

Bröchler, Stephan (2008): Regieren mit und ohne Richtlinienkompetenz – Handlungsspielräume der Bundeskanzler in Deutschland und Österreich. In: Holtmann, Everhard/Patzelt, Werner, J. (Hrsg.): Führen Regierungen wirklich? Zur Praxis gouvernementalen Handelns, Wiesbaden, 99-114.

Bröchler, Stephan (2010): E-Government im Bundeskanzleramt: Reformfähigkeit durch technische Innovationen? In: Florack, Martin/Grunden, Timo (Hg.): Regierungszentralen: Organisation, Steuerung und Politikformulierung zwischen Formalität und Informalität, Wiesbaden, i.E.

Bröchler, Stephan (2011): Die Technik des Regierens, Wiesbaden.

Bröchler, Stephan/von Blumenthal, Julia (Hg.) (2010): Regierungszentralen im politischen Prozess, Wiesbaden, i.E.

Busse, Volker (2005): Bundeskanzleramt und Bundesregierung, 4. Auflage, Heidelberg.

Burnham, June/Jones, G.W. (1993): Advising Margaret Thatcher: the Prime Minister's Office and the Cabinet Office Compared. In: Political Studies (1993), XLI, 299-314.

Campbell, Colin (1983): Governments under Stress. Political Executives and Key Bureaucrats in Washington, London, Ottawa, Toronto.

Campbell, Colin/Pitfield, Michael (1987): Canada. In: William Plowden (ed.): Advising the Rulers, Oxford, 142-148.

Campbell, Colin/Peters, Guy B. (eds.) (1988): Organizing Governance. Governing Organizations, Pittsburgh, Pa.

Campbell, Colin/Wyszomirski, Margaret Jane (Hrsg.) (1991): Executive Leadership in Anglo-American Systems, Pittsburgh.

Clemens, Clay (2000): "Going public": Personalisierungstendenzen in der Bundesrepublik und den USA. In: Korte, Karl-Rudolf / Hirscher, Gerhard (Hrsg.), Darstellungspolitik oder Entscheidungspolitik? Über den Wandel von Politikstilen in westlichen Demokratien, München, 172-192.

Clifford, Christopher (2000): Administering the Summit: the British Prime Minister's Office. In: Peters, Guy B./ Rhodes, R. A. W./Wright, Vincent (ed.): Administering the Summit, Houndmills, Basingstoke, Hampshire RG21 6XS, London, 25-42.

Dahms, Hans-Jürgen (1975): Das Informationssystem zur Vorhabenplanung der Bundesregierung. in: Hoschka, P./Kalbhen, U. (Hg.) Datenverarbeitung in der politischen Planung, Frankfurt, New York, 73-108.

Davis, Glyn (1997): Executive Co-ordination Mechanisms. In: Weller, P./Bakvis, H./Rhodes, R.A.W (Hrsg.): The Hollow Crown: Countervailing Trends in Core Executives, Basingstoke, 71-98.

Derlien, Hans-Ulrich (1990): Regierungsorganisation – institutionelle Restriktion des Regierens? In: Hartwich, Hans-Hermann/Wewer, Göttrik (Hrsg.): Regieren in der Bundesrepublik I. Konzeptionelle Grundlagen und Perspektiven der Forschung, Opladen, 91-104.

Derlien, Hans-Ulrich (2000): Standort der empirischen Verwaltungsforschung. In: König, K. (Hg): Verwaltung und Verwaltungsforschung – Deutsche Verwaltung an der Wende zum 21. Jahrhundert. Speyer: Forschungsinstitut für öffentliche Verwaltung bei der Deutschen Hochschule für Verwaltungswissenschaften, Speyer, 15-44.

Dickinson, Matthew J. (2005): The Executive Office of the President: The paradox of Politicization. In: Aberbach, Joel D./Peterson, Mark A.(ed.) (2005): The Executive Branch, Oxford, 135-173.

Doering-Manteuffel, Anselm (1983): Die Bundesrepublik Deutschland in der Ära Adenauer. Außenpolitik und innere Entwicklung 1949-1963, Darmstadt.

Edelmann, Murray (1990): Politik als Ritual. Die symbolische Funktion staatlicher Institutionen und politischen Handelns, Frankfurt am Main.

Ehmke, Horst (1973): Planung im Regierungsbereich - Aufgaben und Widerstände in: Naschold, Frieder/Väth, W. (Hrsg.) Politische Planungssysteme, Opladen, 311-334.

Elgie, Robert (2000): Staffing the Summit: France. In: Peters, Guy B./Rhodes, R. A. W./Wright, Vincent (ed.): Administering the Summit, Houndmills, Basingstoke, Hampshire RG21 6XS, London, 225-244.

Fleischer, Julia (2010): Das Bundeskanzleramt als Protagonist einer Institutionenpolitik? Institutionelle Strategien und exekutive Entscheidungsfindung. In: Bröchler, Stephan/von Blumenthal, Julia (Hg.): Regierungszentralen im politischen Prozess, Wiesbaden, i.E.

Florack, Martin (2010): Die Staatskanzlei als Regierungs-Zentrale? Die Nordrhein-Westfälische Staatskanzlei zwischen «politischer» und «strategischer» Steuerung in der Hochschulpolitik. In: Bröchler, Stephan/ von Blumenthal, Julia (Hg.): Regierungszentralen im politischen Prozess, Wiesbaden, i.E.

Florack, Martin/Grunden, Timo (Hg.) (2010): Regierungszentralen: Organisation, Steuerung und Politikformulierung zwischen Formalität und Informalität, Wiesbaden.

Florack, Martin/Grunden, Timo/Korte, Karl-Rudolf (2010): Kein Governance ohne Government. Politikmanagment auf Landesebene. In: Bröchler, Stephan/von Blumenthal, Julia (Hg.): Regierungszentralen im politischen Prozess, Wiesbaden, i.E.

Frohn, Rüdiger (2010): Staatskanzleien als Regierungszentralen. Erfahrungen und Erkenntnisse eines Akteures. In: Bröchler, Stephan/von Blumenthal, Julia (Hg.): Regierungszentralen im politischen Prozess, Wiesbaden, i.E.

Glaab, Manuela (2000): Mediatisierung als Machtquelle von Regierungschefs. In: Korte, Karl-Rudolf/Hirscher, Gerhard (Hrsg.), Darstellungspolitik oder Entscheidungspolitik? Über den Wandel von Politikstilen in westlichen Demokratien, München, 106-121.

Goetz, Klaus H. (1997): Acquiring Political Craft: Training Grounds for Top Officials in the German Core Executive. In: Public Administration 75, 753-775.

Goetz, Klaus H. (2007): German Officials and the Federal Policy Process: The Decline of Sectional Leadership. In: Page, Edward C./Wright, Vincent (ed.): From the Active to the Enabling State, Oxford.

Grasselt, Nico/Korte, Karl-Rudolf (2007): Führung in Politik und Wirtschaft. Instrumente, Stile und Techniken, Wiesbaden.

Grunden, Tima (2007): Politikberatung im Innenhof der Macht: Funktion und Einfluss der persönlichen Berater deutscher Ministerpräsidenten, Wiesbaden.

Hartwich, Hans-Hermann/Wewer, Göttrik (1990/1991) (Hrsg.): Regieren in der Bundesrepublik 1-3, Opladen.

Hartwich, Hans-Hermann (1984): Policy-Forschung in der Bundesrepublik Deutschland, Opladen.

Haungs, Peter (1989): Kanzlerprinzip und Regierungstechnik. In: Aus Politik und Zeitgeschichte, B 1-2 (1989), 28-39.

Haungs, Peter (1986): Kanzlerdemokratie in der Bundesrepublik Deutschland: Von Adenauer zu Kohl. In: Zeitschrift für Politik, 33 Jg., Heft 1/ 1986, 44-66.

Häußer, Otto (1995): Die Staatskanzleien der Länder, Baden-Baden.

Hayward, J./Wright, V. (1999): Policy Co-ordination in West European Core Executives. End of Award Report, Oxford.

Heady, F. (1995): Public Administration. A Comparative Perspective, Fifth Edition, New York, Basel, Hong Kong.

Helms, Ludger (2005): Regierungsorganisation und politische Führung in Deutschland, Wiesbaden.

Helms, Ludger/Jun, Uwe (2004): Politische Theorie und Regierungslehre. Eine Einführung in die politikwissenschaftliche Institutionenforschung, Frankfurt am Main/ New York.

Hennis, Wilhelm (1965): Aufgaben einer modernen Regierungslehre. In: Politische Vierteljahresschrift, 422-441.

Herzog, Roman (1976): Staatskanzlei im Verfassungssystem. In: König, Klaus (Hrsg.): Koordination und integrierte Planung in den Staatskanzleien, Berlin, 39-49.

Hess, Stephen (1988): Organizing the Presidency, Washington, D.C.

Heywood, Paul/Molina, Ignacio (2000): A Quasi-Presidential Premiership: Administering the Executive Summit in Spain. In: Peters, Guy B./Rhodes, R. A. W./Wright, Vincent (ed.): Administering the Summit, Houndmills, Basingstoke, Hampshire RG21 6XS, London, 110-133.

Hustedt, Thurid/Tiessen, Jan (2006): Central Government Coordination in Denmark, Germany and Sweden. An institutional Policy Perspective, Forschungspapiere „Regierungsorganisation in Westeuropa" Heft 2 (2006), Potsdam.

Jäger, Wolfgang (1988): Von der Kanzlerdemokratie zur Koordinationsdemokratie. In: Zeitschrift für Politik, 35. Jg., Heft 1/1988, 5-32.

Jann, Werner (1994): Wissenschaftler in der Regierung – Advokatoren der Verwissenschaftlichung der Politik. In: Murswieck, Axel (Hrsg.) (1994): Regieren und Politikberatung, Opladen, 159-173.

Jann, Werner/Döhler, Marian/Fleischer, Julia/Hustedt, Thurid/Tiessen, Jan (2005): Regierungsorganisation als Institutionenpolitik: Ein westeuropäischer Vergleich, Antrag auf Förderung eines Forschungsprojektes im Normalverfahren der DFG, Potsdam.

Jochimsen, Reimut (1975): Politische Planung in der Bundesregierung: Probleme und Perspektiven. in: Hoschka, Peter/Kalbhen, Uwe (Hg.): Datenverarbeitung in der politischen Planung, Frankfurt am Main/ New York, 7-16.

Jones, G.W./Lord Hunt of Tanworth (1987): The United Kingdom. In: William Plowden (ed.): Advising the Rulers, Oxford, 36-70.

King, Anthony (1994): Ministerial Autonomy in Britain. In: Laver, Michael/Shepsle, Ken (Hrsg.): Cabinet Ministers and Parliamentary Government, Cambridge, 203-225.

Knill, Christoph/Bauer, Michael W./Ziegler, Maria (2006): Optimierungsmöglichkeiten vorausschauender Politikgestaltung. Institutionen staatlicher Planung und Koordination im europäischen Vergleich, Zukunft Regieren, Beiträge für eine gestaltungsfähige Politik 2/2006, Bertelsmann Stiftung, Gütersloh.

Knoll, Thomas (2005): Das Bonner Bundeskanzleramt. Organisation und Funktionen 1949 – 1999, Opladen.

König, Klaus (1975): Koordination und Regierungspolitik. In: Deutsches Verwaltungsblatt 90/7 (April 1975), 225-236.

König, Klaus (Hrsg.) (1976): Koordination und integrierte Planung in den Staatskanzleien, Berlin.

König, Klaus (1985): Political Advice and Administrative Support: Planning in the German Chancellery. In: Klinkers, Leo (ed.): Life in Public Administration, Amsterdam, 132-138.

König, Klaus (1989): Vom Umgang mit Komplexität in Organisationen: Das Bundeskanzleramt. in: Staat 1, 49-70.

König, Klaus (1990a): Organisation: Voraussetzung und Folge des Regierens. In: Hartwich, Hans-Hermann/ Wewer, Göttrik (Hrsg.): Regieren in der Bundesrepublik I. Konzeptionelle Grundlagen und Perspektiven der Forschung, Opladen.

König, Klaus (1990b): Das Bundeskanzleramt als komplexe Organisation. In: Fisch, Rudolf/Boos, Margarete (Hrsg.): Vom Umgang mit Komplexität in Organisationen, Konstanz 1990.

König, Klaus (1993): Staatskanzleien. Funktionen und Organisation, Opladen.

König, Klaus (2010): Das Zentrum der Regierung. In: Bröchler, Stephan/von Blumenthal, Julia (Hg.): Regierungszentralen im politischen Prozess, Wiesbaden, i.E.

Korte, Karl-Rudolf (1998): Kommt es auf die Person des Kanzlers an? Zum Regierungsstil von Helmut Kohl in der „Kanzlerdemokratie" des deutschen „Parteienstaates". In: Zeitschrift für Parlamentsfragen, Heft 3/ 98, 387-401.

Korte, Karl-Rudolf (2010): Das Bundeskanzleramt in der Organisationsanalyse: Informalität als Erfolgskriterium. In: Dahme, Heinz-Jürgen/Wohlfahrt, Norbert (Hrsg.): Systemanalyse als politische Reformstrategie. Festschrift für Dieter Grunow, Wiesbaden.

Korte, Karl-Rudolf/Florack, Martin/Grunden, Timo (2006): Regieren in Nordrhein-Westfalen. Strukturen, Stile und Entscheidungen 1990 bis 2006, Wiesbaden.

Korte, Karl-Rudolf/Fröhlich, Manuel (2009): Politik und Regieren in Deutschland, 3. Auflage, Paderborn, München, Wien, Zürich.

Korte, Karl-Rudolf/Grunden, Timo (2010): Handbuch Regierungsforschung, Wiesbaden.

Korte, Karl-Rudolf/Hirscher, Gerhard (Hrsg.) (2000): Darstellungspolitik oder Entscheidungspolitik? Über den Wandel von Politikstilen in westlichen Demokratien, München.

Lasswell, Harold D. (1971): A Pre-View of Policy Sciences, New York.

Laver, Michael/Shepsle, Ken (Hrsg.) (1994): Cabinet Ministers and Parliamentary Government, Cambridge.

Lauth, Hans-Joachim/Pickel, Gert/Pickel, Susanne (2008): Methoden der Vergleichenden Politikwissenschaft. Eine Einführung, Wiesbaden.

Mayntz, Renate/Kaiser, Rolf (1987): West Germany. In: Plowden, W. William (ed.): Advising the Rulers, Oxford, 3-21.

Mayntz, Renate (1980): Executive Leadership in Germany: Dispersion of Power or „Kanzlerdemokratie". In: Rose, Richard/Suleiman, Ezra N.: Presidents and Prime Ministers, Washington D. C., 139-169.

Mayntz, Renate/Scharpf, Fritz (Hrsg.) (1973): Planungsorganisation. Die Diskussion um die Reform von Regierung und Verwaltung des Bundes, München.

Mertes, Michael (2000): Führen, koordinieren, Strippen ziehen: Das Kanzleramt als Kanzlers Amt. In: Korte, Karl-Rudolf/Hirscher, Gerhard (Hrsg.): Darstellungspolitik oder Entscheidungspolitik? Über den Wandel von Politikstilen in westlichen Demokratien, München, 62-84.

Müller-Rommel, Ferdinand (1988): The Center of Government in West Germany: Changing Patterns under 14 Legislatures (1949-1987). In: European Journal for Political Research, Heft 16/1988, 171-190.

Müller-Rommel, Ferdinand (1993): Ministers and the Role of the Prime Ministerial Staff. In: Blondel, Jean/Müller-Rommel, Ferdinand (ed.): Governing Together. The Extent and Limits of Joint Decision-Making in Western European Cabinets, New York, 131-152.
Müller-Rommel, Ferdinand (1994): The Chancellor and his Staff. In: Padgett, Stephan (Hrsg.): Adenauer to Kohl: The Development of the West German Chancellorship, London, 106-126.
Müller-Rommel, Ferdinand (1997): Le bureau du Chancelier allemand. In: Revue Francaise d'Ádministration Publique 1997, 437-446.
Müller-Rommel, Ferdinand (2000): Management of Politics in the German Chancellors's Office. In: Peters, B. Guy/Rhodes, R. A. W./Wright, Vincent (ed.): Administering the Summit, Houndmills, Basingstoke, Hampshire RG21 6XS, London, 81-100.
Müller-Rommel, Ferdinand/Pieper, Gabriele (1991): Das Bundeskanzleramt als Regierungszentrale. In: Aus Politik und Zeitgeschichte 41, B 21-22, 3-14.
Murswieck, Axel (1990): Die Bundesrepublik Deutschland – Kanzlerdemokratie, Koordinationsdemokratie oder was sonst? In: Hartwich, Hans Hermann/Wewer, Göttrik. (Hrsg.), Regieren in der Bundesrepublik 1. Konzeptionelle Grundlagen und Perspektiven der Forschung, Opladen, 151-169.
Murswieck, Axel (Hrsg.) (1994): Regieren und Politikberatung, Opladen.
Murswieck, Axel (2003): Des Kanzlers Macht. Zum Regierungsstil Gerhard Schröders. In: Egle, Christoph u.a. (Hrsg.): Das rot-grüne Projekt. Eine Bilanz der Regierung Schröder 1998-2002, Opladen, 117-135.
Murswieck, Axel (2008): Von Schröder zu Merkel – eine Frage des (Regierungs-)Stils? Zu den Machtressourcen der Bundeskanzlerin in einer Großen Koalition. In: Tenschler, Jens/Batt, Helge (Hrsg.): 100 Tage Schonfrist: Bundespolitik und Landtagswahlen im Schatten der Großen Koalition, Wiesbaden, 199-214.
Naßmacher, Hiltrud (1991): Vergleichende Politikforschung. Eine Einführung in Probleme und Methoden, Opladen.
Niclauß, Karlheinz (1988): Kanzlerdemokratie. Bonner Regierungspraxis von Konrad Adenauer bis Helmut Kohl, Stuttgart, Berlin, Köln, Mainz.
Niclauß, Karlheinz (2004): Kanzlerdemokratie. Regierungsführung von Konrad Adenauer bis Gerhard Schröder, Paderborn, München, Wien, Zürich.
Patterson, B.H. (1989): The Ring of Power, Washington.
Peters, Guy B./Rhodes, R.A.W./Wright, Vincent (Hrsg.) (2000): Administering the Summit, Administration on the Core Executive in Developed Countries, Houndmills, Basingstoke, Hampshire, London, New York.
Peters, Guy B./Savoie, Donald J. (2000): Administering the Summit from a Canadian Perspective. In: Peters, Guy B./ Rhodes, R.A.W./ Wright, Vincent

(Hrsg.): Administering the Summit, Administration on the Core Executive in Developed Countries, Houndmills, Basingstoke, Hampshire, London, New York, 43-58.

Plowden, William (ed.) (1987): Advising the Rulers, Oxford.

Rhodes, R.A.W. (ed.) (2000): Transforming British Government. Volume 2: Changing Roles and Relationships. Houndmills, Basingstoke, Hampshire.

Rockmann, Bert A. (2000): Administering the Summit in the United States. In: Peters, Guy B./Rhodes, R. A. W./Wright, Vincent (ed.): Administering the Summit, Houndmills, Basingstoke, Hampshire RG21 6XS, London, 245-264.

Rose, Richard/Suleiman, Ezra N. (ed.) (1980): Presidents and Prime Ministers, Washington D. C..

Rüb, Friedbert W. (2010): Regieren, Regierungszentralen und Regierungsstile. Konzeptionelle Überlegungen zum Regierungsprozess in einer sich beschleunigenden Welt. In: Bröchler, Stephan/von Blumenthal, Julia (Hg.): Regierungszentralen im politischen Prozess, Wiesbaden, i.E.

Sarcinelli, Ulrich (1987): Symbolische Politik, Wiesbaden.

Scharpf, Fritz W. (1973): Koordinationsplanung und Zielplanung. In: Mayntz, Renate/Scharpf, Fritz (Hrsg.) Planungsorganisation. Die Diskussion um die Reform von Regierung und Verwaltung des Bundes, München, 107-114.

Schatz, Heribert (1973): Auf der Suche nach neuen Problemlösungsstrategien: Die Entwicklung der politischen Planung auf der Bundesebene. In: Mayntz, Renate/Scharpf, Fritz (Hrsg.): Planungsorganisation. Die Diskussion um die Reform von Regierung und Verwaltung des Bundes, München, 9-67.

Schatz, Heribert (1974): Politische Planung im Regierungssystem der Bundesrepublik Deutschland, Göttingen.

Schilling, Martin/Ruckh, Lena/Rübcke, Felix (2009) : Strategische Steuerung in Regierungszentralen deutscher Bundesländer, Zukunft Regieren, Beiträge für eine gestaltungsfähige Politik 2/2009, Bertelsmann Stiftung, Gütersloh.

Schneider, Herbert (2001): Ministerpräsidenten. Profil eines politischen Amtes im deutschen Föderalismus, Opladen.

Schöne, Siegfried (1968): Von der Reichskanzlei zum Bundeskanzleramt, Berlin.

Schuett-Wetschky, Eberhard (2003): Richtlinienkompetenz des Bundeskanzlers, demokratische Führung und Parteiendemokratie, Teil I: Richtlinienkompetenz als Fremdkörper in der Parteiendemokratie. In: Zpol 13. Jg., Heft 4, 2003, 1897-1932.

Schuett-Wetschky, Eberhard (2004): Richtlinienkompetenz des Bundeskanzlers, demokratische Führung und Parteiendemokratie, Teil II: Fehlinformation des Publikums. In: Zpol 14. Jg., Heft 1, 2004, 5 -29.

Schwarz, Hans Peter (1989): Adenauers Kanzlerdemokratie und Regierungstechnik. In: Aus Politik und Zeitgeschichte, B 1-2 (1989), 15-27.
Stern, Klaus (1980): Das Staatsrecht der Bundesrepublik Deutschland, Band II, Staatsorgane, Staatsfunktionen, Finanz- und Haushaltsverfassung, Notstandsverfassung, München.
Sturm, Roland/ Pehle, Heinrich (2007): Das Bundeskanzleramt als strategische Machtzentrale, Zukunft Regieren, Beiträge für eine gestaltungsfähige Politik 1/2007, Bertelsmann Stiftung, Gütersloh.
Suleiman, Ezra N. (1980): Presidential Government in France. In: Rose, Richard/Suleiman, Ezra N. (ed.): Presidents and Prime Ministers, Washington D. C., 94-138.
Thiébault, Jean-Louis (1994): The Political Autonomy of Cabinet Ministers in the French Fifth Republic. In: Laver, Michael/Shepsle, Ken (Hrsg.): Cabinet Ministers and Parliamentary Government, Cambridge, 139-149.
Thiébault, Jean-Louis (1997): France: Cabinet Decision-Making under the Fifth Republic. In: Blondel, Jean/ Müller-Rommel, Ferdinand (ed.): Cabinets in Western Europe, London, 98-115.
Tils, Ralf (2010): Strategisches Zentrum und Regierungszentrale im Kontext von Party-Government. Strategische Regierungssteuerung am Beispiel der Agenda 2010. In: Bröchler, Stephan/von Blumenthal, Julia (Hg.): Regierungszentralen im politischen Prozess, Wiesbaden, i.E.
Vollrath, Ernst (1990): Überlegungen zur Semantik von "Regierung" und "Regieren". In: Hartwich, Hans-Hermann/Wewer, Göttrik (Hrsg.): Regieren in der Bundesrepublik I. Konzeptionelle Grundlagen und Perspektiven der Forschung, Opladen, 43-64.
Wayne, Stephen/Porter, Roger (1987): The United States. In: William Plowden (ed.): Advising the Rulers, Oxford, 71-91.
Weller, Patrick/Bakvis, Herman/Rhodes, R.A.W (Hrsg.) (1997): The Hollow Crown: Countervailing Trends in Core Executives, Basingstoke.
Wright, Vincent/Hayward, Jack (2000): Governing from the Centre: Policy Coordination in Six European Executives. In: Peters, Guy B./Rhodes, R. A. W./Wright, Vincent (ed.): Administering the Summit, Houndmills, Basingstoke, Hampshire RG21 6XS, London, 25-45.

Das Zentrum der Regierung

Klaus König

1 Strukturelle Vielfalt

Gruppenbilder von Gipfeltreffen der Staats- und Regierungschefs zeigen, wo das exekutive Herrschaftszentrum eines Landes – eines Nationalstaates im Sinne der Vereinten Nationen – zu verorten ist, wenn man diese Ortsbestimmung in der Verbindung von Amt und Person vornimmt. Besonders hoch ist der Wiedererkennungswert bei Kleingruppen, wie etwa den G7-/ G8-Treffen der großen westlichen Industrieländer. Das bedeutet nicht, dass Ambivalenzen ausgeschlossen sind. So muss man im französischen Falle den Präsidenten der Republik wie den Ministerpräsidenten im Auge behalten. Kommen beide Akteure aus einem parteipolitischen Lager, wird der Präsident in der Vorhand sein. Stützen sie sich aber bei einer „cohabitation" auf verschiedene Parteien, wird man dem ausländischen Partner raten müssen, nicht nur den Elysée Palast, sondern auch das Hôtel Matignon aufzusuchen.[1] Parteigeleitete Regime pflegen die Doppelspurigkeit von Partei und Staatsapparat nicht zuletzt aus Gründen der internationalen Beziehungen durch eine Personalunion in den Spitzenpositionen aufzuheben. So ist im Falle Chinas der Generalsekretär der Kommunistischen Partei zugleich Staatspräsident der Volksrepublik. Gipfeltreffen mögen auch ein Indikator dafür sein, wie sich in Russland der Wechsel des Staatspräsidenten in das Amt des Ministerpräsidenten auswirkt.

Personen und Ereignisse prägen das Regierungshandeln. Aber neben anderen Einflussgrößen wie etwa den Rollenzwängen einer Koalition, unterliegt das Zentrum der Regierung nicht zuletzt der Spannungslage von Person und System, Motivation und Normation, Individuum und Organisation. In einer hochtechnischen Zivilisation, in einer Informations- und Wissensgesellschaft sind Regierungsinstitutionen und Regierungstechnologien, der Regierungsapparat, die „machinery of government" unverzichtbar. In den westlichen Demokratien und Industrieländern wird die Kabinettsarbeit auf etwa 500 Tagesordnungspunkte im

---

1 Vgl. P. Ardant u.a., La cohabitation, in: Pouvoirs Nr. 91, Paris 1999.

Jahr geschätzt. In der Legislaturprogrammplanung der deutschen Bundesregierung sind über 2.000 Vorhaben verzeichnet, die als wesentlich angesehen werden. Man muss dazu nicht auf die geringe Zahl von Themen verweisen, mit denen ein Spitzenpolitiker seinen Wahlkampf bestreitet. Wenn ein Regierungschef 100 sich verändernde und wechselnde aktuelle Regierungsvorhaben präsent hat, wird man das als beachtliche intellektuelle Leistung bezeichnen können.

So bedürfen dann selbst so persönlich und informell beabsichtigte Gipfeltreffen, wie die der G 7/G 8-Gruppe einer organisierten Unterstützung. Freilich versucht man, sich von den Großbürokratien der Außenministerien und internationalen Sekretariate zu befreien und den institutionell verselbständigten Verwaltungsaufwand herunterzusetzen. Das Prozessmoment wird in den strukturierten Handlungszusammenhängen herausgestellt. Blickt man auf den Organisationsgrad, dann muss man zunächst einmal festhalten, dass kein ausgebautes G 7/G 8-Sekretariat existiert. Die Verantwortung für die Vorbereitung und Durchführung liegt bei dem jeweils gastgebenden Land, das auch gleichzeitig den Vorsitz hat. Der Vorsitz wechselt jedes Jahr. Die zentrale Rolle bei der Vorbereitung und Durchführung der G 7/G 8-Gipfeltreffen haben die sogenannten Sherpas.[2] Diese haben in der Regel eine enge Beziehung zu ihren Staats- und Regierungschefs. Dabei decken sie im Grunde genommen das gesamte Politikspektrum auf Chefebene ab, jedenfalls soweit es sich um international bedeutsame Themen handelt. Wegen des großen Umfanges der Sachgegenstände gibt es daneben zwei Sub-Sherpas. Einer ist zuständig für auswärtige Fragen und der andere für Finanzangelegenheiten.

An den Gipfeltreffen nehmen neben den Regierungschefs die Finanzminister und Außenminister teil. Schon die Beteiligung dieser Minister, hinter denen traditionell gefestigte Großverwaltungen stehen, weist darauf hin, dass Personalität und Informalität bei Gipfeltreffen politische Umgangsweisen betreffen. In der Sachpolitik bleibt man auf Informationen und Informationsverarbeitungen jeweiliger Regierungsapparate angewiesen. Die persönliche Beziehung des Sherpas zum Regierungschef ersetzt nicht sein Angewiesensein auf die Ressourcen der Ministerialverwaltung, einschließlich des institutionalisierten Regierungszentrums.

Es gibt freilich keine Regierungsorganisation, die so durch die Person an der Spitze geprägt ist, wie die Regierungszentrale. Dass zwischen Regierungschef und seinem Haus mit dem Amtschef – Chef des Bundeskanzleramtes, Chief of Staff, Generalsekretär – eine organisatorische Zwischenschicht eingeschaltet

---

2 Vgl. H. Tiedmeyer, Anmerkungen zu den neuen internationalen Kooperationsbemühungen seit der Plaza-Vereinbarung 1985, in: N. Buh/D. Duwendag/R. Rielp, Hrsg., Geldwertsicherung und Wirtschaftsstabilität, Frankfurt/Main 1989, S. 479 ff.

ist, ändert daran nichts. Der Amtschef sichert zunächst einmal die Subjektivität des Regierungschefs im Apparat ab.[3] So mag man, wenn man sich mit der Organisationsentwicklung etwa des Bonner Bundeskanzleramtes befasst, nicht darum herum kommen, eine gewisse Periodisierung nach der jeweiligen Ära eines Bundeskanzlers vorzunehmen.[4] Nimmt man das Beispiel der Kabinettsarbeit, so mag der eine Kanzler hier länger ausgearbeitete Schriftstücke, der andere einen auf den politischen Punkt gebrachten Kurzvermerk schätzen. Der eine Kanzler mag sich an die ministeriellen Geschäftsordnungsvorgaben halten, wonach es der Referatsleiter ist, der Vermerke unterzeichnet, während ein anderer Kanzler die volle Unterschrift des Abteilungsleiters auf dem Kabinettsvermerk sehen will, weil dieser als politischer Beamter nicht nur sein systemisches, sondern auch sein persönliches Vertrauen genießt. Die verwaltete Regierungszentrale muss solche Subjektivitäten akzeptieren. Nur ist der Regierungschef – wer auch immer – auf einen Kabinettsvermerk angewiesen, will er den Anforderungen an die Leitung des Kabinetts angemessen entsprechen. Kabinettssitzungen vertragen wenig Spontanität, schon gar nicht in einer Koalitionsregierung, und andere Informationsquellen, etwa Papiere aus der Parteizentrale, bleiben in Regierungsgeschäften problematisch. Entsprechend gehört es zu den Grundausstattungen moderner Regierung, dass dem Staats- bzw. Regierungschef eine Regierungszentrale als Organisation im institutionellen Sinne beiseite steht.

Die Strukturen eines solchen Zentrums der Regierung sind freilich höchst vielfältig. Das zeigt sich im internationalen Vergleich. Die Organisation für wirtschaftliche Zusammenarbeit und Entwicklung hat sich in einem langjährigen Vorhaben mit dem Thema „Policy Advice and Co-ordination at the Centres of Government" befasst. Im Rahmen dieser Aktivitäten ist auch zur Jahrhundertwende eine Dokumentation „Profiles of Centres of Government – Central Policy Management Systems in OECD Countries" erstellt worden.[5] Die Landesberichte in dieser Dokumentation weisen auf die vielen strukturellen Unterschiede in Aufbauorganisation, Steuerungsprozessen und Mitarbeiterstab der Regierungszentralen hin. Wird bei Gipfeltreffen die Unterscheidung zwischen Staatschef und „bloßem" Regierungschef selbst protokollarisch nivelliert, so schlägt sich etwa die Unterscheidung zwischen präsidialen und parlamentarischen Regierungssystem in der Institutionalisierung des exekutiven Zentrums nieder.

Im Falle der Vereinigten Staaten von Amerika bildet sich die exekutive Einzigartigkeit des Präsidenten nach der Verfassung auch in der Organisation eines „Executive Office" ab, dass dann eine gegliederte Binnenstruktur aufweist,

---

3   Vgl. S. Kernell/S. Popkin, Hrsg., Chief of Staff, Berkeley u.a. 1986.
4   Vgl. T. Knoll, Das Bonner Bundeskanzleramt, Wiesbaden 2004.
5   Vgl. OECD, Profiles of Centres of Government, Paris o.J.

neben dem „White House Office" im Kern noch andere Organisationseinheiten und insbesondere schon von der Größe her das „Office of Management und Budget". Im deutschen Falle ist neben dem Bundeskanzleramt als Regierungszentrale das Bundespräsidialamt zu berücksichtigen. Zwar stehen hier repräsentative Aufgaben im Vordergrund. Aber es fallen auch operative Tätigkeiten an, wie die Ernennung und Entlassung von Bundesrichtern, Bundesbeamten, Offizieren oder die Ausfertigung von Gesetzen. So hat der Chef des Bundespräsidialamtes auch das Recht an den Sitzungen des Kabinetts teilzunehmen.[6]

Neben den Grundtypen gewaltenteilender Republik ist die jeweilige Verfassungslage prägend für vielfältige Differenzierungen im Aufbau von Regierungszentralen. Die Lage in semi-präsidentiellen Regierungssystemen ist mit dem Falle Frankreichs bezeichnet worden. Beim Prototyp des präsidentiellen Regierungssystems, der US-amerikanischen Präsidentschaft, kann man allgemein darauf setzen, dass das Weiße Haus zugleich exekutives Herrschafts- wie Machtzentrum ist.[7] In semi-präsidentiellen Regierungsverhältnissen lohnt sich bei verschiedenen parteipolitischen Konstellationen die Nachfrage. Man kann sich nicht einfach auf die verfassungsrechtliche Zuständigkeitsverteilung verlassen. Es können sich über den Einzelfall hinaus allgemeine Machtverschiebungen abzeichnen. Freilich pflegt der Präsident in der Vorhand zu sein: durch die ihm plebiszitär verliehene originäre Machtposition, durch gewisse Abhängigkeiten des Ministerpräsidenten nicht nur vom Parlament, sondern auch vom Staatspräsidenten, durch den präsidentiellen Vorsitz im Kabinett usw.[8] Der Präsident ist nicht nur die Spitze der Exekutive. Auch das Präsidialamt erweist sich in der Regel als politische Schaltzentrale, die man einbeziehen muss, wenn man vom Zentrum der Regierung spricht.

Unter dem Vorzeichen konstitutioneller Herrschaftsordnung stellt die Schweizer Bundeskanzlei einen eigenen Anschauungsfall dar.[9] An der Spitze der schweizerischen Exekutive stehen der Bundesrat als Kollegialorgan und der Bundespräsident als dessen jährlich wechselnder Vorsitzender. Letzterer verfügt außerhalb des Vorsitzes und seiner eigenen Ressortverantwortung über keine Richtlinien- oder Weisungsbefugnisse. Diese Lage wird in der Schweizer Bundeskanzlei reflektiert. Sie ist kein Ansprechpartner für andere Regierungszentralen, die aus der Autorität von Regierungschefs heraus grenzüberschreitende

---

6 Vgl. F. Spath, Das Bundespräsidialamt, 5. Ausg., Düsseldorf 1983.
7 Vgl. B. Patterson, The Ring of Power, New York 1988.
8 Vgl. U. Kempf, Das politische System Frankreichs, in: W. Ismayr, Hrsg., Die politischen Systeme Westeuropas, 3. Aufl., Opladen 2003, S. 301 ff.
9 Vgl. W. Linder, Das politische System der Schweiz, in: W. Ismayr, Hrsg., Die politischen Systeme Westeuropas, 3. Aufl., Opladen 2003, S. 487 ff.

Sachprobleme einer Lösung näher bringen wollen. Bei der Kanzlei geht es nicht zuletzt um die Verbindung von Legislative und Exekutive. Der Bundeskanzler als Amtschef wird von der Bundesversammlung bestimmt. Er unterstützt den Bundespräsidenten, insbesondere bei der Kabinettsarbeit und in der Beziehung zum Parlament. Er ist Vorsitzender der Konferenz der ministeriellen Generalsekretäre. Der restriktive Organisationszuschnitt auf eine Art staatlichen Notariats drückt sich auch in der Personalausstattung aus. Die Bundeskanzlei verfügt über etwa 100 beamtete Mitarbeiter. Für das benachbarte österreichische Bundeskanzleramt wird um die Jahrhundertwende eine Zahl von 840 Beamten genannt.

Verhältnismäßig schlanken Regierungszentralen – etwa in Skandinavien – stehen solche gegenüber, die nach ihrer historischen Entwicklung eine eigene organisatorische Binnendifferenzierung aufweisen. So wird in Großbritannien zwischen „Cabinet Office" und „Prime Minister's Office" unterschieden. Ersteres unterstützt den Premier wie die Minister bei der Kabinettsarbeit. Letzteres ist die Verbindungsstelle zu den Ministern, berät und unterstützt den Premierminister in seiner Rolle als Regierungschef, Führer der Regierungspartei und Mitglied des Parlaments. Man findet aber auch in der angelsächsischen Welt die Integration der Kabinettsarbeit in einer einheitlichen Zentrale, so im „Department of the Prime Minister and Cabinet" in Australien. Für Bundesstaaten stellt sich als weiteres Organisationsproblem die Zusammenarbeit des Bundes mit den Ländern – „States". Wiederum in Australien besteht ein „Council of Australian Governments", der aus dem nationalen Ministerpräsidenten, den Premiers der Staaten, den Chefministern der Territorien und dem Präsidenten der Vereinigung der Lokalverwaltungen besteht. Dieser Rat wird von einer Gruppe hoher Beamter unterstützt, die sich aus dem Sekretär der Regierungszentrale und vergleichbaren Vertretern der Regionalebene zusammensetzt.[10] In den USA sind die „intergovernmental relations" hingegen im Weißen Haus organisiert. Im deutschen Bundeskanzleramt werden die Angelegenheiten des Bund/Länder-Verhältnisses einschließlich Bundesrat und Besprechungen des Bundeskanzlers mit den Regierungschefs der Länder in der Linie wahrgenommen.

So ließen sich noch andere organisatorische Verschiedenheiten in den Regierungszentralen nennen. Die strukturelle Vielfalt wird noch größer, wenn man die Personalverhältnisse einbezieht. Zwar stützen sich moderne Regierungszentralen überwiegend auf Mitglieder von Beamtentum, Fonction publique, Civil Service bis hin zum „permanent secretary". Jedoch trifft man in unterschiedlichen Positionen Parlamentarische Staatssekretäre, politische Beamte, politisch Bestellte, Vertragsbedienstete, politische Berater usw. Insbesondere in den USA

---

10 Vgl. OECD, Profiles of Centres of Government, Paris o.J, S. 159 ff., S. 7 ff.

ist der Status des „political appointee" verbreitet.[11] Allgemein pflegt dem Regierungschef ein von der Linienorganisation abgehobenes, mehr oder minder großes persönliches Büro zur Verfügung zu stehen, das ihm gewisse personelle Spielräume einräumt. Im internationalen Verkehr zwischen Regierungszentralen kann man indessen nicht davon ausgehen, dass die korrespondierenden Partner von der gleichen Sozialisation eines Exekutivpolitikers oder Beamten oder Außenseiters geprägt sind. Man muss sich erst der kommunikativen Kompatibilitäten versichern.

2 Funktionale Gemeinsamkeiten

Der strukturellen Vielfalt der Regierungszentralen stehen funktionale Gemeinsamkeiten, jedenfalls in den Kernfunktionen gegenüber. Das zeigen schon die in den „Profiles of Centres of Government" der OECD-Dokumentation gemachten Angaben. Die allgemeine Funktionsklausel lautet: Beratung und Unterstützung des Regierungschefs, wobei Sekretariatsfunktionen eingeschlossen sind. Diese Leistungsvorgabe bezieht sich auf das gesamte exekutive Aufgabenspektrum des Regierungshaupts, von der Beziehung zu den Ressorts über die zum Parlament bis hin in die organisierte Welt von Wirtschaft und Gesellschaft. Im angelsächsischen Raum wird Beratung und Unterstützung über das Exekutive hinaus auch auf die Rolle des Regierungschefs als Mitglied des Parlaments und als Führer der regierenden politischen Partei bezogen. Freilich tritt hier zumindest eine personelle Differenzierung ein, indem Berufsbeamte außen vorgelassen werden. Die Unterstützung des Regierungschefs als Parlamentarier kann man auch dort voraussetzen, wo sie nicht ausdrücklich genannt ist. Denn man bewegt sich unter dem Dach staatlicher Institutionen.

Hingegen werfen Zuarbeiten für den Führer einer politischen Partei aus der Regierungszentrale heraus andernorts Probleme auf.[12] Regierungszentrale und Parteizentrale sind geschieden. Allerdings lassen sich Überschneidungen in bestimmten Fällen nicht vermeiden. So wird sich im deutschen Falle ein Bundeskanzler, dessen Partei koalitionsfähig aus den Wahlen hervorgegangen ist, in den folgenden Koalitionsverhandlungen auch auf die Mitarbeit der Regierungszentrale stützen. Obwohl Konsens darüber besteht, dass Koalitionsgespräche als politische Willensbildung Sache der Parteien sind, wird der Kanzler legitimer-

---

11 Vgl. B. Patterson, The White House Staff, Washington DC 2000.
12 Vgl. K. König, Parteienstaat, Parteifunktionen, Parteipolitik und Regierung, in: ders., Verwaltete Regierung, Köln u.a. 2002, S. 72 ff.

Das Zentrum der Regierung 55

weise von der Kanzlei unterstützt werden. Denn einerseits ist er als Regierungschef noch im Amt und andererseits sind die Verhandlungspunkte die zukünftigen Regierungsvorhaben, die mit Amtswissen vorbereitet sein sollten.

Neben den Grundfunktionen von Beratung und Unterstützung werden weitere Leistungsanforderungen durchgängig spezifiziert. Dazu gehören etwa: Assistenz für den Vorsitzenden des Kabinetts, für Kabinettsmitglieder sowie entsprechende Sekretariatsfunktionen; Koordination der Sachpolitiken, wie sie arbeitsteilig in den Ressorts erstellt werden; Planung und Politikformulierung auch des Regierungsprogramms, freilich in unterschiedlichem Ausmaß; Kooperation vor allem in einem politischen System mit autonomen föderalen, regionalen, lokalen Ebenen; „public relations", insbesondere Pressearbeit und anderes.

Die Versuche, Funktionen einer Regierungszentrale wissenschaftlich zu bestimmen, gehen bis auf die 1930er Jahre zurück, als es in einer Reformbewegung der USA unternommen wurde, der Präsidentschaft einen angemessenen Arbeitsstab – „The President needs help!" – zur Seite zu stellen.[13] Der einschlägige „Report of the President's Committee on Administrative Management" von 1937 war von prominenten Vertretern der Managementbewegung geprägt, wie sie in der Schule des „Scientific Management" ihre Wurzeln hat. Entsprechend wurden Management-Prinzipien wie „Unity of Command", „Hierarchy", „Span of Control" usw. genannt. Insbesondere aber wurden Management-Funktionen auf das Zentrum der Regierung bezogen, wie sie im Akronym POSDCORB bezeichnet werden, also im Deutschen: Planen, Organisieren, Rekrutieren, Dirigieren, Koordinieren, Berichterstatten, Budgetieren. Aus den Empfehlungen des genannten Berichts sind Regierungsinstitutionen mit der historischen Beständigkeit wie das Exekutiv-Amt des Präsidenten mit dem Weißen Haus und dem „Bureau of the Budget" hervorgegangen. Mit diesen Erfolgen etablierte sich der Managerialismus als Selbstregulativ auch in Regierungsgeschäften. Man spricht von der „Managerial Presidency".[14]

Später sind diese frühen Managementlehren als „Proverbs of Administration" in die handlungs- und entscheidungstheoretische Kritik geraten. Zweifel sind angebracht, wenn man vom Verständnis eines „Scientific Management" ausgeht. Aussagen zu Management-Prinzipien und Management-Funktionen sind indessen Orientierungshilfen für die Regierungspraxis, die helfen die Komplexität organisierten Regierens handhabbar zu machen. Aber auch die Regierungslehre kann in ihnen Anknüpfungspunkte für weitere Reflektionen finden. Die Verknüpfung eines Funktionenkatalogs, der auch die Budgetierungsfunktion umfasst, mit der Präsidentschaft führte in den USA dazu, dass die Haushaltszustän-

---

13 Vgl. H. McCurdy, Public Administration, Menlo Park 1977, S. 2 ff.
14 Vgl. J. Pfiffner, Hrsg., The Managerial Presidency, College Station 1999.

digkeit von dem „Treasury Departement" in das Exekutiv-Amt des Präsidenten verlagert wurde. Das „Bureau of Budget", dann auch „Office of Management and Budget", übernahm Aufgaben, die sie andernorts Finanzminister wahrzunehmen haben, wobei dem Bundesfinanzminister in Deutschland sogar eine eigene verfassungsrechtliche Stellung gegenüber dem Regierungschef und dem Kabinett zukommt.

Der Gedanke einer Verlagerung des Haushaltswesens in das Bundeskanzleramt tauchte auf, als die Einführung eines Programmbudgets für die Bundesregierung diskutiert wurde. Zu den Idealvorstellungen von der guten Regierung gehört es, dass Aufgabenpolitik und Finanzpolitik aus einem Guss erstellt werden sollten. Das Budget soll das Regierungsprogramm in Zahlen sein. Erscheint der „budgetary man" als Unterfall des Homo oeconomicus, so sind nach dessen Zweck-Mittel-Rationalität öffentliche Aufgaben und öffentliche Finanzen zu kombinieren. Das „rationale Budget" ist dasjenige, welches von der Programmfunktion angeleitet wird.[15] Wenn man so dem Regierungsprogramm als Sachpolitik den Vorrang gibt und Ausdifferenzierung, wie Selbstreferenz des Fiskalischen in seiner Systemrationalität beiseite schiebt, liegt der Gedanke nahe, dass die Zuständigkeit für ein solches Programmbudget in den Händen von Bundeskanzler und Bundeskanzleramt liegen muss.

Das Konzept einer programmatischen Budgetierung wurde damals von dem Unternehmen eines Planning-Programming-Budgeting-System inspiriert, wie es in den USA versucht wurde.[16] Die Haushaltsreformen in Deutschland Ende der 1960er Jahre gingen indessen in eine andere Richtung. Nicht die Programmfunktion stand im Mittelpunkt der Bemühungen, sondern die gesamtwirtschaftliche Lenkungsfunktion. Neben der makro-ökonomischen Lenkung blieben die finanzwirtschaftliche Ordnungsfunktion, die parlamentarische Kontrollfunktion und die administrative Steuerungsfunktion im Blickfeld. Eine Stärkung der Programmfunktion wurde von der damals eingeführten mittelfristigen Finanzplanung erwartet. Dieser Finanzplan sollte das Regierungsprogramm reflektieren. Die Erfolgsbilanz der mittelfristigen Finanzplanung blieb freilich begrenzt. Diese erwies sich als von der kurzfristigen inkrementalen Haushaltsplanung dominiert. Man sagte, dass sie input-orientiert und nicht output- bzw. zweckorientiert sei. Der fortgeschriebene Finanzplan blieb dem zeitlichen Horizont der Einjahresbudgetierung unterworfen.[17] Da es mithin bei der Selbstreferenz des Fiskali-

---

15 Vgl. K.-H. Hansmeyer, Hrsg., Das rationale Budget, Köln 1971.
16 Vgl. H. Reinermann, Programmbudgets in Regierung und Verwaltung, Baden-Baden 1975.
17 Vgl. B. Rürup/G. Färber, Konzeptioneller Wandel von integrierten Aufgaben- und Finanzplanungssystemen, in: H.-U. Derlien, Hrsg., Programmforschung unter den Bedingungen einer Konsolidierungspolitik, München 1985.

Das Zentrum der Regierung

schen, bei einer begrenzten Programmrationalität blieb, gab es keinen Grund, die tradierte Konstellation von Finanzministerium, Ressorts, Kabinett, Regierungszentrale zu verändern.

Will man sich des Zentrums der Regierung in einer funktional-strukturellen Analyse vergewissern, kann man alte Funktionskataloge allenfalls als Ausgangspunkt nehmen. Jeweilige Leistungsprofile müssen jenseits allgemeiner Kernfunktionen spezifisch eingestellt werden.[18] Das betrifft innere Differenzierungen des POSDCORB-Katalogs, wie dessen Ergänzung. „Reporting" ist nicht bloß auf die klassische Berichtspflicht gegenüber dem Parlament zu beziehen. Es sind die Massenmedien, die tagtäglich Auskunft über die Regierungsgeschäfte verlangen. Entsprechend hat die Öffentlichkeits- und Pressearbeit einen Platz in der Regierungszentrale. Der Pressesprecher pflegt zu den engsten Mitarbeitern des Regierungschefs zu zählen. Im US-amerikanischen Falle sind die Berater des Präsidenten in Seniorpositionen diesem speichenförmig zugeordnet. Indessen setzen sich von Fall zu Fall hierarchische Verhältnisse mit dem „Chief of staff to the president" an der Spitze durch. Der Druck der Massenmedien sichert dem Pressesprecher jedoch eine unmittelbare Beziehung zum Regierungschef. Im deutschen Falle besteht mit dem Presse- und Informationsamt eine aus dem Kanzleramt ausdifferenzierte Organisationseinheit, die der gesamten Bundesregierung dient, im Schwerpunkt freilich dem Regierungschef zuarbeitet. Das gilt insbesondere für Amt und Person des Pressesprechers. Daneben besteht aber im Bundeskanzleramt selbst eine Arbeitseinheit, die nach Präferenzen des jeweiligen Regierungschefs die Medien- und Öffentlichkeitsarbeit betreibt, und zwar bis hin zu Funktionen von „Spindoktoren". Hieraus können sich auch dysfunktionale Spannungsverhältnisse ergeben.

Wären die Vereinigten Staaten wie die Bundesrepublik verfasst, hätte man wohl in die Management-Funktionen nicht nur die Koordination, sondern auch die Kooperation aufgenommen. Angesichts der dort eher separativen Verhältnisse zwischen Bund und Staaten haben auch die „intergovernmental affairs" keinen sehr hohen Stellenwert im Funktionsspektrum des Weißen Hauses. Anders ist die Lage im Bundeskanzleramt. Hier haben Bund-Länder-Verhältnis, Bundesrat und Vermittlungsausschuss, Besprechungen des Bundeskanzlers mit den Regierungschefs der Länder in ihrer Kooperationsfunktion grundlegende Bedeutung. Nur die Ausfüllung dieser Funktion unterliegt der jeweiligen politischen Konstellation. Die parteipolitischen Verhältnisse mögen sich im Bund und in der Mehrheit der Länder decken oder auseinanderfallen. Regierungschefs der Länder mögen den Kanzler stützen oder – auch bei gemeinsamer Parteizugehörigkeit – kritisie-

---

18 Vgl. K. König, Staatskanzleien, Opladen 1993.

ren. Länderinteressen können so gewichtig sein, dass sie die parteipolitische Zusammengehörigkeit überwiegen usw. In jedem Falle hat die Kanzlei zu funktionieren. Heute wird man bei Kooperationsleistungen der Regierungszentrale über den Föderalismus hinausgreifen. Das Stichwort vom „kooperativen Staat" weist darauf hin, dass es im politischen, ökonomischen, sozialen Umfeld der Regierung nicht nur um die bewährten Informations- und Anhörungsleistungen, sondern auch um die Zusammenarbeit mit wirtschaftlichen und gesellschaftlichen Akteuren geht. Das ist freilich nicht neu und wurde schon zu Zeiten der „konzertierten Aktion" nachdrücklich betrieben.[19] Jedenfalls gehört die Kooperationsfunktion zu den durchgängigen Leistungsmerkmalen einer Regierungszentrale in Deutschland.

3   Wissenschaftlicher Gegenstand

Präsidenten, Kanzler, Premierminister können in Person und Amt mit breitem wissenschaftlichem wie außerwissenschaftlichem Interesse rechnen. Ihr Regierungsapparat stößt nicht überall auf solche Aufmerksamkeit. In den USA ist das Exekutiv-Amt des Präsidenten vielfach erforscht worden und zu einem signifikanten Gegenstand der Regierungslehre geworden.[20] Das gilt insbesondere für das Weiße Haus. Für dieses interessiert sich freilich selbst die Film- und Fernsehindustrie. Nicht nur der Präsident wird schauspielerisch in Szene gesetzt. Man vermutet in seinem Haus einen Platz von Kabalen und Intrigen, auf dem auch andere Akteure eine Rolle finden: der „Chief of staff", der „Press secretary", der „Director of speechwriting", der „National security adviser" usw. Ist der „West Wing" so auch ein schauspielerischer Erfolg, scheint dem Bundeskanzleramt die filmische Geeignetheit zu fehlen. Einschlägige Versuche der Fernsehveranstaltung waren wohl dem Publikum weder glaubwürdig noch unterhaltsam genug. Schon als Schauplatz kann das Bundeskanzleramt architektonisch nicht mithalten. Überdies ist sein Gebäude eher ein Ort der Stille, nicht der bewegten Bilder, der Diskretion, nicht der lauten Hast.

Die Wissenschaft, hier die Regierungslehre, folgt indessen ihren eigenen Bewertungskriterien. Letztlich zählt der Erkenntnisgewinn. Es kommt auf den spezifischen wissenschaftlichen Ertrag einer Beschäftigung mit der Regierungszentrale an. An einem solchen Spezifikum mag man beim ersten Blick auf das deutsche Bundeskanzleramt zweifeln. Denn vergleichsweise handelt es sich bei

---

19 Vgl. A. Benz, Kooperative Verwaltung, Baden-Baden 1994.
20 Vgl. E. Corwin u.a., The President, 5. Aufl., New York/London 1984.

dieser Regierungszentrale um eine bürokratische Organisation im institutionellen Sinne, wenn man unter Bürokratie eine bestimmte Leistungsordnung und nicht die Dysfunktionen eines Bürokratismus meint. Das Bundeskanzleramt passt in die Handlungsmuster der deutschen Ministerialverwaltung.[21] Wie bei den Ministerien beruht die Arbeit der Regierungszentrale formal auf einer festen Zuständigkeitsverteilung. Die Organisationsstruktur wird stark von „Spiegelreferaten" geprägt, die jeweils ein Ressort, bei kleineren Ministerien mehrere, bei großen unter Umständen Teile reflektieren. Damit ist zum Ausdruck gebracht, dass die Koordinierung der in den Ressorts arbeitsteilig erstellten Regierungsvorhaben, zu den klassischen Aufgaben einer Regierungszentrale gehört. Entsprechend ist sie auch der Platz, an dem man studieren kann, was Koordination in einem horizontal wie vertikal hochdifferenzierten Regierungssystem bedeutet. Die Referate – Spiegelreferate, Querschnittsreferate, Intendanturreferate usw. – sind durch eine Hierarchie der Weisungszusammenhänge in Abteilungen eingegliedert. Im Unterschied zu Ministerien hat das Bundeskanzleramt auf eine Zwischenschicht von Unterabteilungen verzichtet und dafür eine Gruppenstruktur eingeführt. Auch das bedeutet wiederum einen Ansatzpunkt für wissenschaftliche Nachfragen. An der Spitze der Organisationshierarchie steht der Chef des Bundeskanzleramtes. Er ist Leiter dieser obersten Bundesbehörde und nimmt die einschlägigen Leitungsfunktionen bis hin zur Ausübung von Hausrechten wahr. Der Bundeskanzler steht über dem Bundeskanzleramt, während Bundesminister ihre Ressorts zu leiten haben. Der Kanzler ist der bürokratischen Einordnung entzogen. Das Amt steht zu seiner Disposition, ohne dass er den Vorgaben eines Geschäftsordnungsrechts, wie es für die Ministerien gilt, unterworfen ist.

Die Einpassung des Bundeskanzleramtes in die bürokratische Leistungsordnung zeigt sich auch in der Personalstruktur. Die Mitarbeiter sind ganz überwiegend Laufbahnbeamte mit einer formalen beruflichen Qualifikation. Sie entsprechen in ihrer Professionalität der Ministerialverwaltung und sind so für eine Rotation geeignet. Die Zahl der „political appointees" ist gering. Sie erreicht, wenn man den Chef des Bundeskanzleramtes, die Staatsminister bzw. Parlamentarischen Staatssekretäre und die politischen Beamten zusammenzählt, nicht einmal ein Dutzend. Auch die Möglichkeiten, politische Vertrauensleute in ein Angestelltenverhältnis zu berufen, sind begrenzt. Im Weißen Haus muss man mit einem Vielfachen beim politischen Personal rechnen.[22] Von den durch Geschäftsordnungen und Hausanordnungen geregelten Verfahren bis hin zum Aktenverkehr werden weitere Bürokratiemerkmale erfüllt. Die Aktenkundigkeit wird – entgegen Gerüchten wie „Bermuda-Dreieck" oder Aktenvernichtung –

---

21 Vgl. V. Busse, Bundeskanzleramt und Bundesregierung, 3. Aufl., Heidelberg 2001.
22 Vgl. The Volcker Commission Report, Leadership for America, Lexington/Toronto 1990.

korrekt gehandhabt. Allerdings muss man in Rechnung stellen, dass der Bundeskanzler auch im Amt Privatmann sein kann und manche Parteigeschäfte an die Regierungszentrale adressiert werden. Es kann sich eine schwierige Gemengelage ergeben. Immerhin ist es dem ausscheidenden US-amerikanischen Präsidenten erlaubt, einen Teil des Schriftverkehrs seiner Amtszeit mitzunehmen und in einem seiner Person gewidmeten Dokumentationszentrum zu archivieren.

Sieht man im Bundeskanzleramt einen Regierungsapparat, der sich in seinen bürokratischen Organisations-, Prozess-, Personalstrukturen über Dekaden bewährt und verfestigt hat, dann muss der Regierungschef in seiner Individualität mit der „machinery of government" in eine Spannungslage geraten, die sich nicht mit einem Machtwort aus der Welt schaffen lässt. Dem stehen nicht nur die Regeln des Beamtenrechts, wie des Haushaltsrechts entgegen. Die hohe soziale Technizität des modernen Regierens lässt „A Government of strangers"[23] eher begrenzt zu. Auf der anderen Seite muss man eine schleichende Parteipolitisierung der Beamtenschaft in Schlüsselpositionen des Bundeskanzleramtes jenseits der politischen Beamten registrieren. Freilich wäre es zu einfach, solche Entwicklungen in Schwarz-Weiß-Bildern wiederzugeben. Man findet in der Regierungszentrale Beamte, die Regierungswechsel über viele Jahre überlebt haben und nach wie vor der Partei jenes Regierungschefs anhängen, unter dem sie in ihr Amt gekommen sind. Es gibt Beamte selbst in relativ hohen Rängen, die die Neutralität des Berufsbeamtentums durchgängig betonen. Und schließlich gibt es jene Beamte, die den parteilichen Werten des Regierungschefs verbunden sind. Das Spektrum reicht hier von Parteibuchbeamten bis zu „nahestehenden" Sympathisanten. Selten ist dagegen der Mitarbeitertyp, der aus dem Amt heraus Parteipolitik betreiben will. Er wird regelmäßig scheitern. Denn einerseits betrachten die Exekutivpolitiker im Amt die Parteipolitik als ihr Monopol. Andererseits erregt der parteipolitisch exponierte Beamte soviel Kritik von außen, dass sie als Dysfunktion in den Amtsbetrieb hineinwirkt. Deswegen trifft man bei den Parteibuchbeamten mehr auf das Karrieremotiv. Das bedeutet nicht zwangsläufig Opportunismus. Beamten pflegen ihrer Überzeugung treu zu bleiben, auch wenn es zu einem Regierungswechsel mit anderer parteipolitischer Konstellation kommt. In der Regel bleiben sie nach einer langjährigen beruflichen Sozialisation auch loyal gegenüber der neuen Regierung. Als Leistungsträger streben sie eher eine andere Verwendung an. Jedenfalls ist Parteiwechsel aus Karrieregründen eher selten.

Im Übrigen zeigt sich auch für das Bundeskanzleramt zur Verwaltungselite, und zwar mit Einschluss der politischen Beamten – also derjenigen, die ein Amt

---

23 Vgl. H. Heclo, A Government of Strangers, Washington DC 1977.

bekleiden, bei dessen Ausübung sie in fortdauernde Übereinstimmung mit den grundsätzlichen politischen Ansichten und Zielen der Regierung stehen müssen – im Verhältnis zur politischen Elite folgender Befund: Leitende Ministerialbeamte sind heute ausgeprägte „politische Bürokraten". Sie sind sensibel gegenüber den politischen Rahmenbedingungen und Machtfragen der Regierungsgeschäfte. Politische Fertigkeiten werden als Qualifikationsmerkmale eines Spitzenbeamten angesehen.

Das bedeutet freilich nicht, dass es zu einer Hybridisierung von politischen und administrativen Rollen gekommen ist[24] oder dass gar Ministerialbeamte zu parteipolitischem Aktivismus neigen. Vielmehr zeigt sich, wie von der Verwaltungselite wahrgenommen wird, dass das Berufsbeamtentum und erst recht die leitenden Beamten nicht als außerhalb der Politik begriffen werden können. Eine einfache Rollentrennung im Sinne von politisch versus administrativ existiert nicht. Bei allen Überlappungen besteht dann doch eine jeweils spezifische Rollenperzeption von politischen und administrativen Eliten. Substantielle Politik – Bildungspolitik, Verkehrspolitik, Umweltpolitik usw. – und Sachlichkeit werden im Verhältnis zur Machtorientierung von leitenden Beamten höher als von Exekutivpolitikern eingeschätzt. Fachliche Qualifikation, Expertenwissen, professionelle Fertigkeit, berufliche Erfahrung werden höher bewertet. Merkmale der wahrgenommenen Regierungsarbeit werden unterschiedlich von den für Exekutivpolitiker maßgeblichen Kriterien gekennzeichnet. Diese und weitere Rollendifferenzierungen werden von den Akteuren selbst akzeptiert, wobei Exekutivpolitiker den politischen Aspekt der Beamtenrolle in der Linienfunktion eher weniger schätzen.[25]

Sind es gerade die dem amtierenden Kanzler nach Intelligenz und Werten des Regierens verbundenen Beamten, die die Identifikation der Regierungszentrale mit dem Regierungschef gewährleisten, so ist es zu verstehen, dass der neue Kanzler, der nach dem Regierungswechsel sein Haus betritt, dem Apparat mit Misstrauen begegnet. Dass es dabei nicht nur um parteipolitisches Vertrauen geht, zeigt sich auch daran, dass der Wechsel in der Kanzlerschaft bei gleichbleibender parteipolitischer Konstellation nicht spurlos an der Regierungszentrale vorbeigeht. Das Parteipolitische ist nur ein und nur ein nicht zureichendes Merkmal für Vertrauen. Hinzu kommen die Abstammung aus bestimmten sozialen Institutionen, die Herkunft aus einer bestimmten Region, der Ruf als Leis-

---

24 R. Mayntz/H.-U. Derlien, Party Patronage and Politization of the West-German Administrative Elite 1970-1987, in: Governence 1989, S. 384 ff.
25 Vgl. K. König, Politiker und Beamte, in: ders., Verwaltete Regierung, Köln u.a. 2002, S. 119 ff.

tungselite usw. Die von einer Regierungszentrale erwartete Leistungskraft lässt sich nicht durch Vertraulichkeiten ersetzen.

Andererseits ist Vertrauen ein Mechanismus der Reduktion sozialer Komplexität, der in der Regierungsspitze unverzichtbar ist. Die Spielräume für ein persönlich-politisches Beutesystem jenseits der Exekutivpolitiker sind indessen schmal: politische Beamte, persönliches Büro und weitere Trabanten wie Redenschreiber, Bearbeiter von Petitionen, Öffentlichkeitsarbeiter. Die Kapazität des Regierungschefs für persönliche Kontakte im Haus ist äußerst begrenzt. Zuwendungen nach Art persönlicher Beziehungen absorbieren Arbeitskraft. Sie können Befangenheiten herbeiführen, und zwar beim Regierungschef, indem er *zuviel* auf bestimmte Personen hört, bei den Beratern, indem sie sich auf die Perzeption ihres Chefs in einer Weise festlegen, die für ihre Leitungsfunktionen in einem Regierungsapparat dysfunktional sind. Sie können die Offenheit für weitere Informationen und Interessen, die vom Verwaltungsapparat vermittelt werden, verlieren.

Um die Spannungslage zwischen Vertrauen auf handelnde Personen und Vertrauen auf die vorhandene formalisierte Struktur, also Systemvertrauen, zu überbrücken, bauen sich wie von selbst informale Handlungsmuster auf.[26] Ein bestimmtes Problem wird vom Regierungschef einem unzuständigen Beamten zugewiesen, weil er diesem eine besondere Expertise bei der anstehenden Frage zutraut. Kommunikationswege zu einem nachgeordneten Beamten werden in der Sache am Vorgesetzten vorbei eröffnet. Ein Mitarbeiter genießt einen informellen Status, der seinem Beamtenrang nicht entspricht. Zunächst mag man in solchen Entwicklungen persönliche Beziehungen vermuten. Indessen reicht es über die Person hinaus, wenn die Beamten des Kanzleramtes – bisweilen nach Widerstand – solche Handlungsmuster akzeptieren, sich darauf einstellen und sogar selber für ihre eigenen Aufgaben nutzen. Dann geht es um eine informale Zwischenschicht des Handelns zwischen der Person einerseits und der Formalorganisation andererseits. Informalität bedeutet für viele Institutionen eine kaum verzichtbare Flexibilisierung organisierten Handelns. Im Falle des Bundeskanzleramtes hat sie angesichts der Zuordnung der Organisation zu einem Amtsträger und zu einer Person besonderes Gewicht. Das bedeutet freilich nicht, dass sich durchgehend ein Dualismus von formalem und informalem Handeln einstellt. Im Gegenteil ist zu beobachten, wie von Zeit zu Zeit Zuständigkeiten angepasst, Verfahrenswege geordnet werden und Beamte formal jenen Rang einnehmen, den sie bisher als informalen Status innehatten. Die formale Organisation holt die informale ein. Man findet im Bundeskanzleramt und anderen Regierungszentra-

---

26 Vgl. H.-H. Hartwich/G. Wewer, Hrsg., Regieren in der Bundesrepublik II: Formale und informale Komponenten des Regieren, Opladen 1991.

len bis zum Weißen Haus bemerkenswerte Belege für die These von der „Unentrinnbarkeit der Bürokratie", die Max Weber in ihrer Präzision, Stetigkeit, Disziplin, Straffheit und Verlässlichkeit, also Berechenbarkeit für den Herrn wie den Interessenten als formal rationalste Form der Herrschaftsausübung bezeichnet hat.

Neben solchen grundlegenden Fragestellungen wie Formalisierung und Informalisierung gouvernementaler Handlungsstrukturen stehen die vielen Einzelaspekte des Zentrums der Regierung. Als in den 1970er Jahren die politische Planung in Form einer eigenen Abteilung im Bundeskanzleramt eingerichtet wurde, wurde diese Entwicklung auch zu einem bevorzugten Gegenstand der Wissenschaft.[27] Die Diskussion wurde dadurch befördert, dass damals Steuerung durch staatliche Planung als Schlüsselgröße im Vergleich politisch-ökonomischer Systeme angesehen wurde. Heute würde man in Deutschland zur Regierungsplanung zunächst bei Koalitionsverhandlungen und Koalitionsvereinbarungen anknüpfen und von hier auf die Umsetzung in einem Regierungsprogramm achten.[28] Gemessen an der politischen Planung ist das politische Management für das Bundeskanzleramt selten diskutiert worden.[29] Es hat nicht den Charakter eines Leitbegriffes erreicht. Insoweit besteht ein Gegensatz zum Exekutiv-Amt des US-amerikanischen Präsidenten. Dort ist die „Mangerial Presidency" ein etabliertes Teilthema. Allfällige Dysfunktionen im Apparat werden nicht als „handwerkliche Fehler" heruntergespielt. Der Vorwurf des Management-Fehlers wird von der Leitungsspitze her, von ihrer Organisationsverantwortung her diskutiert.[30] Dabei handelt es sich nicht um ein bestimmtes Managementmodell, schon gar nicht um ein ökonomisches. New Public Management ist selbst in Großbritannien an Downing Street No. 10 vorbeigegangen.

Die Stichworte, die zum Handeln im Zentrum der Regierung ausgeworfen werden könnten, würden ein umfangreiches Sachregister füllen: zur Koordination durch das Bundeskanzleramt die verschiedene Rollen eines Beobachters, eines Überwachers, eines Schiedsrichters, eines Intervenienten, im Grenzfall sogar eines Dirigenten; zur Kooperation die Mediatisierung der Kommunalebene durch die Landesebene, die unterschiedlichen Zugänge zur Landespolitik in der Spannungslage zwischen territorialen und parteilichen Interessen, der Ausgleich von ressortpolitischen und europapolitischen Interessen; zur Budgetierung der

---

27 Vgl. H. Schatz, Politische Planung im Regierungssystem der Bundesrepublik Deutschland, Göttingen 1974.
28 Vgl. K. König, Der Regierungsapparat bei der Regierungsbildung nach Wahlen, in: H.-U. Derlien/A. Murswieck, Hrsg., Regieren nach Wahlen, Opladen 2001, S. 15 ff.
29 Vgl. H. Bebermeyer, Regieren ohne Management?, Stuttgart 1974.
30 Vgl. S. K. Schneider, Administrative Breakdowns in the Governmental Response to the Hurricane Katrina, in: Public Administration Review 2005, S. 515 ff.

grundsätzliche Gleichklang mit dem Finanzministerium bei Unterstützung von Ressortinteressen im Einzelfall, die Auseinandersetzung mit einem bloßen Fiskalismus; zur Konfliktregulierung die Begrenzung möglicher Streitigkeiten zwischen Ressorts im Vorfeld, die Eindämmung des Konfliktpotentials zwischen Einzelakteuren, insbesondere bei Koalitionsregierungen durch Verallgemeinerung der Problematik über viele Ressorts usw. Hinzu kommen Stichworte, die sich auf Funktionen für das Kabinett, die Gesamtregierung und sogar auf Ressortfunktionen beziehen, wobei sich im deutschen Falle dies auf die Zuständigkeit für den Bundesnachrichtendienst beschränkt.

Einen spezifischen wissenschaftlichen Ertrag der Beschäftigung mit dem Zentrum der Regierung, hier insbesondere dem Bundeskanzleramt, wird man in zwei Richtungen vermuten können. Zum einen geht es um Fragestellungen, bei denen die Regierungszentrale über eine Alleinstellung verfügt. Zum anderen handelt es sich um Fragen, die die Regierung allgemein betreffen, die sich aber in der Regierungszentrale zu einem Fokus verdichten. Ein Beispiel für den einen Fall ist die Richtlinienkompetenz des Bundeskanzlers.[31] Das Geschäftsordnungsrecht weist dem Bundeskanzleramt die Aufgabe zu, auf die Durchführung der Richtlinien des Bundeskanzlers zu achten. Es hat zu überwachen, ob die vom Regierungschef gegebenen Richtlinien eingehalten und in der von ihm intendierten Weise vollzogen werden. Man könnte hiernach geneigt sein, auf die abstrakte verfassungsrechtliche und politische Diskussion der Richtlinienkompetenz zurückzugreifen, und zwar bis hin zu Formeln einer großen Koalition wie: „Der Bundeskanzler hat die Richtlinienkompetenz, aber er übt sie nicht aus." oder „Die Richtlinienkompetenz geht auf den Koalitionsausschuss über." Die explizite Beschäftigung mit dem Bundeskanzleramt legt indessen die Überlegung nahe, was die Mitarbeiter etwa bei der Koordination Hunderter von Ressortvorhaben inhaltlich anleitet. Sie können jedenfalls nicht in jedem Detail den Regierungschef bemühen, zumal es auch eine „temporale Komplexität" gibt. Sie müssen die vielfältigen inhaltlichen Prämissen aus wiederum vielfältigen Informationen ableiten: Koalitionsvereinbarungen, Regierungserklärungen, Kanzlerreden, Weisungen, Präjudizien usw. Sichtet man solche inhaltlichen Vorgaben, wird man feststellen, dass der Regierungschef Präferenzen äußert, die einen prinzipiellen, richtungsweisenden Charakter haben, etwa zur Familienpolitik oder zur Medienpolitik oder zur Europapolitik. Bei allem Opportunismus von Machtgewinnung und Machterhalt wird man Grundlinien der Sachpolitik feststellen können. Es ist also interessant, die Richtlinienproblematik mit Blick auf die Arbeit der Regierungszentrale zu untersuchen.

---

31 Vgl. W. Hennis, Richtlinienkompetenz und Regierungstechnik, Tübingen 1964.

Ein Anschauungsfall für die Verdichtung von Problemen gleichsam in einem Brennpunkt stellen die Kabinettsvermerke dar. Jede Beratung und Unterstützung von Exekutivpolitikern beinhaltet auch Bewertungen durch den Mitarbeiterstab.[32] Im Bundeskanzleramt werden solche Bewertungserfordernisse gegebenenfalls durch Hausanweisungen abgesichert. Die Kabinettsvermerke reflektieren auf diese Weise die Bezüge öffentlicher Angelegenheiten in umfassender Weise. Dabei rückt in einer Regierungszentrale das Politische in den ersten Rang. Für den administrativen Berater steht hier wiederum die Sachpolitik im Vordergrund, also das bildungspolitische, verkehrspolitische, sozialpolitische Vorhaben. Aber der Beamte steht nicht außerhalb der Machtgenerierung für ein solches Projekt. Bewertungen zum Konfliktpotential, zur Interessenberücksichtigung, zur Streitschlichtung haben zu erfolgen. Im Allgemeinen zeigt sich, dass die Mitarbeiter des Bundeskanzleramtes hohe politische Sensibilität aufweisen.

Es folgt aus dem legalistischen Charakter von Staat und Verwaltung in Deutschland, dass verfassungsrechtliche wie rechtssystematische Bewertungen in Kabinettsvermerken den Qualitätsansprüchen voll entsprechen. Selbst wenn der Referatsleiter von Hause aus Altphilologe ist, ist diese Seite des Regierungshandelns systemisch abgesichert. Eine bemerkenswerte Nuance ist es, dass man nicht gern von rechtlichen Bedenken spricht – man will eben nicht als juristischer Bedenkenträger gelten –, sondern sich mit der Rede von den verfassungsrechtlichen Risiken an die Perzeption von Exekutivpolitikern anpasst. Mit der wirtschaftspolitischen Konzeption einer Globalsteuerung Ende der 1960er Jahre sind die makroökonomischen Größen von Konsum, Investition, Beschäftigung usw. auch feste Gegenstände der Bewertungen in der Regierungszentrale geworden. Wieweit volkswirtschaftliche Gesichtspunkte im Kabinettsvermerk vertieft werden, hängt freilich von den Anforderungen des jeweiligen Regierungschefs ab. Demgegenüber pflegen betriebswirtschaftliche Aussagen in den Vermerken abzufallen. Kosten, wie sie im Staat selbst und dann in Wirtschaft und Gesellschaft anfallen, werden wenig zufriedenstellend spezifiziert. Wie weit ein Normenkontrollrat mit dem Thema der Kostenüberwälzung die Alltagsarbeit des Regierens beeinflussen wird, ist wohl noch offen. Bundeskanzleramt wie Bundesministerien stehen in der Tradition einer inputorientierten und regelgesteuerten Verwaltung.

Das Zentrum der Regierung ist jenseits methodologischer Probleme ein schwieriges Forschungsfeld. Das beginnt bereits mit dem Zugang zu diesem Gegenstand. Das Bundeskanzleramt kann mit Aufmerksamkeit der veröffentlichten Meinung, nur im Falle von Pannen, Kabalen, Fehlern rechnen. Dass eine

---

32 Vgl. K. König, Vom Umgang mit Komplexität in Organisationen: Das Bundeskanzleramt, in: ders., Verwaltete Regierung, Köln u.a. 2002, S. 201 ff.

Regierungszentrale funktioniert, ist jedenfalls in den westlichen Demokratien keine Nachricht. Deswegen trachten Kanzler und Amtschef danach, ihr Haus wenig sichtbar zu machen und von Aufmerksamkeiten, die von außen kommen, abzuschotten. Das gilt auch für den an der Regierungslehre interessierten Wissenschaftler, zumal wenn man im Amt damit rechnet, dass er anschließend das Interesse der Massenmedien suchen wird. Abschottungen werden mit verschiedenen Taktiken versucht. Die einfache Vorgehensweise ist, sich schlicht zu verweigern. Ein anderer Weg besteht darin, die Regierungszentrale für den Beobachter in bestimmter Weise zu inszenieren. Auch solche Bildentwürfe können zu wissenschaftlichen Fehlinterpretationen führen. Eine andere Schwierigkeit besteht in der jeweiligen Anpassung der Regierungszentrale an den Regierungschef. Es fällt schwer, das Bundeskanzleramt zu betrachten, ohne von vornherein den jeweils amtierenden Bundeskanzler im Auge zu haben. Dennoch ist die Kanzlei auch in Deutschland eine inzwischen über Dekaden bewährte Institution mit relativ stabilen Grundstrukturen der Organisation, des Prozesses, des Personals, mit Selbstreferenzen und mit Eigendynamik. Blickt man auf Länder mit größerer Forschungstradition auf diesem Gebiet, dann gewinnt man den Eindruck, dass es nicht die allfällige Einzelstudie, sondern die kontinuierliche wissenschaftliche Beschäftigung mit dem Zentrum der Regierung ist, in der man Erkenntnisgewinn zu suchen hat.

2 Das Bundeskanzleramt als Regierungszentrale

Regieren, Regierungszentrale und Regierungsstile. Konzeptionelle Überlegungen zum Regierungsprozess in einer sich beschleunigenden Welt

Friedbert W. Rüb

Wie wird eigentlich regiert, wenn regiert wird? Und wer ist am Regieren wie und mit welchen Folgen beteiligt? Verändert sich Regieren im Lauf der Zeit – und wenn ja, warum, durch wen, wie? Welche Bedeutung hat hierbei das Bundeskanzleramt (BKAmt) als Regierungszentrale und welche faktische Rolle spielt es beim Organisieren des Regierungsprozesses? Dies sind nur auf den ersten Blick einfache Fragen, denen sich eine Regierungslehre der Zeit stellen muss.[1]

Die Antworten der Disziplin auf diese Fragen fallen unterschiedlich aus und sind bisher nicht befriedigend. Eine (i) *personalistische Variante* wird vorwiegend in zwei Konzepten deutlich. Zum Einem in der um die *Kanzlerdemokratie* und die Richtlinienkompetenz kreisende Diskussion, die die Kanzlerin als Person in den Mittelpunkt der Überlegungen stellt und nach den konstitutionellen und kontextuellen Bedingungen fragt, unter denen sich eine an Adenauer orientierte Konzeption des Regierens realisiert (prototypisch Niclauß 1990; 2004). Zum Zweiten in dem Konzept der *Regierungsstile*, das danach fragt, wie sich ein einer Person zuordenbarer und von ihr realisierter Stil in der Regierungspraxis auswirkt. Unterschiedliche Kanzler realisieren unterschiedliche Stile, wobei man dann zwischen einem „System Kohl", einem „System Schröder" und vielleicht später einem „System Merkel" unterscheiden kann (Korte/Fröhlich 2004: bes. Kap. 5; Helms 2001; 2005a). Hierbei werden die ‚systemischen' Merkmale häufig willkürlich, unsystematisch und konzeptionell unbefriedigend gewählt und sind an von den Medien hervorgebrachten Begriffen orientiert.

Eine (ii) *netzwerk- bzw. verhandlungsorientierte Variante*, die in der neueren Diskussion dominant geworden ist, geht von der Auflösung klarer institutioneller Regeln und Zuständigkeiten beim Regieren aus und verlagert es in Strukturen, in denen ein komplexes Gemisch von staatlichen und nicht-staatlichen Akteuren

---

1 Die folgenden Überlegungen sind in einem von der Deutschen Forschungsgemeinschaft (DFG) finanzierten Projekt „Das Bundeskanzleramt im Regierungsprozess" entstanden. Ich skizziere hier v.a. konzeptionelle Fragen in aller gebotenen Kürze, die Empirie hat v.a. illustrativen Charakter. Die grundlegenden theoretisch-konzeptionellen Überlegungen und die detaillierten empirischen Ergebnisse erscheinen Ende des Jahres als Buch.

durch Verhandlungen und Abstimmungen sowohl die wichtigen Entscheidungen trifft als auch deren Umsetzung organisiert. In einer zugespitzten Variante wird daraus ein eigenständiger Demokratietypus abgeleitet, wobei die „Verhandlungsdemokratie" (Czada 2000), die „Koordinationsdemokratie" (Jäger 1988; 1994: bes. 68) oder „Konsensdemokratie" (Lijphart 1999) die prominentesten Wortschöpfungen sind und eine stabile und dauerhafte Vernetzung von staatlichen und gesellschaftlichen Akteuren beim politischen Entscheiden signalisieren.

Im Begriff der *Governance* erfährt all dies seine Zuspitzung (vgl. dazu Benz 2004; Blumenthal 2005). Falls es sich nicht allein um eine modische Ersetzung des Regierungsbegriffs handelt (was meistens der Fall ist), markiert dieser Begriff eine Vorstellung, nach der ohne Regierungen regiert wird und sich Regieren auf Strukturen verlagert hat, die weitgehend ohne staatliche Akteure und staatliche Institutionen und öffentliche Ämter auskommen und das Geschäft des Regierens übernommen haben: Statt „governance with governments" haben wir es heute angeblich mit „governance without government" (Zürn 1998: 168; Rosenau/Czempiel (Hg.) 1992) bzw. mit der „Vergesellschaftung des Regierens" (Brozus/Take/Wolf 2003) zu tun.

Meinen Überlegungen liegt eine gegenläufige Prämisse zu Grunde. Ich gehe davon aus, dass in heutigen modernen Gesellschaften Regierungen eine gesteigerte Bedeutung beim Regieren zukommt, also Regieren ohne Regierungen weder denkbar noch realisierbar ist und hierbei die *Kernexekutive*[2] als operatives Zentrum innerhalb der Regierungsorganisation eine besondere Rolle spielt. Hierfür ist zunächst die Zeit des Regierens verantwortlich, weil sowohl Veränderungen in der Sach-, Sozial- und Zeitdimension des Regierens eine Beschleunigung der Politik nahe legen und zu einer Verexekutivierung des Regierens führen (1). Ich frage dann, inwieweit und mit welchen politischen Praktiken sich eine Regierung als handlungsfähige Einheit konstituiert, um das Problem von „agency loss" erfolgreich zu bearbeiten (2). Ich werde danach eine Typologie von Regierungsstilen vorschlagen und untersuchen, ob diese Stile Auswirkungen auf die Rolle des BKAmtes im Regierungsprozess haben und wie sich strukturelle Veränderungen des Regierens in entsprechenden Regierungsstilen niederschlagen (3). Ein kurzer Ausblick schließt meine Überlegungen ab (4).

1 Die Zeit des Regierens

Das Bundeskanzleramt im Lauf der Zeit – dieser Ausgangspunkt verweist auf eine zweifache Dimension des Zeitbegriffs. Zum einen ist dies die Frage nach

---

2   Zum Begriff der Kernexekutive und den damit verbundenen Explikationen vgl. etwa Rhodes 1995.

der *zeitgeschichtlichen* Dimension, also danach, auf welchem Punkt der historischen Zeitachse man Politik verortet. Mit einer solchen Fragestellung bleibt die Politikwissenschaft nicht nur für vielfältige, meist soziologisch inspirierte Zeitdiagnosen[3] anschlussfähig, sondern kann auch nach den gesellschaftlichen und historischen Kontextbedingungen fragen, die spezifische und identifizierbare Herausforderungen formulieren und Politik nicht unberührt lassen. Zum Zweiten ist dies die Frage nach der *zeitlichen* Dimension, also danach, unter welchen Zeitrhythmen Politik Entscheidungen vorbereitet, trifft und implementiert. Es geht um die *prozessuale „Eigenzeit"* (Riescher 1994) des Regierungsprozesses, die je nach institutionellem Kontext bzw. Regimetypus unterschiedlich ausgeprägt ist. Kann Politik (noch) mit den Eigendynamiken und Zeitrhythmen der gesellschaftlichen Teilsysteme und der globalen Welt mithalten und zeitgemäße Entscheidungen treffen oder kommt es zur Dyssynchronisation von Politik und Umwelt?

Eine der zentralen Schwachstellen des bisherigen Nachdenkens über Regieren sehe ich darin, dass sie keine Verortung der Politik auf der historischen Zeitachse versucht. Bereits 1965 hatte W. Hennis in seinem Aufsatz über die „Aufgaben einer modernen Regierungslehre" (Hennis 1968) darauf hingewiesen, dass es nicht um die Entwicklung einer zeitlosen Lehre gehe, sondern „um eine Regierungslehre der Staaten *unserer Zeit*" (Hennis 1968: 82; Herv. von mir). Die Fundamentalproblematik des Regierens in der zweiten Hälfte des 20. Jh. sah er – im Gegensatz zum Modell des 19. Jahrhunderts – darin, dass der

> „moderne Staat nicht bloß sichernder und gewährleistender, sondern arbeitender Staat, Leistungsstaat sein (will). (...) Gleichgültig, ob er sich schon als Sozial- und Wohlfahrtsstaat versteht oder nicht, unter halbwegs entwickelten technischen Verhältnissen wird er es mit Notwendigkeit. (...) ‚etat actif' (Bertrand de Jouvenel) ist die letzte einer langen Reihe solcher Formeln, und der Teil des staatlichen Organismus, der diese Leistung vorantreibt und bewirkt – *pouvoir actif* –, erscheint als der für seine moderne Gestalt und Problematik bestimmende" (Hennis 1968: 83).

Auch wenn die Fokussierung auf technologische Entwicklung unterkomplex ist, so verdeutlicht Hennis, dass exogene Entwicklungsdynamiken und davon abgeleitete Herausforderungen als wesentlich für den Regierungsprozess zu betrachten sind. Hierbei ist die Aufmerksamkeit der Analyse auf die Teile der Staats- bzw. der Regierungsorganisation zu konzentrieren, die als *pouvoir actif* auf diese neuen Herausforderungen reagiert.

---

3 Vgl. etwa Beck/Bonß (Hg.) 2001; Rosa 2005; Leibfried/Zürn (Hg.) 2006; zum politikwissenschaftlichen Potential solcher Zeitdiagnosen Reese-Schäfer 1996.

Mit dem Wohlfahrtsstaat, der seinen Höhepunkt Anfang der 70er Jahre erlebt hat und seit Beginn des 21. Jh. vor neuen Herausforderungen steht, war zudem ein spezifisches Politik- und Regierungsverständnis verbunden. Als moderner *Wohlfahrts*staat hatte er sich zur Aufgabe gemacht, die Lebensbedingungen von Individuen und sozialen Gruppen nach normativen Gerechtigkeitsvorstellungen bzw. programmatischen Grundsätzen in der Zukunft zu verbessern. Damit untrennbar verbunden war die Vorstellung von aktiver Gesellschaftsgestaltung. Als Wohlfahrts*staat* war er eine aktive Institution, die politische Planung zukunftsorientiert organisierte und ausführte.[4] Moderne Wohlfahrtsstaaten setzen

> „ (...) auf politische Steuerung. Das heißt nicht, dass politische Gesellschaftssteuerung immer oder auch nur in den meisten Fällen völlig oder auch nur halbwegs erfolgreich verläuft. Jeder Beobachter des politischen Tagesgeschehens weiß, dass das nicht so ist – und es fallen einem auch sogleich viele Gründe für die Nichtselbstverständlichkeit von Steuerungserfolgen ein. Dennoch bleibt der in ebenso hohem Maße kontrafaktische wie verbindliche Anspruch der Gesellschaftsmitglieder an sich selbst – und stellvertretend an die politischen Akteure gerichtet – bestehen, nicht bloß die faktischen Produzenten, sondern die bewussten Gestalter der gesellschaftlichen Zustände und Strukturen zu sein. Dementsprechend ist die offensichtlich nur begrenzte Steuerungsfähigkeit politischen Handelns ein permanenter Stein des Anstoßes und Gegenstand nicht bloß politischer, sondern auch darauf bezogener sozialwissenschaftlicher Auseinandersetzung" (Schimank 2000: 12).

Sofern man den hier zu stark betonten Kontext der (rationalen) Gesellschaftssteuerung neutraler formuliert und stattdessen von der Komplexität des Regierens spricht, so sind drei Dimensionen für jede politische Entscheidung zentral: Zunächst die Sach-, dann die Sozial- und schließlich die Zeitdimension. Auf allen drei Ebenen nimmt Komplexität und Kontingenz zu.

1.1 Die Sachdimension des Regierens: Dynamik und Komplexität

Die *Sachdimension* betrifft v.a. die informationelle Seite einer Entscheidung, also die Menge und die Verknüpfung derjenigen Informationen, die man braucht, um sich ein umfassendes Bild von einer Sache zu machen und um verantwortungsbewusst entscheiden zu können. Ein Bild von der Sache entsteht in der Politik v.a. über zwei Verfahren: Zum einen (a) durch die professionelle Kapazität und Erfahrung der Ministerialbürokratie und zum anderen (b) über den Einbezug von Interessengruppen in den Entscheidungsprozess, um deren Wissen bei

---

4 Das vielleicht paradigmatischste Buch für diese Zeit war A. Etzioni's „Die aktive Gesellschaft" (Etzioni 1975).

der Vorbereitung und (zukünftigen) Implementation einer Entscheidung fruchtbar zu machen.
Die *informationelle Vorbereitung* von Gesetzesvorhaben wurde und wird v.a. in den jeweiligen Ressorts vorgenommen, die mit den Interessengruppen verhandeln, aber zugleich eigenständige Prozesse der Informationsbeschaffung betreiben und v.a. über ein erhebliches Erfahrungswissen im Umgang mit den jeweiligen Policy-Feldern, aber auch im Umgang mit den politischen Parteien und den Interessengruppen verfügen. Handeln Regierungen bzw. Ressorts verantwortlich, so muss dieses Wissen „Sachwissen" sein, was im strengen Sinne nicht mit wissenschaftlichem, objektivem oder neutralem Wissen identisch ist (sofern es das überhaupt gibt). Politisches Sachwissen ist durch bestimmte Policy-Prinzipien normativ orientiert, praxeologisch in vielfältigen Reformprozessen erprobt und hat in dieser Kombination befriedende Resultate erbracht.

Solange Regieren sich vorwiegend im nationalstaatlichen „Container" vollzog, war diese Form der Politikproduktion angemessen und genügte den Herausforderungen moderner Gesellschaften. Durch die Europäisierung und v.a. die Internationalisierung kam es zur Dynamisierung und Beschleunigung von „Problemen", was die Anzahl der zu entscheidenden Entscheidungen anwachsen ließ, während umgekehrt die dafür vorgesehenen Zeitbudgets schrumpften.

Mit dem Ende des Bündnisses für Arbeit unter der Schröder-Regierung und den sich zuspitzenden Widersprüchen zwischen Arbeitgebern und Gewerkschaften scheint die zweite Art der Wissensproduktion endgültig der Vergangenheit anzugehören, nämlich Wissensproduktion durch Verhandlungen mit Interessengruppen, deren Erfahrungen und Interessen bei der informationellen Vorbereitung verwendet wurden. Aber die Komplexität und Konflikthaftigkeit aller Sachverhalte hat trotz steigendem Wissen zugenommen und die Policy-Optionen liegen – wie man am Beispiel der Gesundheitspolitik beobachten kann – weiter auseinander als je zuvor. Und die Folgen von Entscheidungen sind noch schwieriger zu prognostizieren weil es multiple Anlässe, multiple Kausalitäten und Eigendynamiken für *Folgen* gibt, deren Logiken meist nicht bekannt sind (Böhret 1990). Viele Entscheidungen haben weitreichende Folgen für die Zukunft, die nicht mehr plausibel zu wissen und zu kontrollieren sind. Der Begriff von Folgen zielt – im Gegensatz zu Wirkungen – auf die nicht-linearen, unkontrollierbaren, multi-kausalen ‚Wirkungen' von Entscheidungen ab, die sich der Erkenntnis der Politik entzieht.

Mit anderen Worten: Regieren wird komplexer und wird zugleich verantwortungsbewusster, weil man sich Fehlentscheidungen nicht leisten kann und mit diesen hohe Folgekosten verbunden sind. Dass Regieren auf diesen Sachverhalt trotzdem nicht adäquat reagiert, ist eine andere Frage. Aber prinzipiell muss es schneller gehen, was unvermeidlich Abstriche bei der sachlichen Vorbereitung zur Folge hat.

1.2 Die Sozialdimension des Regierens: Interne und externe Koordination

Die *Sozialdimension* ist für das Regieren die wichtigste Dimension und Komplexität und Kontingenz äußert sich (a) durch Interdependenzen mit anderen Akteuren, (b) deren mangelnde Kalkulierbarkeit und Erwartungssicherheit und schließlich (c) durch (zunehmende) Konfliktintensität von Interdependenzen.

Die *politischen Parteien* waren die zentralen Akteure im politischen System, organisierten die politische Willensbildung und trafen die wichtigen Entscheidungen. Sie waren in der Gesellschaft verankert, verfügten über eine einigermaßen stabile Mitglieder- und Wählerbasis und unterschieden sich programmatisch ausreichend. Zwar waren alle Volksparteien auf den Ausbau des Wohlfahrtsstaates orientiert, aber sie konnten dennoch hinreichende Differenzen hinsichtlich der programmatischen Reichweite und der Intensität der gesellschaftlichen Interventionen formulieren, um miteinander um die unterschiedlichen Ausgestaltungsmöglichkeiten des Wohlfahrtsstaates zu konkurrieren. Sie konnten zudem die ihnen von der Parteientheorie zugeschriebenen klassischen vier[5] Funktionen, die Interessenaggregation, die Wählermobilisierung, die Sozialisation und Rekrutierung der politischen Klasse und die Regierungsfunktion, erfüllen (vgl. etwa von Beyme 1984; Murswiek 1991; König 1991).

Dadurch, dass die Parteien nicht nur Mitglieder verlieren, sondern zugleich auch ihre Stammwählerbasis, gewinnt die Parteienkonkurrenz für die Wählermobilisierung an Bedeutung. Die Wählermärkte sind fluider geworden, die Sensibilität der Wähler für politische Kampagnen hat sich erhöht und die professionelle Politikberatung gewinnt an Bedeutung. Das politische Geschäft wird schnelllebiger und die Erwart- und Kalkulierbarkeit der jeweils anderen Akteure nimmt ab. Politische Positionen werden situativer formuliert und entschieden, was die programmatische Flexibilität der Parteien steigert. Hinzu kommt, dass im Prinzip alles politisierbar geworden ist und mehr Themen in der Politik gleichzeitig gehandelt werden als je zuvor. In „politischen Gesellschaften" (Greven 1999) nimmt die in das politische System eingebaute endogene Unruhe zu, was die Komplexität der Sozialdimension erhöht und Entscheidungsprozesse kontingenter macht. Der zeitliche Bedarf für politische Konsensbildung nimmt zu, während umgekehrt die dafür zur Verfügung stehende Zeit abnimmt.

---

5   Natürlich gab (und gibt) es unterschiedliche Funktionenkataloge von politischen Parteien. In den von mir zugrunde gelegten vier Funktionen sind m.E. alle wesentlichen Aufgaben eingeschlossen.

Analoges gilt auch für die *Interessenvermittlung*. Sie war eine spezifische Form der Repräsentation der Umwelt im politischen System. Die „Umwelt" des Regierens war durch „zuschreibbare Standardinteressen" (Mayntz/Scharpf 1995: 55) relativ kalkulierbar und erwartbar. Dauerhafte handlungsleitende Interessen und Normen der jeweiligen Gruppierungen und eine klare Hierarchie der Interessen war gegeben, was die annähernde *Gleichwertigkeit* der Interessen von Arbeitgeberverbänden und Gewerkschaften voraussetzte.[6] Allgemein akzeptierte Regeln der Kompromissbildung zwischen Regierung und Verbänden stellten Konflikte *auf Zeit* still und man vereinbarte – ähnlich wie bei Tarifverträgen – „Laufzeiten" solcher Kompromisse und machte sie so auf Dauer kalkulier- und berechenbar. Legitime Interessen und Kompromissbildung sind sowohl der Motor als auch die Legitimationsbasis dieser Form des Regierens (Böhret 1990: 199). Diese Laufzeiten waren relativ lang und analoges galt für die Herausbildung dieser Interessenkompromisse: Sie waren nicht nur kostspielig in dem Sinne, dass Kompromisse häufig suboptimal und unter demokratischen Gesichtspunkten problematisch waren, sondern extrem zeitintensiv. Die Ausbildung von Kompromissen dauerte nicht nur lange, sondern wurde zudem durch die Vetopunkte und –spieler des bundesrepublikanischen Regierungssystems zusätzlich erschwert. Die „Verhandlungsdemokratie" (Czada 2000) oder auch der bundesrepublikanische Korporatismus waren eine zeitraubende Veranstaltung und Interessenvermittlung schaltet um auf ad hoc Lobbyismus (Winter 2004; Michailowitz 2007).

1.3 Die Zeitdimension: Die Knappheit der Zeit und die Vordringlichkeit des Befristeten[7]

Die Komplexität von Entscheidungen äußert sich schließlich in der *Zeitdimension* als Knappheit. Zunächst sind gewaltenteilende, liberal-demokratische Regierungssysteme *Entschleunigungsmechanismen* der Politik. Sie sind „Fesseln und Bremsen" (Offe 1989), die den politischen Prozess verlangsamen, indem sie neben Regierung/Parlament weitere Institutionen in den Regierungsprozess einbauten, die nach einem festgelegten zeitlichen Schema in den politischen Prozess intervenieren. Das repräsentativ-demokratische Regierungssystem des Wohlfahrtsstaates geht von der Prämisse aus, dass die in ihm eingebauten und institutionalisierten

---

6 Dass dies auch mit Selektivitäten und Machtasymmetrien verbunden war, ist zum einen selbstverständlich und ist zum zweiten für den hier vorliegenden Kontext nicht weiter relevant.
7 Die Überschrift spielt unverkennbar auf einen der ganz frühen Aufsätze von Niklas Luhmann an (Luhmann 1968).

„*Zeitstrukturen* der politischen Willensbildung, Entscheidungsfindung und – implementierung mit dem Rhythmus, dem Tempo, der Dauer und Sequenz der sozialen Entwicklung kompatibel sind; mit anderen Worten: dass sie mit dem Gang der gesellschaftlichen Entwicklung im Wesentlichen synchronisiert sind, sodass das politische System die Zeit hat, grundlegende Entscheidungen zu treffen und dafür den demokratisch-deliberativen Prozess der Willensbildung zu organisieren" (Rosa 2005: 392; Herv. von mir).

Die Beschleunigung der Politik ist untrennbar mit einer Verlagerung der Entscheidungsprozesse von der Legislative auf die Exekutive verbunden und – damit unmittelbar zusammenhängend – dem Bedeutungsverlust des Parlaments, anderer Institutionen des Regierungssystems und der politischen Parteien (Scheuerman 2003; ders. 2004). Im Ausnahmezustand, der eine Entfesselung der politischen Kräfte darstellt, muss es besonders schnell gehen und er ist unter zeitlichen Aspekten betrachtet der Zustand der extremen Beschleunigung der Politik.[8]

Zeitknappheit entsteht zum Einen dadurch, dass eine Regierung über zu viele Probleme synchron entscheiden muss (oder müsste), aber immer nur sequentiell arbeiten kann (Zahariadis 2007). Durch die zunehmende Anzahl von politischen Entscheidungen nimmt die für eine Entscheidung zur Verfügung stehende Zeit ab. Zum anderen lassen hohe Dringlichkeiten, die durch die Zeitrhythmen der gesellschaftlichen Teilsysteme und die Medien gesetzt werden, die Dyssynchronität der „Eigenzeit der Politik" und der „Eigenzeit der Teilsysteme" zum Problem werden. Wie in keinem anderen Abschnitt der bundesrepublikanischen Nachkriegsgeschichte wurde das Problem der Zeit bzw. der Geschwindigkeit des Entscheidens für die Regierenden so deutlich wie im Einigungsprozess nach 1989. Hier musste nicht nur schneller als sonst gehandelt und entschieden werden, sondern auch unterschiedliche Zeitstrukturen und Zeitebenen (die nationalen und internationalen) synchronisiert bzw. koordiniert werden (Riescher 1994: 19-23). Gelingt dies nicht, dann tun sich „Zeitklüfte" auf (Wiesenthal 2005: 158-161). Deutlich wurde auch, dass die politische Zeit nicht wie bisher eine eher kontinuierlich fließende Zeit ist, sondern dass es Umstände gibt, in denen sich plötzlich und überraschend Zeitfenster öffnen und neue Chancen für Entscheidungen bieten, die unter dem normalen Fluss der historischen Zeit nicht gegeben sind. All das wird für Regieren in der heutigen Zeit an Bedeutung gewinnen. Abbildung 1 fasst die Herausforderungen zusammen, vor die sich Politik und modernes Regieren unter dem Gesichtspunkt der Zeit gestellt sieht.

---

8   „Rücksichten auf entgegenstehende Rechte, auf die Einwilligung eines im Weg stehenden Dritten, auf wohlerworbene Rechte, auf den Instanzenweg oder den Rechtsmittelzug können ‚sachwidrig', also im sachtechnischen Sinne schädlich und falsch sein" (Schmitt 1994 [1928]: 11).

Abbildung 1: Herausforderungen des Regierens und Folgen für Regierungsstile

---

Steigerung der Komplexität

- *Sachdimension:* Ambiguität/ Unsicherheit/ Komplexität/ Folgen
- *Sozialdimension:* gesteigerte Interdependenzen/ gesteigerte Konfliktintensität/ abnehmende Kalkulierbarkeit und Erwartungssicherheit (v.a. in der Parteienkonkurrenz und Interessenvermittlung)
- *Zeitdimension:* De-Synchronisation von „Eigenzeit der Politik" und „Eigenzeiten der Umwelt" (Zunahme von Entscheidungsbedarf bei abnehmender Vorbereitungszeit)

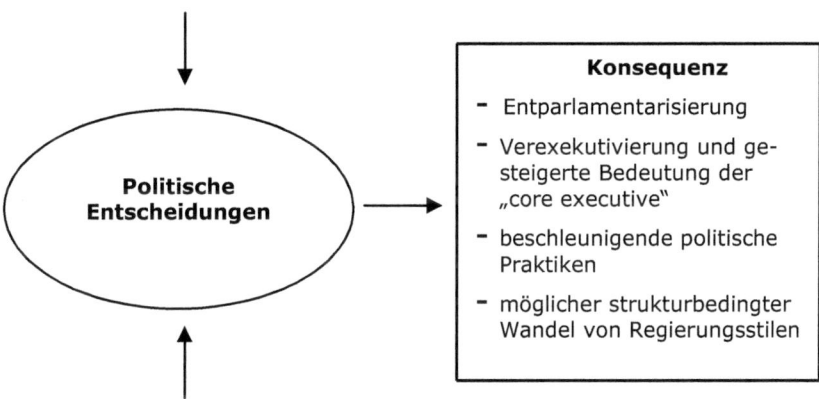

Politische Entscheidungen

Konsequenz

- Entparlamentarisierung
- Verexekutivierung und gesteigerte Bedeutung der „core executive"
- beschleunigende politische Praktiken
- möglicher strukturbedingter Wandel von Regierungsstilen

Steigerung der Kontingenz

- Reichweite der Entscheidungs*wirkungen* wächst (z.B. Bio- und Gentechnik, Klimaänderungen): „Folgen"
- Zunahme und Beschleunigung der nationalen „Folgen" von transnationalen Dynamiken
- Erosion der programmatischen und organisationellen Entscheidungsgrundlagen (*Desintegration der politischen Parteien und der Interessenvermittlung*) und Abnahme programmatischer Gewissheiten
- gesteigerte Politisierung verschiedener Sachverhalte

Quelle: eigene Darstellung; lose inspiriert durch Rosa 2005: 408.

Hat dieser hier nur angedeutete Wandel strukturelle, also über den Einfluss einzelner Personen hinausgehende Auswirkungen auf das Organisieren des Regierungsprozesses und den Regierungsstil? Und wenn ja, wie lassen sich Regierungsstile konzeptionell angeleitet untersuchen, um dem in der Disziplin vorherrschenden Regierungsstilimpressionismus zu entkommen? Zuvor schalte ich eine Zwischenbemerkung ein, die das Organisieren des Regierungsprozesses unter einer Prinzipal-Agenten-Perspektive reformuliert und so systematische Kriterien gewinnt, die für eine Regierungsstilanalyse hilfreich sein können.

2 Die Regierung als zirkuläre Delegationsstruktur: Der Konflikt zwischen Prinzipalen und Agenten und das Organisieren des Regierungsprozesses

Um Regierungsstile konzeptionell besser erfassen zu können, schlage ich einen praxeologischen Zugriff vor. Das Konzept unterläuft die in der Politikwissenschaft gängige, gleichwohl analytisch nicht haltbare Dichotomie von formeller und informeller Politik. Stattdessen fragt es, wie in einem überdeterminierten und mehrdeutigen institutionellen Kontext der Prozess des Regierens organisiert wird. Zwischen Institution und Individuum schieben sich *politische Praktiken*, die einerseits den überdeterminierten Raum des Handelns, den Institutionen ermöglichen (und begrenzen), ausfüllen und andererseits die individuellen Idiosynkratien auf organisationale Handlungsmuster umpolen und einer Logik der Angemessenheit unterwerfen. So entsteht eine *organisationale Struktur* aus „ineinandergreifenden Verhaltensweisen" (Weick 1995: 130, 131) und Regieren wird zu einem relativ stabilen Prozess, der sich aus repetitiven, ineinandergreifenden und sich reproduzierenden Praktiken zusammensetzt.[9]

Eine Regierung wird in der Regel als einheitlich agierende Organisation betrachtet, die nach einem vorgegebenen Programm ihre jeweiligen Policies abarbeitet. Diese Fiktion wird von verschiedenen Theorieprogrammen unterlaufen, wobei die *Principal-Agent-Theorie* (vgl. dazu Andeweg 2000; Strom 2000; Müller 2000; Brehm/Gates 1997) für den vorliegenden Kontext interessant sein könnte. Sie geht davon aus, dass es einer Organisation prinzipiell nicht gelingt, das Verhalten der Mitglieder mit ihren Regeln umfassend zu steuern. Stattdessen haben wir es mit einer „Unterwelt" der Organisation zu tun, indem die Organisationsregeln und –ziele wegen ihrer grundsätzlichen Mehrdeutigkeit unterlaufen,

---

9 Es ist „die Dauerhaftigkeit des durch die Beiträge austauschbarer Individuen hindurchgehenden Musters, welche Organisationen von andersartigen Kollektivitäten wie Mobs, Familien oder Patient-Therapeut-Dyaden unterscheidet, Kollektivitäten, in denen ein Wechsel des ‚Personals' fundamentale Wandlungen im Prozess und im Ergebnis hervorruft." (Weick 1995: 53)

umdefiniert, abgeändert und verschoben werden (Ortmann 2003). Prinzipiell besteht immer ein Interessenkonflikt zwischen Prinzipal und Agent, der aus einer faktischen oder fiktiven Vertragsbeziehung entsteht und bei dem zwei grundsätzliche Probleme auftreten: Zunächst *konfligierende Interessen*, wobei sich der Agent den vertraglichen Pflichten entzieht und seine eigenen verfolgt; dann *asymmetrische Information*, die aus dem Sachverhalt resultiert, dass der Agent auf Grund hoher Spezialisierung über einen Informationsvorsprung gegenüber dem Prinzipal verfügt und sein privilegiertes Wissen für seine Interessen einsetzt. Diese Möglichkeit der „Entfremdung" innerhalb einer Regierung ergibt sich (a) aus der Überdeterminiertheit aller Institutionen und Regeln, die eine Regierungsorganisation zusammenhält und mehr Spielräume eröffnet als schließt. Dann (b) aus der Mehrdeutigkeit des Regierungsprogrammes, das in Koalitionsvereinbarungen, Regierungserklärungen oder Eckpunkten für Reformen seinen Ausdruck findet und das Handeln der Regierungsorganisation in die Zukunft hinein binden soll. Und (c) aus der Annahme, dass es sich bei der Regierung um ein spezifisches Delegationsverhältnis handelt, das sich von den üblichen durch mehrere Spezifika unterscheidet.

Ich sehe sie darin, dass eine Regierung zugleich Prinzipal *und* Agent ist in dem Sinne, dass sie bestimmte Aufgaben an die jeweiligen Ressorts delegiert, die aber zugleich Mitglieder der Regierung sind. Mit anderen Worten: Der Prinzipal setzt sich aus seinen eigenen Agenten zusammen (Andeweg 2000: 377). Wir haben es somit mit „circular delegation" (Andeweg 2000: 381) zu tun und „agency loss" nimmt innerhalb der Regierung folgende Formen an (Andeweg 2000; Brehm/Gates 1997: bes. 50 ff.; Müller 2000):

- „*Leisure shirking*", weil die MinisterInnen nicht für ihren Prinzipal, sondern für sich in dem Sinne arbeiten, als sie z.B. statt energischer Regierungsarbeit eher „state dinners in intersting and exotic places" genießen (Laver/Shofield 1990: 40, zit. nach Müller 2000: 320) und sich nicht den zentralen Herausforderungen ihrer Ressorts (und der Regierung insgesamt) stellen.

- „*Dissent shirking*", indem ein Minister sich der Parteidisziplin oder den programmatischen Prämissen des Koalitionsvertrages entzieht, um seine eigenen und abweichenden Positionen durchzusetzen. Parteien und Koalitionsregierungen sind keine programmatisch einheitlichen Gebilde, sondern lassen Variationen und Abweichungen zu, die Akteure in ihrem Interesse nutzen.

- Zudem Dittens *politische Sabotage* in dem Sinne, dass ein Akteur versucht, eine bewusste Korrektur und Abänderungen programmatischer Vorgaben zu erreichen, indem er z.B. den Informationsvorsprung seines Ministeriums oder dessen Federführung bei der Formulierung von Gesetzentwürfen nutzt, um Korrekturen am Regierungsprogramm einzuführen.[10]

- Schließlich Viertens „*agency capture*" eines Ressorts durch die jeweilige Ministerialbürokratie, die wegen ihres immensen Informationsvorsprungs und bürokratischem Routinewissen den zuständigen Minister an die Wand spielen kann. Dies ist bei schwachen und indifferenten Ministern eher der Fall als bei tatkräftigen und policy-orientierten. Analoges gilt für ministerielle „Verbandsherzogtümer" (v. Beyme), bei denen Vertreter von Interessengruppen ein Ministerium „besetzen" und von dort aus ihre Politik – zum Teil an der Regierung vorbei – betreiben.[11] Die schwierigste Form von „agency loss" ist sicherlich
- „*by-passing the government*" (Andeweg 2000: 388f.), das zwei Formen annehmen kann. Zunächst wenn Parlamentsausschüsse die Gesetzgebung an der Regierung vorbei betreiben, was v.a. bei Minderheitenregierungen relevant wird, sofern parlamentarische Ausschüsse nicht von den an der Regierung beteiligten Parteien dominiert werden. Für den bundesrepublikanischen Kontext wichtiger sind Regierungsvertreter, die einem bestimmten Flügel der Partei angehören, die ihre Personen auf entsprechende Ministerposten platzieren und während der Regierungsarbeit von den entsprechenden Parteiflügeln kontrolliert werden und nicht von der Regierungschefin.

Es ist unschwer zu erkennen, dass das Organisieren des Regierungsprozesses eine Tätigkeit ist, die das Auseinanderlaufen der Regierungsorganisation zu verhindern versucht und sie immer wieder neu zusammenbaut, organisiert, integriert und zu einer handlungsfähigen Einheit formt. Dies erfolgt mittels (politischer) Praktiken[12], die – im Gegensatz zu Institutionen – keine regulativen, sondern konstitutive Regeln und Routinen sind. Es sind *kollektive Handlungsmuster*, die aus (a) geteilten Wissensbeständen bestehen, in denen erprobte Erkenntnisse abgespeichert sind, die (b) auf routinisierte Wiederholbarkeit angelegt sind und in repetitiven Prozessen ausgespielt werden, die (c) aktivistisch bestimmte Ereignisse mit angemessenen Handlungen oder Handlungsketten verbinden und

---

10 Welche Bedeutung dies hat kann man u.a. bei der Gesundheitsreform der großen Koalition beobachten, bei der das zuständige Ministerium mehrmals versuchte, seine Positionen gegenüber denen der Regierung bzw. dem Koalitionspartner durchzusetzen; vgl. dazu ausführlich Schroeder/Paquet (Hg.) 2009.
11 Dies war v.a. in der Nachkriegszeit in der Bundesrepublik beim Landwirtschaftsministerium und beim Vertriebenenministerium der Fall; abgeschwächt gilt dies aber für Ministerien, in denen ein bestimmter normativer „Denkstil" vorherrscht und mit bestimmten Policy-Optionen verbunden wird.
12 Der hier verwendete Praktikenbegriff geht zurück auf Reckwitz 2002; 2003; 2004; vgl. aber auch Rüb 2009.

zudem (d) mit materiellen Artefakten operieren (Reden, Plakate, Presserklärungen, Broschüren, Logos, Guido-Mobile u.ä.) und immer auch „körperliche Performences" (Reckwitz 2004: 322) sind. Insgesamt lassen sich sieben basale Praktiken identifizieren, mit denen der Regierungsprozess organisiert und „agency loss" verhindert wird (vgl. im Detail Rüb 2009: 50 ff.[13]):

- *Abstimmungen* sind entscheidungsorientiert und beenden einen Prozess, bei dem nicht die Macht des besseren Arguments noch die ‚reine' Macht, sondern die Anzahl der Hände zählt. Formale Beschlussfassung und faktische Entscheidung sind zu unterscheiden, aber erstere gibt letzterer ihre institutionell geforderte Bindungswirkung.
- *Belohnungen* haben zum Ziel, Loyalitäten von Personen in unterschiedlichen Kontexten und unterschiedlichen Zeitpunkten zu stabilisieren. Sie sind aus dem politischen Prozess nicht wegzudenken und ersetzen Loyalitäten, die durch Charisma, Tradition, menschlichen Charme oder andere Formen der Gefolgschaft entstehen, die „Bei- und Rankenwerk im Verhältnis zum großen Beweger der Politik, der Patronage (sind)" (Hennis 1964: 30).
- *Drohungen* sind kontingente Behauptungen von A, B zu schaden – ökonomisch, sozial, politisch, körperlich –, sofern B sich nicht so verhält, wie es A in seinen Behauptungen fordert. Eine Drohung ist wirksam, wenn sich B den angedrohten negativen Folgen beugt und sein Verhalten den Forderungen von A anpasst; dann muss die Drohung nicht realisiert werden (Schelling 1963). Vertrauensabstimmungen, Rücktrittsdrohungen, die Koalitionsfrage stellen etc. sind übliche Drohpraktiken. Indirekte Drohungen kommunizieren die negativen Folgen als (kontingente) Handlungen von Dritten und können z.B. die Form annehmen, dass wenn (Policy) P nicht verabschiedet wird, wir gegenüber anderen Ländern im Nachteil sind und unsere Position auf dem Weltmarkt verlieren.
- *Konfrontation* ist eine Form der Interaktion, in der man einen Anderen mit einem bereits entschiedenen und nicht mehr verhandelbaren Sachverhalt ‚konfrontiert'. Sowohl die Parteienkonkurrenz kann konfrontativ bis hin zur politischen Verantwortungslosigkeit sein (Sartori 1976) als auch das Oppositionsverhalten, sofern es statt moderat oder issue-orientiert strikt kompetitiv oder gar verantwortungslos ist (Helms 2002: bes. 23 ff.). Auch die Vetospielertheorie unterstellt mehr oder weniger immer ein konfrontatives Verhalten, bei dem Vetos wegen stabiler Präferenzen immer auch tatsächlich ausgespielt werden. Auch Reden können konfrontativ statt argumentativ formuliert sein.

---

13 Ich führe sie in alphabetischer Reihenfolge auf, eine Gewichtung ist damit nicht intendiert.

- *Vereinbarungen* haben zum Ziel, eine zu einem Zeitpunkt T vereinbarte sachliche Position in die Zukunft hinein verbindlich zu machen, die jedoch im Prinzip in der Zukunft uminterpretiert, variiert oder rückgängig gemacht werden kann. Koalitionsvereinbarungen, Eckpunkte bei Gesetzgebungsprozessen, Wahlprogramme u.ä. sind typische Beispiele, die nicht durch Sanktionen Dritter verbindlich gemacht werden können, sondern erneut durch verschiedene Praktiken.

- *Verhandlungen* sind die wichtigste politische Praktik in modernen Demokratien und bearbeiten zwei grundlegende Probleme synchron: Ein Verteilungs- oder ein Produktionsproblem, wobei ersteres immer mit einer Umverteilung von Rechten, Ressourcen oder Respekt verbunden ist, während letzteres auf die Erarbeitung einer angemessenen Antwort auf ein wahrgenommenes Problem abzielt. Je nach Ausprägung des Verteilungs- und Koordinationsspiels lassen sich vier Untertypen ausdifferenzieren (nach Scharpf 2000: 212 ff.): bei (a) *negativer Koordination* ist der Verteilungskonflikt so dominant, dass es zu keiner oder zur Aufkündigung von Verhandlungen kommt und sich Konfrontation als Praktik annähert. Bei (b) *Bargaining* dominiert der Verteilungskonflikt nach wie vor, aber Verhandlungen werden dadurch stimuliert, dass sich keiner der Beteiligten durch sie schlechter stellt. Die Beteiligten einigen sich auf Paketlösungen, Koppelgeschäfte, Tausch oder andere Formen der Kompensation. Koalitionsverhandlungen, Kompromisse bei einfachen Gesetzgebungsprozessen etc. sind hierfür typisch. Bei (c) *positiver Koordination* verlagert sich das Motiv von interessenegoistisch inspiriertem Tausch zur sich gemeinsame Ziele setzenden Koordination. Vor allem in Gremien bilden sich gemeinsame Identitäten heraus, die Verteilungskonflikte in den Hintergrund treten lassen und sachorientierte Entscheidungen begünstigen. Und schließlich ist (d) *Problemlösen* die anspruchsvollste und unwahrscheinlichste Form der Interaktion, bei der wahrheitsorientiertes Argumentieren dominiert und sich alle auf die „gemeinsame Realisation besserer Projekte" (Scharpf 2000: 221) orientieren. Innerhalb dieser Spannbreite bewegen sich die Verhandlungsmuster in modernen Demokratien.

- *Weisungen* sind der unmittelbare Ausdruck hierarchisch strukturierter Interaktionen und legen inhaltliche Aufgaben, Zeitabläufe und andere Vorgaben fest. Sie reichen von der umstrittenen Bedeutung der Richtlinienkompetenz[14] über die Organisationsgewalt bis hin zu Aufgabenfestlegungen und Ablaufmustern in Ministerien. Sie sind aus der Regierungsorganisation nicht wegzudenken. Eine spezifische Form der Weisung ist Delegation, mit

---

14 Vergl. dazu erhellend Bröchler 2006.

der Kompetenzen von einer Institution auf andere oder auf Personen übertragen werden.

Mit diesen Praktiken, die immer in bestimmten Kombinationen auftreten, kann der Prozess des Regierens organisiert und die erwähnten Formen von „agency loss" minimiert werden. Ein Regierungsstil ist eine *spezifische Kombination* dieser Praktiken, die sich im Zeitverlauf einer oder zwischen Regierungsperioden verändern können. Da eine Regierungschefin als einzelne Person den Regierungsprozess wegen seiner überbordenden Komplexität nicht umfassend organisieren kann, ist sie auf institutionell-organisatorische Unterstützung des BKAmtes angewiesen. Mit zunehmender Komplexität des Regierungsprozesses, abhängig von spezifischen zeitbedingten Kontexten, von spezifischen Politikverständnissen und von den jeweiligen Regierungsstilen der Kanzler, hat sich seine Bedeutung im Lauf der Zeit massiv verändert. Aber es ist eines der zentralen Organisations- und Koordinationsorgane, das über das Potential verfügt, die Regierung als Prozess zusammenzuhalten und „agency loss" in seinen vielfältigen Formen zu reduzieren.

3 Regierungsstile und Rolle des BKAmtes: Versuch einer Typologie

Vor fast 20 Jahren hat K. König in Bezug auf das BKAmt festgehalten, dass „die Person des Regierungschefs die Amtstätigkeit seiner Kanzlei ungleich mehr (prägt), als dies bei anderen Behörden, selbst der Ministerien der Fall ist" (König 1993: 17) und zugleich betont, dass eine Formalorganisation wie das BKAmt gleichwohl verhältnismäßig indifferent gegenüber dem Regierungsstil einer Person ist (König 1991: 208). Unterschiedliche Regierungsstile – so könnte man kausal-analytisch (re)formulieren – sind die zentralen unabhängigen Variablen, die die Rolle und Bedeutung der Regierungszentrale im Regierungsprozess bestimmen. Wie aber lässt sich diese Variable analytisch präzise fassen? Wie kann man Regierungsstilimpressionismus (etwa Korte 2000) vermeiden, der keine trennscharfen Merkmale angibt, nach denen sie unterschieden werden können? Kann man Regierungsstile durch eine je spezifische Kombination von politischen Praktiken unterscheiden? Ich werde zunächst eine Typologie von Regierungsstilen vorstellen und anschließend fragen, ob sich die dort angedeuteten Vermutungen hinsichtlich der Rolle der Regierungszentrale auch empirisch nachweisen lassen.

3.1 Eine Typologie von Regierungsstilen

Ein Regierungsstil ist nicht allein Ausdruck der Psychologie und Charaktereigenschaft einer Person, vielmehr ist er Ausdruck einer komplexen Mischung personaler, organisationaler und struktureller Faktoren. Praktiken als kollektive Handlungsmuster überdauern Individuen, aber sie können leichter als Institutionen von Individuen verändert werden. Zudem gibt es externe Faktoren, die nicht ohne Einfluss auf Regierungsprozess und –stil bleiben. Beschleunigen sich z.b. – wie oben beschrieben – die systemischen Prozesse in den ausdifferenzierten Teilsystemen der Gesellschaft und/oder auf transnationaler Ebene, so kann dies zur Desynchronisation der Eigenzeit der Politik mit den Eigenzeiten der gesellschaftlichen Teilsysteme führen. Politik wird – so könnte man vermuten – dann mit Praktiken zu operieren versuchen, die zeitraubende und mit hohen Transaktionskosten verbundene Verhandlungen durch andere Praktiken zu ersetzen versucht, die beschleunigtes Entscheiden zulassen (Drohung, Weisung, Konfrontation, ad hoc Verhandlungen u.ä.) (vgl. dazu Rosa 2005; Rüb 2008).[15]

Ich unterscheide insgesamt vier Regierungsstile, die ich durch die Kombination zweier Kriterien gewinne. Die *Entscheidungsintensität* verdeutlicht, ob eine Regierungschefin als Staatsfrau operiert, d.h. sich gegebenen Wählerpräferenzen nicht vorschnell anpasst, sondern weitsichtig und verantwortungsbewusst Entscheidungen forciert, die sie für angemessen hält, mit eigenen, von der Regierungszentrale entwickelten Konzepten und Ideen in den politischen Prozess eingreift und Dominanz im politischen Diskurs zu erreichen sucht. Gesteigerte Entscheidungsintensität kann sich auch aus der oben angedeuteten Zeitdiagnostik ergeben, nach der Politik heute mit mehr Entscheidungen konfrontiert ist und diese trotz abnehmender Zeithaushalte angemessen entscheiden muss. Will eine Regierung mit den Dynamiken der globalisierten Umwelt Schritt halten, so wird sie Praktiken der Beschleunigung einsetzen und die Entscheidungsintensität erhöhen, was mit einer *Verexekutivierung* der Politik einher geht.

Die *Verhandlungsintensität* soll verdeutlichen, in welchem Ausmaß sich eine Regierungschefin auf konsensorientierte Verhandlungssysteme und/oder policyspezifische Netzwerke stützt. Verhandlungssysteme generieren Wissen, beteiligen die wichtigsten Interessengruppen am Agendasetting und am Entscheidungsprozess, nützen das strategische Potential und die Verpflichtungsfähigkeit von korporativen Akteuren, klären Implementationsprobleme bereits im Vorfeld

---

15 Diese Faktoren kann ich hier nicht systematisch untersuchen und mit bestimmten Regierungsstilen in Zusammenhang bringen. Aber eine Regierungslehre muss sich sowohl mit der Zeit der Politik, also ihren institutionalisierten Zeitrhythmen, beschäftigen als auch mit der Politik in der Zeit, wobei letzteres immer den Versuch der Verortung der Politik in einer bestimmten historischen Situation ist und die Reflexion gesellschaftsanalytischer Zeitdiagnosen einschließt.

von Entscheidungen und erhöhen die Legitimität der Regierungstätigkeit. Werden solche Verhandlungssysteme nicht genutzt, so operiert eine Regierungsorganisation unter ihrem Potential. Auch die Intensität und Form der Kommunikation der Regierung mit den sie tragenden Parteien *und* den Wählern fällt unter diese Kategorie, weil dies *implizite* Verhandlungen zwischen Regierung und Partei bzw. Regierenden und Regierten ist. Kombiniert man diese zwei Kriterien hinsichtlich der Intensität ihrer Ausprägung, so erhält man folgende Vier-Felder-Matrix.

Abbildung 2: Eine Typologie von Regierungsstilen

		Entscheidungsintensität	
		hoch	niedrig
Verhandlungsintensität	hoch	Navigator	Anpasser
	niedrig	Administrator	Durchwurstler

Quelle: eigene Darstellung.

(i) Beim *Navigator* ist sowohl die Verhandlungsintensität als auch die Entscheidungsintensität stark ausgeprägt. Er hat ein politisches Ziel, das er zu realisieren versucht und das über reine Status Quo-Bewahrung hinausgeht, er organisiert die Wege dorthin, er setzt den Regierungsapparat, insbesondere das Kanzleramt und andere ministerielle Ressourcen ebenso ein wie wissenschaftliche Expertise verschiedenster Art. Bei den meisten Policy-Initiativen stützt er sich auf das Kanzleramt oder auf positive Koordination zwischen den Ministerien oder auf Kabinettsausschüsse, die in der Frühzeit der Bundesrepublik eine große Rolle bei der Entwicklung von ressortübergreifenden Gesetzgebungsvorhaben spielten. Im Zweifelsfall reagiert er auf Konflikte mit seiner Richtlinienkompetenz, die er jedoch argumentativ einsetzt und mit Überzeugungs- und Kommunikationsstrategien kombiniert. Überhaupt hat er für sein Ziel eine politische Symbolik entwickelt, mit denen er seine Regierungspartei(en) bzw. die Wähler überzeugt, in der politischen Kommunikation ein komplexes Regierungsprogramm auf eine oder einige überzeugende politische Formeln bringt, um seine Wirklichkeitsdeutung und sein damit verbundenes Programm zur hegemonialen Position im politischen Kampf zu machen. Er führt Kontingenz in den politischen Prozess ein und sein

Verhältnis zu den Wählern, das einer Art impliziten Verhandlung gleichkommt, ist nicht das der gegenseitigen Manipulation und des Stillstandes der Status Quo-Interessen, sondern er will aktivistisch die Welt verändern und hierfür Unterstützung gewinnen. Er steuert – um im Bild zu bleiben – das Staatsschiff durch die Kontingenzen der Welt, navigiert es zielgerichtet durch politische Untiefen und lässt sich und das Schiff nicht treiben.

(ii) Der *Anpasser* ist im Gegensatz dazu ein Typus, dessen Regierungsstil sich durch geringe Entscheidungsintensität kombiniert mit hoher Verhandlungsintensität auszeichnet. Die geringe Entscheidungsintensität gründet sich vor allem auf der vorschellen Übereinstimmung zwischen Politiker und Wählern. Sie beruht darauf, dass er dafür sorgt

> „dass jene das Ich der Wähler bedrohenden Teile der Wirklichkeit, also auch der Gesellschaft, aus dem politischen Diskurs ausgeklammert werden (...). Sein politischer Erfolg gründet auf der Erwartung seiner Wähler, dass er ihnen in seiner politischen Analyse ein Bild der Realität anbietet, in dem alle beunruhigenden und angstmachenden Elemente fehlen; (...) er erledigt nur die laufenden Angelegenheiten; (...) er eröffnet keine neuen Perspektiven" (Kirsch/ Mackscheidt 1985: 84-86).

Der Anpasser vernichtet Kontingenz und betreibt eine Weltdeutung, die sich am Status Quo orientiert und keine weitreichenden Änderungen anstrebt, auch wenn diese notwendig sein mögen. Er entscheidet nicht, sondern er passt sich den Gegebenheiten an. Es ist jener Politikertypus, bei dem sich die wechselseitige Manipulation von Wählern und Politikern vollzieht, indem letztere sich in ihrer *Deutung der Wirklichkeit* (sei es in Wahl-, Grundsatzprogrammen oder auch der täglichen Rede) opportunistisch anpassen und keine neuen Einsichten und Anpassungen von den Wählern einfordern. Umgekehrt belohnen Wähler diese Haltung, indem sie ihnen ihre Stimmen bei Wahlen geben und den Parteien die Chance zur Realisation ihrer ausschließlichen Machtinteressen (im Sinne von vote- und office-seeking) geben.[16]

Der Anpasser verhandelt nicht, um seine Positionen oder Visionen hegemonial zu machen, sondern er lässt verhandeln (oder geschehen) und macht sich dann diesen Konsens zu eigen. Die Verhandlungsintensität führt zu einer starken Orientierung am Status Quo, sofern es sich um negative Koordination oder um Bargaining handelt. Entscheidungsintensität im Sinne von Kontingenzerweiterung ist unwahrscheinlich und wird von niemanden angestrebt.

---

16 Kirsch/Mackscheidt beobachten sehr genau und überzeugend, dass der Anpasser, bei ihnen der Amtsinhaber, der in der ökonomischen Theorie der Politik implizierte Politikertypus ist. Die ökonomische Theorie der Politik ist keine Theorie der Politik, sondern eine des Amtsinhabers oder Anpassers, dem sie den Staatsmann und den Demagogen als zwei ebenso wichtige Typen entgegensetzen (Kirsch/Mackscheidt 1985).

(iii) Der *Administrator* zählt zu dem Typus, bei dem wie beim Navigator die Entscheidungsintensität hoch ist und der hierfür seinen Regierungsapparat einsetzt, insbesondere auch das Kanzleramt und andere strategische Einheiten. Auch Kabinettsausschüsse zur Steigerung der interministeriellen Kooperationsmöglichkeiten sind ebenso denkbar wie die Einsetzung von Expertengremien, die schneller Entscheiden und einen fiktiven Konsens durch die Beteiligung von Interessengruppen herstellen können. Und er mutet – und das unterscheidet ihn vom Anpasser – seiner Fraktion bzw. den Regierungsfraktionen einiges zu, indem er bewusst die Kontingenz steigert und neue Denkstile und damit verbundene neue Policy-Optionen in die Diskussion einführt.

Der Administrator versucht, die in der Politik gehandelten Wirklichkeitsaspekte zu verändern und Handlungsmöglichkeiten zu erweitern, aber er versucht dies auf hierarchische Weise und vernachlässigt, aus welchen Gründen auch immer, verhandlungsorientierte Praktiken, die die Einsicht und damit die Legitimität seiner Ideen bei den wichtigsten Beteiligten steigern. Ihm gelingt es nicht, seine Wirklichkeitsdeutung und die davon abgeleiteten Handlungskonzepte in seiner Regierung(skoalition) und den sie tragenden Parteien zur hegemonialen Position zu machen, sei es, weil die Zeit zu knapp ist, sei es, weil keine übergreifenden Formeln und Symboliken erfunden werden, sei es, weil Verhandlungssysteme kollabieren, sei es, weil problemorientierte und zeitraubende Verhandlungssysteme durch andere Gremien ersetzt werden. Immer schlägt der Versuch der Veränderung der momentanen Wirklichkeitsdeutung fehl und er erzielt keine hegemoniale Position in einer gegebenen politischen Konstellation.

(iv) Der *Durchwurstler*[17] ist der am wenigsten politische der hier angeführten Typen. Weder seine Entscheidungsintensität noch seine Verhandlungsintensität ist ausgeprägt. Er lässt vielmehr den politischen Prozess laufen und macht sich die Position zu eigen, die sich in einem unkoordinierten, ungeplanten und unregierten Verlauf herausgebildet hat. Die *formale Machterhaltung* steht hier im Mittelpunkt des Regierens, alle anderen und darüber hinausreichenden Ziele sind ohne Bedeutung. Wenn Policies relevant werden, dann als abgeleitete Produkte des Machtkampfes und nicht als Versuche, sich der Wirklichkeit handelnd zu stellen. Entsprechend dominiert negative Koordination oder Bargaining. Patronage und nicht Expertise sind Kriterien für die Besetzung von Posten, der Regierungsapparat operiert unter seinen Möglichkeiten und Fraktion und Parteien

---

17 Die terminologischen Anleihen bei Charles E. Lindblom sind unübersehbar und gewollt. Allerdings sind die mit dem policy-analytischen Konzept des „Sich-Durchwurstelns" verbundenen erkenntnis- und entscheidungstheoretischen Prämissen mit den von mir hier unterlegten so verschieden, dass sich bei diesen Aspekten der Bezug zu Lindblom verbietet; vgl. Lindblom 1959; ders. 1979 und besonders das diese Diskussion abschließendes Buch von 1990.

werden zu Abstimmungsmaschinerien, die die Machtorientierung der Politics-Prozesse und die davon abgeleiteten Entscheidungen absegnen.

3.2 Die Bedeutungswandel des BKAmtes im Lauf der Zeit

Die Bedeutung des BKAmtes variierte im Verlauf der Zeit stark. An seiner Organisationsstruktur und der ihm zugeschriebenen Bedeutung kann man – wie in einem Brennglas – den Wandel des Politikverständnisses und der -prozesse in der Geschichte der Bundesrepublik beobachten.

In den ersten Nachkriegsjahren der Bundesrepublik fristete es eher ein Schattendasein, es war „eine Einrichtung mit vergleichsweiser simpler Organisationsstruktur" (Helms 2005: 88). Mit zunächst nur zwei Abteilungen und neun Referaten auf der Arbeitsebene blieb es überschaubar und die formalen Organisationsstrukturen und die tatsächlichen Arbeits- und Kommunikationsabläufe waren weitgehend identisch (Knoll 2004: 109).

Mit dem Ausbau des Wohlfahrtsstaates änderte sich seine Bedeutung grundlegend. Mit den neuen Aufgaben und dem neuen Verständnis der Politik als planendem und steuerndem Zentrum des Regierungsprozesses geriet das BKAmt in den Sog grundlegender Veränderungen.[18] Die sozial-liberale Koalition unter Willi Brandt im Jahr 1969 war die „Geburtsstunde" eines modernen und den neuen Staatsaufgaben angemessenen BKAmtes (Müller-Rommel 1994: 119; vergl. auch ders./Pieper 1991). Neben der Ausweitung der Organisationsstruktur und der massiven Zunahme des Personals[19] sind zwei Sachverhalte von Bedeutung: Zunächst wurde ein eigenes Referat eingerichtet (das Referat I/4), das sich vorwiegend mit der Koordination von Verfahrensabläufen innerhalb der Regierungsorganisation befasste (dazu Knoll 2004: 183f.); diese Einrichtung reflektiert den zunehmend komplizierter gewordenen Regierungsprozess, der nun durch eine eigene Abteilung koordiniert werden sollte. Zum anderen wurde die Abteilung Planung (Abteilung V) geschaffen, die einen systematischen Überblick über die gesamten Abläufe und den Stand der Verwirklichung des Regierungsprogrammes ermöglichen sollte und das eigentliche „Herzstück" (Helms 2005: 91) der neuen Organisationsstruktur bildete. Auch wenn mit dieser Abteilung Planungsvorstellungen verbunden waren, die sich als illusionär und/oder zu sozial-

---

18 Für die Entwicklung von 1949 bis zur Bildung der sozialliberalen Koalition 1969 und 1972, während deren Tätigkeit Aufgaben des BKAmt neu definiert und grundlegend umgestaltet wurden, vgl. ausführlich Knoll 2004; auch Helms 2005.

19 Das Personal schnellte innerhalb eines Jahres von rd. 250 auf über 400 und parallel mit dem organisatorischen Ausbau bis 1978 auf ca. 470 Mitarbeiter. Diese Zahl ist – bis auf kleinere Schwankungen – konstant geblieben und hat sich bei knapp 500 Mitarbeitern bis heute eingependelt (Knoll 2004: 414).

technisch erwiesen und revidiert wurden, so war der Versuch der Stärkung programmorientierter Politik eindeutig. Denn diese Abteilungen und andere organisatorische und personelle Veränderungen sollten die Rationalität der Politik steigern, Politik mit den gesellschaftlichen Entwicklungen nicht nur in Einklang bringen, sondern diese antizipieren, planen, in politische Programmatiken fassen und zukunftsorientiert gestalten.

Das Kanzleramt entwickelte sich stärker zum *Zentrum des Regierungsprozesses*, das im aktiven Staat nicht allein organisatorische, koordinierende und planende Aufgaben hatte, sondern auch jenseits der politischen Parteien eigenständige programmatische Politikkonzepte entwickeln sollte. Unter den Regierungen Helmut Schmidts (1974-1982) wurde die Parteibindung des BKAmtes massiv abgebaut und in der Rekrutierung des wichtigsten Personals verstärkt auf Professionalität und Verwaltungserfahrung gesetzt; dies stellte einen Bruch mit der Ära Willi Brandt dar, der vorwiegend auf parteipolitisch sozialisiertes Personal gesetzt hatte. Der Arbeitsstil wurde bürokratischer organisiert und die Abläufe entlang der formalen Aufgabenbestimmungen abgewickelt (Knoll 2004). Aber hier deutet sich ein Wandel des Regierens an, weil nun – später verstärkt unter Schröder – die Regierungszentrale zur Steuerung der Regierungspartei eingesetzt wird und die programmatischen Positionen nicht mehr von der/den Regierungspartei/en formuliert werden und dann in Regierungspolitik umgesetzt, sondern umgekehrt die von der Kernexekutive für erforderlich gehaltenen Notwendigkeiten den Parteien aufgedrängt, ja zum Teil aufgezwängt werden.

Die Organisationsstruktur des BKAmt wurde nur noch marginal verändert, es waren im Wesentlichen Auf- und Abwertungen von Abteilungen oder Referaten, kleinere Kompetenz- und Zuschnittsveränderungen, aber als komplexe Organisation blieb es in seiner Grundstruktur erhalten (Knoll 2004). Konstantes Merkmal des BKAmt durch alle Regierungen hindurch blieb, dass einerseits mit dem zunehmenden Organisationswachstum und der „zunehmenden Schnelligkeit des Regierungsgeschäftes" die informelle Kommunikation zunahm und dass andererseits wegen der im Vergleich zu den Bundesministerien geringen Größe und der überschaubaren Strukturen sich der Meinungsbildungsprozess schneller vollziehen konnte.

3.3 Die Bedeutung des Bundeskanzleramtes in Abhängigkeit vom Regierungsstil

Ich versuche in den folgenden Überlegungen, die Kanzler Kohl, Schröder und Merkel jeweils einem bestimmten Regierungsstil zuzuordnen und frage zugleich, welche Auswirkungen das auf die Regierungszentrale und ihre Stellung im Regierungsprozess hat. Um die Vielzahl von Aufgaben einer Regierungszentrale auf die wesentlichen zu konzentrieren und zugleich ein Analyseraster der Operationsweise der Regierungszentrale zu gewinnen, konzentriere ich mich auf fünf Bereiche.[20] Zunächst (a) auf das Zusammenspiel zwischen Amt und Kanzler, weil nur bei geglücktem Wechselspiel die Kapazität des Amtes voll ausgereizt werden kann; dann (b) die Koordination des Entscheidungsprozesses in der Kernexekutive, was wiederum (c) einen erheblichen Einfluss auf die Rolle des Kabinetts hat, insbesondere der dort vertretenen Ressorts und ihrer in weitgehender Eigenverantwortung vorgenommene Policyproduktion. Die Unterstützung durch die Fraktionen ist (d) für die Unterstützung der Regierungspolitik in parlamentarischen Regimen zentral und muss immer wieder neu hergestellt werden. Und schließlich ist (e) das Verhältnis der Regierung zur Partei bzw. den Koalitionsparteien von großer Bedeutung, weil sich jede Regierung vor ihren Mitgliedern und ihren Wählern legitimieren muss. Hierzu sind eine ausreichende Kommunikation bzw. spezifische Formen von Verhandlungen unvermeidlich.

3.3.1 Sich-Durchwursteln und Regierungszentrale: Der Regierungsstil Helmut Kohls

Bundeskanzler Helmut Kohl entwickelte sich während seiner 16-jährigen Amtszeit zum Prototypus des Durchwurstlers. Eine Analyse seines Regierungsstils legt nahe, dass er seine Richtlinienkompetenz nur selten in Anspruch nahm,

> „sondern viele Dinge sich entwickeln ließ, einen Mehrheitstrend erkannte und dann die Marschroute festlegte. Weil das zuweilen sehr spät geschah und die Angelegenheiten ihren Lauf nahmen, hat man unter dem Eindruck dieses Zögerns Kohls Regierungsstil oft als ‚Aussitzen' von Problemen beschrieben; (...) bei für ihn inhaltlich wichtigsten Angelegenheiten und bei Machtfragen beanspruchte er in jedem Fall klar seine Kompetenz. Kohl verstand es, diesen Machtanspruch unmissverständlich zu äußern und seine politische Macht über Jahre hinaus personell zu sichern" (Knoll 2004: 279).

Diese Machtsicherung erfolgte über ein personell strukturiertes Netzwerk, wobei er die Loyalität von Personen mit Posten im Regierungs- und Parteiapparat belohnte. Viele organisatorische Veränderungen im BKAmt wurden nicht aus funktionalen oder operativen Gesichtspunkten vorgenommen, sondern aus Belohnungsgründen. Das BKAmt diente Helmut Kohl als Instrument, die Loyalität von Mitabeitern dadurch zu honorieren, dass er deren Stellen im Organisations-

---

20 Das in der Disziplin oft beschworene Machtdreieck aus Regierung, Fraktion und Partei ist unterkomplex, weil es die Regierung als einen einheitlichen und homogenen Akteur unterstellt, was mitnichten der Fall ist (vgl. etwa Gros 1998).

gefüge aufwertete bzw. neue Stellen schuf. Änderungen der formalen Organisationsstruktur waren „teilweise oder ausschließlich personell bedingt" bzw. „meist eine Folge der persönlichen Beziehungen des Regierungschefs zu bestimmten Mitarbeitern" (Knoll 2004: 327). Auch war die Beziehung des Kanzlers zu seinem Amt nicht an formalen Strukturen und bürokratischen Zuständigkeiten orientiert, sondern auf persönliche Netzwerke ausgerichtet, die die organisatorischen Strukturen nicht wiedergaben. Hierarchieebenen und formale Zuständigkeiten wurden übersprungen und je nach Aufgabe auf vertraute Mitarbeiter zugegriffen bzw. diese direkt bestimmten Personen zugeordnet (Helms 2005: 93; Knoll 2004: 327-328). Knoll merkt in seiner Studie über das Bundeskanzleramt lakonisch an, dass Kohl zwar die „Notwendigkeit einer gewissen Organisation anerkannte, sie für ihn selbst aber nicht höchste Priorität hatte" (2004: 282). Insofern waren die vielen Änderungen im organisatorischen Aufbau, die im Verlauf seiner Regierungszeit erfolgten, für die konkrete Regierungspolitik ohne große Bedeutung.

Seine laufenden Entscheidungen wurden in einem kleinen Kreis vertrauter Personen vorbereitet, wobei das laufende politische Geschäft von Mitarbeitern der Regierungszentrale, dem Presse- und Informationsamt und dem Adenauerhaus organisiert wurde. Hinzu kamen ihm nahestehende Politiker, aber auch externe, gleichwohl enge Berater aus Wirtschaft, Kirche, Medien, Wissenschaft und privatem Umfeld (Knoll 2004: 279f; Korte 1998: 487). Bei der Herstellung der Deutschen Einheit jedoch, die v.a. eine ministeriell dominierte Meisterleistung war, rückte das BKAmt ins Zentrum des Entscheidungsprozesses, hier spielte es die zentrale Rolle bei der Planung, Steuerung und Koordination des Einigungsprozesses. Der Einigungsvertrag wäre ohne das BKAmt in dieser Form und v.a. in dieser kurzen Zeit nicht zustande gekommen.

Die Beziehungen zwischen der Kernexekutive und den einzelnen Ressorts waren weitgehend unproblematisch. Zwei Faktoren spielten hierbei eine Rolle: Wesentliche Fragen wurden in den Koalitionsrunden unter den Parteipolitikern abgesprochen und Details von Policies in den Koalitionsarbeitsgruppen. Das waren parteipolitische Absprachen, die stark von der Logik der Parteipolitik bzw. der Parteienkonkurrenz beeinflusst waren und nicht unbedingt nach der Sachlogik der zu bearbeitenden Probleme. Und zum anderen kamen die inhaltlichen Anstöße überwiegend aus den Bundesministerien und nicht aus der Regierungszentrale (Knoll 2004: 352). Diese beschränkte sich im Wesentlichen darauf, die Häuser des kleineren Koalitionspartners etwas genauer zu beobachten. Jedenfalls hat das Bundeskanzleramt die Ressorts nicht an der kurzen Leine geführt und ihnen Weisungen gegeben; vielmehr wurden bei Konflikten Impulse, Anregungen und Hinweise gegeben, die meistens berücksichtigt und kleingearbeitet wurden. Längerfristige Aufgabenplanung fand nicht statt, weil die Tagesaufgaben zu sehr in den Vordergrund rückten (Knoll 2004: 355). Stattdessen war man der Ansicht, die Parteipolitik sollte der Regierung „immer etwas vorausdenken" (zit. nach Knoll 2004: 355) und verzichtete infolgedessen auf eigenständige und längerfristig angelegte Policyentwicklung. Die Verantwortung zur planenden Vorausschau sollte zudem bei den Facheinheiten liegen, deren Abteilungsleiter für ihren jeweiligen Bereich ein „eigenes Prioritätenprogramm im Kopf" hätten (Knoll 2004: 355).

Patronage war eine zentrale politische Praktik, über die Kohl die Unterstützung der Fraktion organisierte. Als früherer Fraktionsvorsitzender wusste er um die Bedeutung der Fraktion und er belohnte die ersten und weitere parlamentarische Geschäftsführer der Fraktion zu Beginn seiner Kanzlerschaft ebenso wie im weiteren Verlauf mit verschiedensten Regierungsämtern (Knoll 2004: 282). Immer wusste er über den Zustand der Fraktion Bescheid, kannte deren Sichtweise und richtete sich danach.

Bemerkenswert und in der neueren Zeit einmalig ist die Inanspruchnahme der Regierungszentrale für die Parteipolitik. Wie nie zuvor wurde sie dazu eingesetzt, die Regierungspartei nicht nur aus, sondern mit Unterstützung entsprechender Arbeitseinheiten der Regierungszentrale zu steuern (Knoll 2004: 429). Helmut Kohl hat zwischen seinen Rollen als Parteivorsitzender und Regierungschef nicht unterschieden und alle zentralen parteipolitischen Aktivitäten aus dem Kanzleramt heraus erledigt. Seine Aufgaben als Parteivorsitzender wurden zu großen Teilen aus der Regierungszentrale geleitet und organisiert, bis hin zur Teilnahme von Beamten an Sitzungen des Parteivorstandes und der inhaltlichen Konzeption von Wahlkämpfen (Knoll 2004: 368). Nur zu bestimmten Sitzungen ging Kohl zur Parteizentrale, sein Büro nutze er so gut wie nie und nach seiner eigenen Aussage „(hat sich) ansonsten die Partei (...) im Kanzleramt abgespielt" (Knoll 2004: 368, FN 700).

Dieser Wandel ist insofern bemerkenswert, als die Regierung samt Regierungszentrale eine staatliche Organisation ist, die zur Kontrolle und Beeinflussung der Partei instrumentalisiert wurde. Parteivorsitz und Kanzler sind getrennte Ämter und gehorchen jeweils unterschiedlichen politischen Logiken. Bemerkenswert ist der Sachverhalt, dass die *party in public office*, inklusive wichtiger Beamter des Bundeskanzleramtes, die *party in central office* (mit)organisierten und sie aus dem Staat heraus beobachteten, kontrollierten und beeinflussten.

Beim Durchwurstler – konkret im Falle Kohls – hat die Regierungszentrale keine herausgehobene Funktion, weil ihre Aufgabe vornehmlich darin besteht, die formalen Machtinteressen des Regierungschefs zu unterstützen. Eigenständige Policyoptionen gegenüber den Ressorts wurden vermieden, zentrale Fragen der Politik wurden in den sog. Koalitionsrunden bzw. Koalitionsarbeitsgruppen diskutiert, abgestimmt und entschieden, wobei hier die Parteipolitik dominierte.

Die „Parteipolitisierung der Exekutive" (Manow 1996) bringt zusätzlich zum Ausdruck, dass nicht sachliche Imperative den Regierungsprozess dominierten, sondern parteipolitische Motive, die eher an Machtfragen statt an Sachfragen orientiert sind. Außer in der Phase der deutschen Einigung war die Entscheidungsintensität sehr niedrig, ansonsten dominierten die parteipolitischen Verhandlungssysteme, in denen negative Koordination und Bargaining als Verhandlungstypen vorherrschten.

3.3.2 Administrieren und Regierungszentrale: Die Kanzlerschaft Gerhard Schröders

Unter der Kanzlerschaft Schröders fand ein dramatischer Wandel der Stellung und Bedeutung des Kanzleramtes statt, der allerdings erst am Ende der ersten und vor allem in der zweiten Legislaturperiode sichtbar wurde. Während G. Schröder zu Beginn seiner Amtsübernahme eher als Anpasser fungierte, wandelte er sich unter dem Druck der Verhältnisse zum Administrator. Dies blieb nicht ohne Folgen für die Bedeutung der Regierungszentrale.

Zu Beginn der Legislaturperiode bestanden im Kern zwei Machtzentren innerhalb der Regierung. Das eine bestand aus dem Parteivorsitzenden O. Lafontaine, der an der Spitze des Finanzministerium stand, durch einen Kompetenzzuwachs zu Lasten des Wirtschaftsministerium zum stärksten Ressort innerhalb der Regierung aufstieg und zum wichtigsten Gegenspieler des Kanzlers wurde. Erst nach Lafontaines überraschendem Rücktritt und der Übernahme des Parteivorsitzes durch G. Schröder wurde die Machtfrage zugunsten des Regierungschefs entschieden (Knoll 2004: 388). Bei der Reorganisation des BKAmtes ging man einen eigentümlichen Weg, der sich längerfristig als nicht plausibel erwies. Chef des Bundeskanzleramtes (ChefBK) wurde im Rang eines Staatsministers B. Hombach, während F.-W. Steinmeier Staatssekretär des Bundeskanzleramtes wurde und eine Arbeitsteilung beider in dem Sinne nahe legte, dass Steinmeier de facto Leiter der Regierungszentrale war, während Hombach als Bundesminister politisch agierte und nur formal als ChefBK fungierte (Knoll 2004: 393). Nach dem Umzug nach Berlin wurde diese Konstruktion einer „Doppelspitze" (Knoll 2004: 409) aufgegeben und Steinmeier wurde nun als Staatssekretär Chef des Bundeskanzleramtes, wodurch bisherige Reibungsverluste in der Regierungszentrale und zwischen ihr und dem Kanzler überwunden wurden.

Vor allem in der zweiten Regierungsperiode wurde das BKAmt zur zentralen Schaltstelle. Die AGENDA 2010 war eine Kopfgeburt des BKAmtes und entwickelte für viele Politikbereiche (insbesondere Arbeitsmarkt, Renten und Gesundheitspolitik) eigenständige Politikoptionen, um die Entscheidungsintensität dramatisch zu steigern. Die Einsetzung der Hartz-Kommission durch das BKAmt am zuständigen Ministerium vorbei war „überfallartig" (Streeck 2003: 9) und es zog – historisch einmalig – massiv Kompetenzen an sich und markierte das endgültige Ende der verhandlungsorientierten Arbeitsmarktpolitik und den „Ausbruch aus der konsensdemokratischen Wagenburg" (Wiesendahl 2004: 21). Die Einsetzung der Kommission selbst war eine massive Konfrontation gegenüber den Gewerkschaften und den Arbeitgeberverbänden, aber auch dem zuständigen Ministerium, das an der endgültigen Politikformulierung nur marginal beteiligt war. Die Schlüsselentscheidungen wurden gegenüber der Fraktion mit (Rücktritts)Drohungen bzw. mit der Drohung der Vertrauensfrage durchgesetzt, um die bereits irreversibel vereinbarten Policyoptionen nicht mehr durch weitere Verhandlungen aufzulösen. Bei der rein formalen Abstimmung im Bundestag konnten die Fraktionen nur noch über Gefolgschaft oder Verweigerung entscheiden, Veränderungen durch die Abgeordneten blieben ebenfalls marginal.

In der Gesundheitspolitik versuchte das BKAmt einen ähnlichen Politikstil, aber hier zog das zuständige Ministerium weit mehr als in der Arbeitsmarktpolitik die Kompetenzen an sich und erarbeitete entsprechende Policyoptionen. Es war Motor und Schaltzentrale der Reform in der Gesundheitspolitik nicht erst unter der Großen Koalition (Schroeder/Paquet (Hg.) 2009), sondern auch unter Rot-Grün und setzte dort in schneller Abfolge verschiedene Gesetze durch, die allesamt die Macht der Kassen und Verbände in der Gesundheitspolitik schwächten, vom Selbststeuerungskonzept durch die gemeinsame Selbstverwaltung immer mehr Abstand nahm, neue Instrumente der Steuerung, wie etwa Qualitätssicherung, Versorgungszentren u.ä. in das Gesundheitssystem einbaute und viele Zugriffs- und Eingriffsoptionen an den Staat bzw. das zuständige Ministerium zurückholte.

Ingesamt unterscheiden sich die Politikstile von Politikfeld zu Politikfeld, aber insgesamt ist eine Konzentration auf die Regierungszentrale bzw. die Kernexekutive zu beobachten, die vor allem mit beschleunigenden Praktiken den Regierungsprozess organisiert. Dies schließt ein, dass die Kommunikations- und Informationsprozesse mit der Fraktion, der Partei und der medialen Öffentlichkeit insgesamt als wenig gelungen bezeichnet werden können (vgl. Fischer/Kießling/Novy (Hg.) 2008; Nullmeier 2008).

3.3.3 Anpassen und Sich-Durchwursteln: Der Regierungsstil von Angela Merkel in der großen Koalition

Kanzlerinnen in großen Koalitionen haben grundsätzlich eine andere Position und andere Möglichkeiten als solche in ‚kleinen', was nicht ohne Auswirkungen auf den Regierungsstil bzw. den Einsatz bestimmter Praktiken bleibt. Bestimmte Praktiken (z.b. Drohungen in Form von Vertrauensfrage, viele Weisungen u.ä.,) sind ausgeschlossen, während Bargaining als Verhandlungsmodus dominiert. Auch wird das BKAmt eher eine koordinierende als dominierende Rolle spielen und den Ministerien größeren Spielraum einräumen, insbesondere den SPD dominierten. Zudem ist eine Verschiebung der Entscheidungsarenen vom Kabinett bzw. den Fraktionen zu den Parteispitzen zu beobachten, was unvermeidlich eine *Parteipolitisierung*[21] von Regierungsentscheidungen mit sich bringt (vgl. auch Murswieck 2008).

Angela Merkels Regierungsstil in der großen Koalition kann man zwischen Anpasserin und Durchwurstlerin typologisieren. Ihre *Entscheidungsintensität* ist äußerst gering, sie agiert *reaktiv*, während andere die politischen Debatten prägen. Sie reagiert mit zeitlichem Abstand auf diese Debatten und legt sich fest, wenn andere sich bereits festgelegt haben. Sie setzt keine Themen, sondern lässt sie auf sich zukommen und vermittelt – wenn überhaupt – zwischen den Kontrahenten, was in der Regel Bargaining als Praktik voraussetzt. Zudem werden alle zentralen Fragen von den Parteispitzen geregelt, was erneut Bargaining in den Mittelpunkt rücken lässt, das sich oft zur negativen Koordination entwickelt. Das BKAmt, vor allem ChefBK, spielte insbesondere dann eine Rolle, sofern bestimmte Policyoptionen von den zuständigen SPD-Ministerien kamen und dann gegenüber der eigenen Fraktion durchgesetzt werden mussten. Zudem ist typisch, dass sie in laufende Debatten nicht selbst eingreift, sondern andere ihre (potentielle) Position formulieren lässt, v.a. die Fraktionsvorsitzenden und manchmal auch die Regierungsprecher.

Die *Verhandlungsintensität* ist dagegen stark ausgeprägt. Der Koalitionsausschuss als wichtigstes Verhandlungsgremium wird ergänzt durch die wöchentlich stattfindenden Verhandlungen mit den Ministerpräsidenten der Länder, den Parteipräsidien, der Fraktion und bestimmten Arbeitsgruppen der Fraktion, in denen die einzelnen Policyoptionen diskutiert und beschlossen werden. Aber auch hier ist der eher *reaktive* Verhandlungsstil dominant, der Kompromisse sich entwickeln lässt und dabei nicht aktiv in den politischen Prozess eingreift.

4 Zusammenfassung

Die hier vorgelegten Überlegungen haben versucht, den Prozess des Regierens unter einer zeitdiagnostischen Perspektive zu skizzieren und auf diese Weise einen Beitrag zu einer Regierungslehre der Zeit zu leisten. Hierbei standen Ver-

---

21 Der Begriff geht zurück auf eine Charakterisierung des Regierungsstiles von Helmut Kohl (Manow 1996), kann aber unschwer auf den der Großen Koalition übertragen werden.

änderung in der Sach-, Sozial- und vor allem der Zeitdimension im Mittelpunkt, um einen realitätsgerechten Zugriff auf ein Zentralproblem des Regierens zu bekommen: Wie und mit welchen Praktikenkombinationen eine Regierung sich selbst organisiert, um „agency loss" zu minimieren, sich als Regierung programmatisch zu vereinheitlichen und ein übergreifendes Regierungsprogramm zu entwickeln, das sich auch organisatorisch umsetzen lässt. Das Konzept politischer Praktiken versucht eine Neukonzeptionalisierung des Regierens, in dem Grundprämissen der *Principal-Agent*-Theorie verwendet werden, um strukturelle Grundprobleme jeder Regierungsorganisation zu analysieren. Das Konzept der Regierungsstile versucht, nicht nur einige Schwächen der bisherigen Regierungsstilanalyse zu überwinden, sondern zugleich zu fragen, ob sich nicht bestimmte Praktikenkombinationen und damit verbundene Regierungsstile auf Grund der zeitdiagnostischen Herausforderungen als dominant erweisen. Abhängig vom jeweiligen Regierungsstil – so eine weitere Vermutung – variiert die Stellung des BKAmtes im Regierungsprozess und damit seine Bedeutung beim Organisieren und Koordinieren des Regierungsprozesses und beim Produzieren von Policies. Seine Bedeutung ist abhängig vom jeweiligen Regierungsstil des Kanzlers bzw. der Kanzlerin, das haben die empirischen Illustrationen verdeutlichen können.

Was sich nicht eindeutig aus den konzeptionellen und empirischen Überlegungen ergibt, ist ein kausaler Zusammenhang zwischen zeitlich bedingten Kontextveränderungen der Politik und einem dafür angemessenen Regierungsstil, der mit beschleunigenden Praktikenkombinationen arbeitet und eine strukturelle Verlagerung der Entscheidungsprozesse in die Kernexekutive mit sich zieht, was umgekehrt mit einer Deparlamentarisierung verbunden ist. Dafür gibt es sicherlich einige überzeugende Anhaltspunkte. Dennoch bleibt die von N. Luhmann vermutete Umstellung der Politik von zielorientierter Rationalität auf zeitorientierte Reaktivität (Luhmann 2000: 142) eine provokante Feststellung, die wie ein Schatten über allen theoretischen, konzeptionellen und empirischen Überlegungen im Bereich des Regierens liegt und nach wie vor einer empirischen Bestätigung oder Zurückweisung harrt.

Literaturverzeichnis

Andeweg, Rudy B. (2000): Ministers as double agents? The delegation process between cabinet and ministers. In: European Journal of Political Research 37: 377-395.
Beck, Ulrich/Bonß, Wolfgang (Hg.) (2001): Die Modernisierung der Moderne. Frankfurt am Main: Suhrkamp.
Benz, Arthur (2004): Governance. Modebegriff oder nützliches sozialwissenschaftliches Konzept?. In: ders. (Hg.): Governance. Regieren in komplexen Regelsystemen. Eine Einführung. Wiesbaden: Verlag für Sozialwissenschaften: 11-28.

Beyme, Klaus v. (1984): Parteien in den westlichen Demokratien. München: Piper.
Blumenthal, Julia von (2005): Governance – eine kritische Zwischenbilanz. In: Zeitschrift für Politikwissenschaft 15 (4): 1149-1180.
Böhret, Carl (1990): Folgen. Entwurf für eine aktive Politik gegen schleichende Katastrophen. Opladen: Leske + Budrich.
Brehm, John/Gates, Scott (1997): Working, Shirking, and Sabotage. Ann Arbor: University of Michigan Press.
Bröchler, Stephan (2006): Regieren mit und ohne Richtlinienkompetenz – Handlungsspielräume der Bundeskanzler in Deutschland und Österreich. In: Holtmann, Everhard/Patzelt, Werner, J. (Hg.): Führen Regierungen wirklich? Zur Praxis gouvernementalen Handelns, Wiesbaden: Verlag für Sozialwissenschaften: 99-114
Brozus, Lars et al. (2003): Vergesellschaftung des Regierens? Der Wandel nationaler und internationaler politischer Steuerung unter dem Leitbild der nachhaltigen Entwicklung. Opladen: Leske + Budrich.
Czada, Roland (2000): Konkordanz, Korporatismus und Politikverflechtung: Dimensionen der Verhandlungsdemokratie. In: Hoffmann, E./Voelzkow, H. (Hg.): Zwischen Wettbewerbs- und Verhandlungsdemokratie. Wiesbaden: Westdeutscher Verlag: 23-49.
Etzioni, Amitai (1975): Die aktive Gesellschaft. Eine Theorie gesellschaftlicher und politischer Prozesse. Opladen: Westdeutscher Verlag.
Fischer, Thomas/Kießling, Andreas/Novy, Leonard (Hg.) (2008): Politische Reformprozesse in der Analyse. Untersuchungssystematik und Fallbeispiele. Gütersloh: Verlag Bertelsmann Stiftung.
Greven, Michael Th. (1999): Die politische Gesellschaft. Kontingenz und Dezision als Probleme des Regierens und der Demokratie. Opladen: Leske + Budrich.
Gros, Jürgen (1998): Politikgestaltung im Machtdreieck Partei, Fraktion, Regierung. Zum Verhältnis von CDU-Parteiführungsgremien, Unionsfraktion und Bundesregierung. Berlin: Duncker & Humblot.
Hartwich, Hans-Hermann/Wewer, Göttrik (Hg.) (1990): Regieren in der Bundesrepublik 1: Konzeptionelle Grundlagen und Perspektiven der Forschung. Opladen: Leske + Budrich.
Helms, Ludger (2001): Gerhard Schröder und die Entwicklung der deutschen Kanzlerschaft. In: Zeitschrift für Politikwissenschaft (11): 1497-1517.
Helms, Ludger (2002): Politische Opposition. Opladen: Leske + Budrich.
Helms, Ludger (2005): Regierungsorganisation und politische Führung in Deutschland. Wiesbaden: Verlag für Sozialwissenschaften.
Helms, Ludger (2005a): Die Informalisierung des Regierungshandelns in der Bundesrepublik. Ein Vergleich der Regierungen Kohl und Schröder. In: Zeitschrift für Staats- und Europawissenschaften 3: 70-96.
Hennis, Wilhelm (1964): Richtlinienkompetenz und Regierungstechnik. Tübingen: J.C.B. Mohr.
Hennis, Wilhelm (1968): Politik als praktische Wissenschaft. Aufsätze zur politischen Theorie und Regierungslehre. München: Pieper.
Huber, John D. (2000): Delegation to civil servants in parliamentary democracies. In: European Journal of Political Research 37: 397-413.

Jäger, Wolfgang (1988): Von der Kanzlerdemokratie zur Koordinationsdemokratie. In: Zeitschrift für Politik 35: 15-32.
Jäger, Wolfgang (1994): Wer regiert die Deutschen? Innenansichten der Parteiendemokratie. Osnabrück/Zürich.
Kirsch, Guy/Mackscheidt, Klaus (1985): Staatsmann, Demagoge, Amtsinhaber. Eine psychologische Ergänzung der ökonomischen Theorie der Politik. Göttingen: Vandenhoeck.
Knoll, Thomas (2004): Das Bonner Bundeskanzleramt 1949-1999. Wiesbaden: Verlag für Sozialwissenschaften.
Korte, Karl-Rudolf (1998): Deutschlandpolitik in Helmut Kohls Kanzlerschaft. Regierungsstil und Entscheidungen 1982-1989. Stuttgart: Deutsche Verlagsanstalt.
Korte, Karl-Rudolf (2000): Veränderte Entscheidungskultur: Politikstile der deutschen Bundeskanzler. In: ders; Hirscher, G. (Hg.): Darstellungspolitik oder Entscheidungspolitik. Über den Wandel von Politikstilen in westlichen Demokratien, München: 13-37.
Korte, Karl-Rudolf/Fröhlich, Michael (2004): Politik und Regieren in Deutschland - Strukturen, Prozesse, Entscheidungen. Paderborn: UTB.
König, Klaus (1991): Formalisierung und Informalisierung im Regierungszentrum. In: Hartwich, H.-H./Wewer, G. (Hg.): Regieren in der Bundesrepublik II: Formale und informale Komponenten des Regierens in den Bereichen Führung, Entscheidung, Personal und Organisation. Opladen: Leske+Budrich: 203-220.
König, Klaus (1993): Staatskanzleien: Funktionen und Organisation, Opladen.
Laver, Michael/Shepsle, Kenneth A. (1996): Making and Breaking Governments. Cabinets and Legislatures in Parliamentary Democracies. Cambridge: Cambridge UP.
Laver, Michael/Schofield, Norman (1990): Multiparty Government. The Politics of Coalition in Europe. Ann Arbor: University of Michigan Press.
Leibfried, Stephan/Zürn, Michael (2006): Transformationen des Staates? Frankfurt am Main: Suhrkamp.
Lijphart, Arend (1999): Patterns of Democracy. New Haven [u.a.]: Yale University Press.
Lindblom, Charles E. (1959): The Science of Muddling Through. In: Public Administration Review 19: 79-88.
Lindblom, Charles E. (1979): Still muddling, not yet through. In: Public Administration Review 39 (6): 517-526.
Lindblom, Charles E. (1990): Inquiry and change: the troubled attempt to understand and shape society. New Haven [u.a.]: Yale Univ. Press.
Luhmann, Niklas (1968): Die Knappheit der Zeit und die Vordringlichkeit des Befristeten. In: Die Verwaltung 1: 3-30.
Luhmann, Niklas (2000): Die Politik der Gesellschaft. Frankfurt am Main: Suhrkamp.
Manow, Philip (1996): Informalisierung und Parteipolitisierung - Zum Wandel exekutiver Entscheidungsprozesse in der Bundesrepublik. In: Zeitschrift für Parlamentsfragen 27 (1): 96-107.
Mayntz, Renate/Scharpf, Fritz W. (1995): Der Ansatz des akteurzentrierten Institutionalismus. In: dies. (Hg.): Gesellschaftliche Selbstregulierung und politische Steuerung. Frankfurt/New York: Campus: 39-72.

Michailowitz, Irina (2007): Die Rationalität europäischer Interessenvertretung: Prinzipale, Agenten und Tausch im maritimen Transport. In: Kleinfeld, Ralf/Zimmer, Annette/Willems, Ulrich (Hg.): Lobbying. Strukturen, Akteure, Strategien. Wiesbaden: VS Verlag: 169-195.

Murswieck, Axel (1991): Die Notwendigkeit der Parteien für die funktionelle Integration der Regierungsgeschäfte. In: Hartwich, H.-H./Wever, G. (Hg.): Regieren in der Bundesrepublik III. Systemsteuerung und Staatskunst. Opladen: Leske+Budrich: 119-129.

Murswieck, Axel (2008): Politikberatung der Bundesregierung. In: Bröchler Stephan/Schützeichel, Rainer (Hg.): Politikberatung. Stuttgart: Lucius und Lucius: 369-388.

Müller, Wolfgang C. (2000): Political Parties in Parliamentary Democracies: Making Delegation and Accountability Work. In: European Journal of Political Research 37: 309-333.

Müller-Rommel, Ferdinand/Pieper, Gabriele (1991): Das Bundeskanzleramt als Regierungszentrale. In: Aus Politik und Zeitgeschichte (B 21-22): 3-13.

Müller-Rommel, Ferdinand (1994): The Chancellor and His Staff. In: Padgett, Stephen (Hg.): Adenauer to Kohl: The Development of the German Chancellorship. London: 106-126.

Niclauß, Klaus (1990): Kanzlerdemokratie - Bonner Regierungspraxis von Konrad Adenauer bis Helmut Kohl. In: Hartwich, Hans-Hermann/Wever, Göttrik. (Hg.): Regieren in der Bundesrepublik III. Systemsteuerung und Staatskunst. Opladen: Leske+Budrich: 119-129.

Niclauß, Klaus (2004): Kanzlerdemokratie: Bonner Regierungspraxis von Konrad Adenauer bis Helmut Kohl. Stuttgart: Kohlhammer.

Nullmeier, Frank (2008): Die Agenda 2010: Ein Reformpaket und sein kommunikatives Versagen. In: Fischer, T./Kießling, A./Novy, L. (Hg.): Politische Reformprozesse in der Analyse. Untersuchungssystematik und Fallbeispiele. Gütersloh: Verlag Bertelsmann Stiftung: 145-190.

Offe, Claus (1989): Fessel und Bremse. Moralische und institutionelle Aspekte »intelligenter Selbstbeschränkung«. In: Honneth, Axel/Mc Carthy, Thomas/Offe, Claus/Wellmer, Albrecht (Hg.): Zwischenbetrachtungen. Im Prozeß der Aufklärung. Jürgen Habermas zum 60. Geburtstag. Frankfurt am Main: Suhrkamp: 739-774.

Ortmann, Günther (2003): Regel und Ausnahme. Paradoxien sozialer Ordnung, Frankfurt am Main: Suhrkamp.

Reckwitz, Andreas (2002): Toward a Theory of Social Practices. A Development in Culturalist Theorizing. In: European Journal of Social Theory (2): 245-265.

Reckwitz, Andreas (2003): Grundelemente einer Theorie sozialer Praktiken. In: Zeitschrift für Soziologie 32(4): 282-301.

Reckwitz, Andreas (2004): Die Entwicklung des Vokabulars der Handlungstheorien: Von den zweck- und normorientierten Modellen zu den Kultur- und Praxistheorien. In: Gabriel, Manfred (Hg.): Paradigmen der akteurzentrierten Soziologie. Wiesbaden: Verlag für Sozialwissenschaften: 287-328.

Reese-Schäfer, Walter (1996): Zeitdiagnose als wissenschaftliche Aufgabe. In: Berliner Journal für Soziologie 6: 377-390.

Riescher, Gisela (1994). Zeit und Politik. Zur institutionellen Bedeutung von Zeitstrukturen in parlamentarischen und präsidentiellen Regierungssystemen. Baden-Baden: Nomos.
Rhodes, Rod A. W. (1995): From Prime Ministerial Power to Core Executive. In: ders.; Dunleavy, Patrick (Hg.): Prime Minister, Cabinet, and Core Executive. London: MacMillan: 1-37.
Rosa, Hartmut (2005): Beschleunigung. Die Veränderung der Zeitstrukturen in der Moderne. Frankfurt am Main: Suhrkamp.
Rosenau, James N./Czempiel, Ernst O. (Hg.) (1992): Governance without Government: Order and Chance in World Politics. Cambridge: CUP.
Rüb, Friedbert W. (2008): Policy-Analyse unter den Bedingungen von Kontingenz. Konzeptionelle Überlegungen zu einer möglichen Neuorientierung. In: Janning, Frank/Toens, Kathrin (Hg.): Die Zukunft der Policy-Forschung. Theorien, Methoden, Anwendungen. Wiesbaden: VS Verlag: 88-111.
Rüb, Friedbert W. (2009). Über das Organisieren der Regierungsorganisation und über Regierungsstile. Eine praxeologische Perspektive. In: Österreichische Zeitschrift für Politikwissenschaft 38 (1): 43-60.
Sartori, Giovanni (1976): Party and Party Systems. A Framework for Analysis. Cambridge: Cambridge UP.
Scharpf, Fritz W. (2000): Interaktionsformen. Akteurzentrierter Institutionalismus in der Politikforschung. Opladen: Leske + Budrich.
Scheuerman, William E. (2003): Emergency Powers and the Compression of Time and Space. In: Israel Yearbook of Human Rights 33: 45-62.
Scheuerman, William E. (2004): Liberal Democracy and the Social Acceleration of Time. Baltimore/London: Johns Hopkins UP.
Schelling, Thomas C. (1963): The Strategy of Conflict. Cambridge: Cambridge UP.
Schimank, Uwe (2000): Zur Einführung. In: Lange, S.; ders. (Hg.): Politische Steuerung zwischen System und Akteur. Wiesbaden: Verlag für Sozialwissenschaften: 11-14.
Schmitt, Carl (1994 [1921[): Die Diktatur. Berlin: Duncker&Humblot.
Schroeder, Wolfgang/Paquet, Robert (Hg.) (2009): Gesundheitsreform 2007. Nach der Reform ist vor der Reform. Wiesbaden: Verlag für Sozialwissenschaften.
Streeck, Wolfgang 2003: No Longer the Century of Corporatism. Das Ende des "Bündnisses für Arbeit", MPIfG Working Paper 03/4. In: www.mpi-fg-koeln.mpg.de/pu/workpap/wp03-4/wp03-4.html (Zugriff am 10.04.2010)
Strom, Kare (2000): Delegation and Accountability in Parliamentary Democracies. In: European Journal of Political Research 37: 261-289.
Weick, Karl E. (1995): Der Prozeß des Organisierens. Frankfurt am Main: Suhrkamp.
Wiesendahl, Elmar (2004): Parteien und die Politik der Zumutungen. In: Aus Politik und Zeitgeschichte B 40: 19-31.
Wiesenthal, Helmut (2005): Gesellschaftssteuerung und gesellschaftliche Selbststeuerung: Zweifel, Kritik, Hindernisse - Modi, Effekte, Optionen. Lehrbrief der FernUniversität Hagen.
Winter, Thomas v. (2004): Vom Korporatismus zum Lobbyismus. Paradigmenwechsel in Theorie und Analyse der Interessenvermittlung. In: Zeitschrift für Parlamentsfragen (4): 761-776.

Zahariadis, Nikos (2007): The Multiple Streams Framework: Structure, Limitations, Prospects. In: Sabatier, Paul (Hg.): Theories of the Policy Process. Boulder/Colorado: Westview Press: 65-92.

Zürn, Michael (1998): Regieren jenseits des Nationalstaats: Globalisierung und Denationalisierung als Chance. Frankfurt am Main: Suhrkamp.

Strategisches Zentrum und Regierungszentrale im Kontext von Party-Government. Strategische Regierungssteuerung am Beispiel der Agenda 2010

Ralf Tils

1 Einleitung

Gerhard Schröder gehört zu der eher seltenen Spezies von Politikern, die sich nicht nachträglich als Großstrategen aufspielen. In seiner Autobiographie bestätigt er eine situative und experimentelle Auffassung von Politik. Danach entsteht ein Bild von dem, was insgesamt gewollt ist, allein über die Addition personeller und sachlicher Einzelmaßnahmen. Konkrete Politikentscheidungen folgen der Maßgabe aktueller Durchsetzbarkeit und Konstellationsangemessenheit. Eine antizipierende, situationsübergreifend und systematisch angelegte Politikgestaltung findet wenig Interesse. Die besondere Situationsgebundenheit und Dynamik eines Wahlkampfs beschreibt Schröder vor dem Hintergrund eines solchen Grundverständnisses als eigentlichen Höhepunkt der Politik:

„Für mich ist Wahlkampf die interessanteste Zeit im Politikerdasein. Ich habe zahllose Kampagnen mitgemacht, auf Hunderten von Marktplätzen gesprochen, Tausende von Händen geschüttelt, unzählige Autogramme gegeben. Sicherlich ist Politik gestalten, Politik machen, Entscheidungen treffen die zentrale Aufgabe für einen Politiker, sozusagen die Pflicht. Aber die Kür für mich ist der Wahlkampf, die direkte Begegnung mit dem Wähler, das Werben, das Kämpfen um Stimmen, der Austausch von Argumenten. Politische Beschlüsse fassen, das können auch Technokraten, es besser wissen, das können auch Journalisten; aber Wahlkämpfe führen, das können und müssen eben nur Politiker." (Schröder 2006: 496).

Auch diese Selbstcharakterisierung als Wahlkampfpolitiker scheint zu untermauern, dass Schröder sich mehr als Verkäufer denn als strategisch orientierter Produzent von Politik sieht.

Gleichwohl war es Gerhard Schröder, der mit der Agenda 2010, einem Großprojekt der Sozialstaatsreform, die zweite Hälfte seiner Kanzlerschaft dominierte. Davor gab es mit „Innovation und Gerechtigkeit" „Dritter Weg", „Modernes Regieren", „Zivilgesellschaft" viele Überschriften für das Regieren, ohne dass eine von ihnen strategische Verbindlichkeit erreichte. Für die zweite Legislaturperiode der rot-grünen Bundesregierung jedoch reklamierte Schröder mit der Agenda 2010 die Existenz eines umfassenden reformerischen Konzepts, einer Strategie, die ihm zu Beginn seiner Amtszeit noch nicht zur Verfügung stand, nun aber sein Regierungshandeln leiten sollte (Schröder 2006). Zumindest mit Blick auf die Agenda lohnt es sich also, den Zusammenhang zwischen der Kanzlerschaft Schröders und strategischem Regieren herzustellen. Das will der folgende Beitrag tun.

Die Untersuchung geht in zwei Schritten vor. Als Erstes wird in kurzen Grundzügen ein akteurzentriertes theoretisch-konzeptionelles Fundament vorgestellt, mit dem strategische Regierungssteuerung im Kontext von Party-Government analysiert werden kann. Dabei stehen eine Abgrenzung des hier entwickelten strategischen Steuerungsansatzes von der politischen Steuerungstheorie und dem Governance-Ansatz sowie eine Einbettung des Konzepts strategischer Steuerung in den Kontext von parlamentarischem Regierungssystem und Party-Government am Anfang. Auf der Akteurebene wird anschließend das strategische Zentrum als Hauptakteur einer strategieorientierten Regierungssteuerung identifiziert und in seinem Verhältnis zur Regierungszentrale näher charakterisiert. Hierbei wird auch eine Grenzziehung zwischen dem strategischen Zentrum als analytischer Kategorie und dem in der angelsächsischen Regierungsforschung etablierten Analysekonzept der Core Executive vorgenommen. Zuletzt erfolgt eine konzeptionell-theoretische Spezifizierung der Aufgaben strategischer Regierungssteuerung. Anschließend wird in einem zweiten Schritt die empirische Anwendbarkeit des Ansatzes politischer Strategieanalyse am Beispiel der Reformstrategie Agenda 2010 der rot-grünen Bundesregierung illustriert. Der zuvor entwickelte Bezugsrahmen strategischer Regierungsteuerung dient dabei als Folie einer Kurzanalyse, die deutlich macht, wie eine analytische Strategieperspektive politikwissenschaftlichen Erkenntnisgewinn ermöglicht.

2   Zum Konzept strategischer Steuerung im Kontext von Party-Government

Spricht man über die Aktivitäten politischer Akteure im Sinne des Lenkens, der Führung, des Dirigierens, oder – noch allgemeiner – im Sinne des Steuerns, rücken in theoretisch-konzeptioneller Hinsicht insbesondere zwei Ansätze ins Zentrum der Betrachtung: das heute dominante Konzept von *Governance* (vgl. etwa Pierre/Peters 2000, Kooiman 2003, Benz 2004a, Schuppert 2006, Benz et al. 2007a) und das klassische Paradigma *politischer Steuerung*, das, legt man eine akteurzentrierte Analyseperspektive zugrunde, in Deutschland insbesondere durch die Arbeiten von Renate Mayntz und Fritz W. Scharpf geprägt wurde (vgl.

Mayntz 1987, Mayntz/Scharpf 2005).[1] Beide Analyseansätze, so die hier vertretene These, sind aufgrund ihrer jeweiligen Perspektiven jedoch bei der Frage nach *strategischer* Steuerung im Kontext von Party-Government nicht unmittelbar anwendbar. Im Folgenden soll argumentiert werden, in welcher Hinsicht sich beide Analysezugänge unterscheiden und welche ihrer spezifischen Aufmerksamkeiten wiederum Grenzen zu einem akteurzentrierten Konzept strategischer Steuerung von Parteiregierungen ziehen.

Die Governance-Forschung hat im politikwissenschaftlichen Diskurs – zumindest semantisch – den Begriff der Steuerung weitgehend verdrängt. Dabei erschwert die fast uferlose Ausbreitung des Catch-all-Begriffs Governance die präzise Bestimmung seines *analytischen* Kerngehalts – neben der Verwendung des Governance-Begriffs und -Konzepts in *deskriptiver, normativer* oder *praktischer* Absicht (vgl. Kersbergen/Waarden 2004). Die systematische Bestimmung des besonderen analytischen Fokus der Governance-Perspektive durch Renate Mayntz (Mayntz 1998, 2006b), die an den Ursprüngen des Konzepts und seiner Weiterentwicklung ansetzt, kann Hinweise auf ihre Anschlussfähigkeit für den vorliegenden Analysezusammenhang geben. Sie macht zugleich deutlich, warum das Governance-Konzept nicht einfach eine Weiterentwicklung der Steuerungstheorie darstellt, die ja im Laufe ihrer Entwicklung mehrfach Veränderungen und Erweiterungen ihres Paradigmas erfahren hat (Mayntz 1996).

Bereits die wirtschaftswissenschaftlichen Wurzeln des Governance-Konzepts (Coase 1937) und die sich daraus entwickelnde Institutionenökonomik (Williamson 1985) fokussierten auf Mechanismen der Handlungskoordination im Rahmen wirtschaftlicher Transaktionen und lenkten den Blick damit auf die „Existenz von Regeln und die Art und Weise der Regeldurchsetzung im Wirtschaftsprozess" (Benz 2004b: 16). Ein solches Verständnis des Begriffs, das sich auf institutionelle Regeln der Handlungskoordination bezieht, passte auch auf die analytische Erfassung von Formen der Interaktion und Kooperation zwischen unabhängigen Staaten. Dementsprechend fand das Governance-Konzept Eingang in das politikwissenschaftliche Teilgebiet der internationalen Beziehungen, in

---

1 Mit der Einnahme einer akteurzentrierten Analyseperspektive ist bereits eine Grundentscheidung getroffen. Denn die Steuerungsdiskussion ist maßgeblich durchdrungen von den gegensätzlichen Theorieperspektiven der System- und Akteurtheorie (vgl. nur Lange/Braun 2000). Auch wenn Versuche der Verbindung beider Perspektiven existieren (vgl. etwa Schimank 1985, 1988, Braun 1993), hat der Gegensatz zu einer dominanten „Lagerbildung" innerhalb der Steuerungsdiskussion geführt. Die soziologische Systemtheorie der Tradition Luhmanns stellt Kommunikation ins Zentrum der Gesellschaft (Luhmann 1984). Das hat zur Folge, dass Akteure und deren Handlungen darin keinen systematischen Platz finden, nur Voraussetzung für alternative kommunikative Deutungen sind. Luhmann bestreitet die Möglichkeit gezielter, aktiver politischer Steuerung und Gestaltung, da die Gesellschaft („ohne Spitze und Zentrum") aus wechselseitig nicht steuerbaren Teilsystemen bestehe und die Politik als eines dieser gleichrangigen Teilsysteme nicht Steuerungszentrum sein könne (Luhmann 1981, 1989, 2000).

dem unter der berühmten Formel von „Governance without Government" (Rosenau/Czempiel 1992) die Besonderheiten der internationalen Handlungskoordination untersucht wurden. In diesem Zusammenhang kehrte sich die Betrachtung der Art und Weise der Koordinierung allerdings um. Während in den Wirtschaftswissenschaften Hierarchie als Strukturmerkmal formaler Organisationen gegen den Markt ins Spiel gebracht wurde, erscheinen die internationalen Beziehungen gerade dadurch gekennzeichnet, dass es an einer übergeordneten, hierarchisch steuernden Instanz fehlt (Benz et al. 2007b: 11).

Die Beobachtung von Formen der Handlungskoordination ohne Hierarchie passte auch auf veränderte Erscheinungsformen des ursprünglich hierarchisch steuernd konzipierten Nationalstaats. In dieser Perspektive wurde Governance zu der Formel, mit dem sich Veränderungen der Realität des Nationalstaats vom „Steuerungsstaat" zum „kooperativen Staat" (vgl. Braun 2001) nachzeichnen ließen. Governance entwickelte sich zum Gegenbegriff von Government. Während letzterer das autonome Steuerungs- und Regelungshandeln einer Regierung umfasst, bezeichnet Governance dagegen die grundsätzlich nicht (mehr) hierarchischen staatlichen Steuerungsbemühungen (Rhodes 1997).

Aus dieser Genese des Governance-Ansatzes lassen sich deutliche Unterschiede zur *analytischen Perspektive* der akteurorientierten, politikwissenschaftlichen Steuerungstheorie erkennen. Zugespitzt lässt sich das Governance-Konzept als *institutionalistisch* bezeichnen. Es wird vor allem nach der Beschaffenheit spezifischer Regelungsstrukturen gefragt, in denen öffentliche und private, hierarchische und netzwerkartige Formen der Handlungskoordination zusammenwirken. Akteure, ihre Eigenschaften und Absichten als Steuerungssubjekte bzw. -objekte geraten aus dem Blickfeld:

> „Das eigentlich ,Politische', das interventionistische Handeln tritt dabei in den Hintergrund: nicht die Interventionen, das Steuerungshandeln von Akteuren, sondern die wie auch immer zustande gekommene Regelungsstruktur und ihre Wirkung auf das Handeln der ihr unterworfenen Akteure steht im Vordergrund. Die Governance-Perspektive geht damit nahtlos in eine institutionalistische Denkweise über." (Mayntz 2006b: 14).

Dagegen steht die analytische Perspektive der akteurorientierten, politikwissenschaftlichen Steuerungstheorie. Sie rückt den Akteur, seine Intentionen und seine Handlungsvoraussetzungen ins Zentrum der Betrachtung. Die *akteurzentrierte* Analyse unterscheidet systematisch zwischen Steuerungssubjekten und -objekten sowie Steuerungsinstrumenten und -prozessen. Zum Steuerungsbegriff gehören dann neben Subjekt und Objekt eine Intention bzw. ein Steuerungsziel, der Einsatz von Maßnahmen zum Erreichen des Ziels sowie eine ungefähre Vorstellung von den Wirkungsbeziehungen zwischen Steuerungsaktivitäten und -ergebnissen

(Mayntz 1987: 93-95). Mit dieser Perspektive geraten Fragestellungen in den Vordergrund, die sich auf die Voraussetzungen von Steuerungsfähigkeit und Steuerbarkeit beziehen. Die Steuerungsfähigkeit der Politik und die Steuerbarkeit der Gesellschaft werden demnach durch institutionelle Rahmenbedingungen der Politik, strukturelle Besonderheiten der jeweiligen Regelungsfelder, Eigendynamiken sowie Steuerungsresistenzen der Steuerungsobjekte maßgeblich beeinflusst (vgl. Scharpf 1989, Mayntz 1991).

Trotz aller Unterschiede existiert zwischen Steuerungstheorie und Governance-Ansatz eine Gemeinsamkeit, die wiederum eine deutliche Grenze zum Aspekt von *strategischer* Steuerung zieht. Sie besteht im gemeinsamen *Analysefokus*, der sich auf Fragen von *Gesellschaftssteuerung*, also der Organisation und Gestaltung gesellschaftlicher Verhältnisse, bezieht. Beide Ansätze konzentrieren den Blick auf die inhaltliche Dimension des jeweiligen Steuerungsbereichs. Analysiert werden Policy-Making-Prozesse unter Einschluss der dafür relevanten Aspekte von Zielsetzung, Koordination und Entscheidung. Schon definitionsgemäß beziehen sich beide auf die Lösung kollektiver Probleme und die Produktion gesellschaftlicher Wohlfahrt (Mayntz 2001: 19, 2006a: 22).

An diesem Punkt liegt die zentrale Differenz zum strategischen Steuerungskonzept, das dieser Untersuchung zugrunde liegt. Hier wird eine strategische Steuerungsperspektive entwickelt, die neben der Gesellschaftssteuerung ebenso systematisch die *Politiksteuerung* als Gestaltung politischer Prozesse in die Analyse integriert. Eine Politiksteuerungsperspektive analysiert die Voraussetzungen und Bedingungen intentionaler Steuerungsbemühungen von politischen Prozessen durch Politikakteure in spezifischen Kontexten (vgl. Nullmeier/Saretzki 2002). Aspekte einer solchen Politiksteuerung tauchen bei der Governance- und Steuerungstheorie lediglich als Annex zu den im Vordergrund stehenden Problemen der Herbeiführung bzw. Erhaltung erwünschter gesellschaftlicher Zustände auf. Sie bleiben in ihrem Ausarbeitungsgrad unterkomplex. Innerhalb der Governance- und Steuerungstheorie wurde in jüngerer Zeit selbstkritisch auf diesen Problemlösungsbias und die damit verbundene Selektivität der eigenen analytischen Perspektive hingewiesen (Mayntz 2001, 2004).

Das hier verwendete strategische Steuerungskonzept, das strategische Steuerung neben Strategiefähigkeit und Strategiebildung als ein zentrales Element des gesamten Strategy-Making kollektiver Akteure versteht (vgl. Raschke/Tils 2007), will die Selektivität von Governance- und Steuerungsansätzen vor allem dadurch überwinden, dass sie Gesellschaftssteuerung *und* Politiksteuerung in ihrem inneren Zusammenhang analysiert. Dafür ist zunächst eine Kontextualisierung erforderlich. Denn politische Handlungsträger sind in Umwelten eingebettet, die nicht ohne Einfluss auf ihre Orientierungen und Entscheidungen bleiben. Dementsprechend sind politikwissenschaftliche Analysen auf die Einbeziehung der Kontextbedingungen angewiesen, die für den Verlauf der analysierten politischen Prozesse Wirkung entfalten (Tilly/Goodin 2006).

Die Kategorie des Kontexts soll hier den Handlungszusammenhang der Akteure konkretisieren, der für ihre Entscheidungsfindung und ihre Orientierungen von zentraler Bedeutung ist. In diesem Sinne bezeichnet Kontext ein Set aus (formellen und informellen) Regeln, Prozeduren und Organisationen, die den Handlungsraum der Akteure konstituieren und ihre Wahlmöglichkeiten konfigurieren. Kontexte beinhalten dann spezifische Handlungsmöglichkeiten, -bedingungen sowie -grenzen und formen zugleich typische Rollenerwartungen an die Inhaber bestimmter Positionen aus. Obwohl sie den Akteuren zuweilen fest gefügt erscheinen, sind Kontexte eine dynamische Größe. Als Produkte sozialer Interaktion und Entscheidung ist ihre Änderung prinzipiell möglich (vgl. Riker 1980). Da die Akteure ihre Aktivitäten nicht fortwährend und überwiegend auf die Änderungen von Kontexten ausrichten, markieren diese zunächst einmal eine durchaus beständige Handlungsumgebung, die ein charakteristisches Aktionsrepertoire bereithält, besondere Spielregeln der Interaktion hervorbringt und ein typische Zielspektrum der Akteure induziert.

Der für diese Untersuchung zentrale Kontext ist der Verbund von *parlamentarischem Regierungssystem* und *Party-Government*. Das parlamentarische Regierungssystem kennzeichnet vor allem die Möglichkeit zur Abberufung der Regierung durch das Parlament (Linz 1990a, 1990b). Daraus ergeben sich die Verschränkung von Regierung und der sie tragenden Parlamentsfraktionen sowie der Gegensatz zwischen parlamentarisch gestützter Regierung und parlamentarischer Opposition. In modernen parlamentarischen Regierungssystemen europäischen Typs sind es Parteien, die zu den zentralen, diese Institutionen durchdringenden Akteuren werden. Sie sind die bestimmenden Akteure für die Bearbeitung und Lösung kollektiver Probleme der Gesellschaft, nicht nur in symbolischer, sondern auch in substantieller Hinsicht (Keman 2006). Über sie läuft die Verknüpfung von Staat und Gesellschaft (Sartori 1976). Bürger delegieren Parteien als ihre Repräsentanten, erteilen ihnen das Mandat zu regieren und über Ansätze zur Lösung gesellschaftlicher Probleme zu entscheiden (Keman 2002).

Im Konzept von *Party-Government* kommt die Zentralstellung der Parteien für den Zusammenhang parlamentarischer Regierungssysteme zum Ausdruck:

> „Firstly, all major governmental decisions must be taken by people chosen in elections conducted along party lines, or by individuals appointed by any responsible to such people. (…) Secondly, policy must be decided within the governing party, when there is a ‚monocolour' government or by negotiation among parties when there is a coalition. (…) Thirdly, the highest officials (e.g. cabinet ministers and especially the prime minister) must be selected within their parties and be responsible to the people through their parties" (Katz 1986: 43).

Zu den zentralen Aufgaben der regierenden Parteien gehören die Kontrolle des Policy-Making, das Administrieren politischer Entscheidungen und die Politikimplementation (Strøm 2000). Das Handeln von politischen Parteien und ihren individuellen Repräsentanten wird vom Kontext des Party-Government beeinflusst. Alle Parteiakteure agieren fortlaufend vor dem Hintergrund ihrer Konkurrenzbeziehungen um Wählerstimmen und bemühen sich, stets als die „beste" wählbare Alternative zu erscheinen (vgl. Powell 1982: 3). Daneben gilt ihre Orientierung aber auch der Sachdimension von Politik und damit der Bearbeitung von Problemen, das heißt der Verringerung von Diskrepanzen zwischen den Ist-Zuständen und den gewünschten Zuständen gesellschaftlicher Realität (Sjöblom 1986: 75-80). Die Akteure treffen ihre Entscheidungen, individuell und für den Kollektivzusammenhang, im spannungsreichen Feld von Policy, Office und Vote (Müller/Strøm 1999, Wolinetz 2002). Sie sind zugleich Policy-Seeker *und* Power-Seeker (Office/Vote). Ihre Orientierung als „multiple selves" (Elster 1986, Wiesenthal 1990) geht mit der Kopräsenz unterschiedlicher Referenzsysteme einher. Das heißt, die Akteure berücksichtigen für die Entscheidungsfindung Problemlösungsaspekte, orientieren sich aber ebenso an den Spielregeln politischer Macht. Die Kombination von Policy- und Politics-Aspekten erfordert Wissen und Kompetenzen im Bereich der Problemlösung, des Policy-Making, der Mechanismen von Parteienkonkurrenz, des Koalitionsmanagements (im Falle von Mehrparteienregierungen), des Einflusses von Medien, Interessengruppen sowie die Fähigkeit, das Handeln der beteiligten Party-Government-Akteure von Regierung, Parlament und Partei zu koordinieren (Tils 2005).

3 Strategisches Zentrum, Regierungszentrale und Core Executive-Modell

Strategische Regierungssteuerung erfordert einen *strategiefähigen Akteur* (vgl. Raschke/Tils 2007: 273-334). Regierungen im Party-Government benötigen Strategiefähigkeit, die durch ein höheres Anspruchsniveau gekennzeichnet ist als die einfache Strategiefähigkeit politischer Parteien in der Opposition. Strategische Regierungsfähigkeit bedeutet erweiterte Strategiefähigkeit, die alle Bereiche des Party-Government, das heißt Exekutive und Legislative, Partei und Regierung, politische Administration und bürokratische Organisation (vgl. dazu Goetz 2006), miteinander verknüpft. Für die Regierungspartei(en) geht es darum, Kapazitäten aufzubauen, um an mehrheitsfähigen, sachlich angemessenen Problemlösungen zu arbeiten *und* gleichzeitig das engere Parteiinteresse damit zu vermitteln. Im Party-Government bleibt die Partei auch bei Regierungsübernahme der Kern, auf den sich die erweiterte Strategiefähigkeit bezieht. Eine nur auf Akteuren und Orientierungen der Regierungsinstitutionen aufbauende Strategiefähigkeit droht sich von der Partei abzukoppeln.

Ein wesentlicher Akteur strategischer Steuerung ist die Regierungszentrale. Aus Strategieperspektive wichtiger ist aber das *strategische Zentrum*. Es stellt die Grundlage aller Bemühungen um kontinuierliche strategische Politik dar. Strategisches Zentrum wird hier als Analyseperspektive und Akteurzusammenhang eingeführt. Als Akteurzusammenhang beschreibt das strategische Zentrum ein auf formalen Führungspositionen beruhendes informales Netzwerk sehr weniger Akteure, die über privilegierte Chancen verfügen, die Strategie einer Formation zu bestimmen und das strategische Steuerungshandeln zu beeinflussen. In den meisten Fällen sind der Regierungschef, Parteiführer, Leiter der Regierungszentrale und Fraktionsvorsitzende Mitglieder dieses Zentrums. Das Zentrum steht vor der Herausforderung, eine entscheidende Rolle bei der Bestimmung der Regierungs-Agenda zu übernehmen, Durchsetzungsprozesse zu managen, die übergeordnete Richtung des Regierungshandelns vorzugeben und die Abstimmung zwischen den entscheidenden Party-Government-Akteuren in Regierung, Parlament und Partei zu gewährleisten.

Als analytische Perspektive, die Aufmerksamkeiten fokussiert, unterscheidet sich das strategische Zentrum vom in der Regierungsforschung inzwischen etablierten Konzept der Kernexekutive (*Core Executive*), obwohl sich Bezüge zwischen beiden Analyseansätzen herstellen lassen. Das aus der britischen Regierungsforschung hervorgegangene Konzept der Core Executive (Dunleavy/Rhodes 1990, Rhodes/Dunleavy 1995) ist nicht zuletzt zur Überwindung der klassischen, dichotomisch strukturierten Debatte um den Charakter der Regierung in Großbritannien als entweder „prime ministerial government" oder aber „cabinet government" entwickelt worden (Heffernan 2005). Core Executive sollte ein realistischeres Bild des komplexen, mit wechselseitig abhängigen Akteuren durchsetzten Zentralbereichs der Exekutive zeichnen. Danach werden die exekutiven Institutionen nicht nur mit Blick auf das Verhältnis von Regierungschef und Kabinett analysiert. Die Core Executive umfasst vielmehr

> „(...) all those organisations and procedures which coordinate central government policies, and act as final arbiters of conflict between different parts of government machine. In brief, the 'core executive' is the heart of the machine, covering the complex web of institutions, networks and practices surrounding the prime minister, cabinet, cabinet committees and their official counterparts, less formalised ministerial 'clubs' or meetings, bilateral negotiations and interdepartmental committees." (Rhodes 1995: 12).

Beide Konzepte – Core Executive und strategisches Zentrum – unterstreichen die Bedeutung wirkungsvoller Koordination und geeigneter Konfliktlösungsmechanismen, die zur Entscheidungsfähigkeit und -kohärenz des Regierungskollektivs beitragen können. Dennoch markieren einzelne Aspekte zentrale *Differenzen* zwischen den Analysekonzepten.

Abbildung 1: Strategisches Zentrum und Core Executive

Strategisches Zentrum	Core Executive
■ akteurzentriert	■ struktur-funktionalisitisch
■ spezifisch	■ umfassend
■ Fokus: Party-Government	■ Fokus: Administration
■ Strategy-Making	■ Policy-Making

Quelle: eigene Darstellung.

Auf der einen Seite ist Core Executive ein umfassenderes Konzept, das eine große Bandbreite von Institutionen, Prozeduren und Praktiken umfasst, während das strategische Zentrum spezifische Akteure in den Blick nimmt, die besondere Herausforderungen der *strategischen* Regierungssteuerung zu bewältigen haben. Auf der anderen Seite ist das Modell der Core Executive begrenzter. Es konzentriert sich ausschließlich auf die exekutiv-administrative Seite des Regierens und die Akteure in den zentralen administrativen Institutionen (Regierungschef, Kabinett, intra- und interministerielle Beziehungen etc.). In dieser Hinsicht erweitert das Konzept des strategischen Zentrums die analytische Perspektive und bezieht die Führungsakteure aller relevanten Kollektive im Party-Government in die Analyse mit ein (Regierung, Administration, Partei, Parlament). Das strategische Zentrum ist mehr als nur der „Kern" der Kernexekutive. Auch die struktur-funktionalistische Perspektive des Core Executive-Ansatzes, die schon in der Definition zum Ausdruck kommt („all those organisations and procedures") wird im akteurzentrierten Konzept des strategischen Zentrums abgelöst durch eine Fokussierung, die den Orientierungen, Zielen, Interessen und Kalkulationen der Handelnden folgt. Nicht zuletzt bleibt das Konzept der Core Executive explizit dem Prozess des Policy-Making verhaftet und analysiert auf diese Weise nur einen Teil politischer Prozesse. Der mit dem strategischen Zentrum verbundene Fokus auf das gesamte Strategy-Making erweitert den engen Blick auf das Policy-Making und verbindet Macht- und Gestaltungsziele in übergeordneter Perspektive. Eine Strategieanalyse, die das strategische Zentrum in den Mittelpunkt stellt, interessiert sich nicht nur für regierungsinterne Prozesse der Problempolitik, sondern untersucht die Voraussetzungen und Bedingungen der umfassenden Steuerung einer Gesamtregierung.

Als parteiinterner Akteurzusammenhang, der strategische Politik gewährleisten soll, ist strategisches Zentrum nur im Singular zu denken. Zwei oder mehr Zentren innerhalb einer Partei bedeuten Spaltung. Das gilt vor allem, wenn Zentrum im umfassenderen Sinne der Erarbeitung, Durchsetzung und Steuerung strategischer Politik verstanden wird. Anders verhält es sich dagegen bei mehrpoligen Einflusssystemen unterhalb dieser Ebene. Solche Pole können durch Strömungen, Cliquen, Führungszirkel gebildet werden. Sie be- oder verhindern möglicherweise den Aufbau und die Wirksamkeit eines strategischen Zentrums, ersetzen können sie es nicht. Existiert mehr als ein Zentrum, ist das ein Hinweis auf eine noch nicht entschiedene Führungsfrage. Häufig sind damit nicht geklärte Richtungsprobleme verbunden.

Auf der Ebene von *Parteiregierungen* entscheidet die Zusammensetzung der Regierung über die konkreten Konstellationen strategischer Zentren. Im Falle von Einparteienregierungen zeigt die Existenz mehrerer strategischer Zentren innerhalb der Regierung Führungs- und Richtungsprobleme an. Für den Fall von Mehrparteienregierungen gilt dies nicht. Hier sind mehrere strategische Zentren der Normalfall. Innerhalb von Koalitionsregierungen verfügt jede der regierenden Parteien über ein eigenes Zentrum. Anders als bei Einparteienregierungen erweitern sich dadurch die Koordinationserfordernisse noch einmal erheblich. Es geht nicht nur um Abstimmungsprozesse *innerhalb* eines Parteiakteurs in der Regierung, sondern zugleich um die Interaktion und Koordination *zwischen* Parteikollektiven (Müller/Strøm 2000: 4-5). Dabei verfügt der größere, den Regierungschef stellende Koalitionspartner über die Unterstützung der Regierungszentrale. Das strategische Zentrum dieser „Kern-Regierung" muss sich für die Führung der Gesamtregierung mit dem strategischen Zentrum des Koalitionspartners abstimmen. Pfade und Mittel der Koordination variieren. Sie können formal oder informal strukturiert sein, den Weg über „Kamingespräche" zwischen Akteuren der jeweiligen Zentren oder über fest etablierte Koalitionsausschüsse nehmen.

Da die wenigen Akteure des strategischen Zentrums allein nicht über genügend Zeit, Wissen und Know-how für die strategische Steuerung der Regierung verfügen, benötigen sie Unterstützung. Professionelle Unterstützung ist nicht auf eine einzelne Funktion reduzierbar, sei es die operative Umsetzung, interne und externe Beratung oder Mitwirkung an strategischen Entscheidungen ohne formale Verantwortung. Der Aufbau von Mehrstufigkeit und die damit einhergehenden

Professionalisierungsprozesse können als Ausdifferenzierung (im Sinne funktionaler Differenzierung) des strategischen Zentrums verstanden werden. Der Regierungschef hat die Chance, die von ihm kontrollierte Regierungszentrale zu einer strategischen Steuerungszentrale zu entwickeln. Umfang und Relevanz einer solchen strategischen Steuerungsinstanz hängen unter anderem von Aufgabenzuschreibung, Ressourcenausstattung und Personalrekrutierung ab. Die Konfiguration von Stabs- und Beratungsstrukturen folgt nicht einfach Effizienzkriterien. Sie ist eher bestimmt von unterschiedlichen Vorstellungen von Effizienz, mehr noch aber einem breiten Spektrum von Motiven, zu denen auch die Behauptung politischer Autonomie und intellektueller Selbständigkeit gehören, die Angst vor Konkurrenz und politischem Machtverlust. Starke Einflussfaktoren sind zudem der jeweilige Führungs-, Regierungs- und Strategiestil. Selbst die intellektuelle Verarbeitungskapazität und Lernbereitschaft der Führungsakteure sind von Bedeutung. Die Funktion einer strategischen Steuerungszentrale darf aber nicht als bloße Instanz zentrierter Prozesskontrolle (miss)verstanden werden.

4 Aufgaben strategischer Regierungssteuerung

Innerhalb der Regierungslehre sind in den letzten Jahrzehnten – zum Teil unter Rückgriff auf die allgemeine Organisationstheorie – eine Fülle unterschiedlicher Funktionskataloge entwickelt worden, die allgemeine Aufgaben der Regierung beim Policy- und Meta-Policy-Making (vgl. Derlien 1990) und besondere Aufgaben der Regierungszentrale (vgl. Knoll 2004) im Regierungsprozess näher bestimmen. Bislang fehlt allerdings eine Analyse der Aufgaben, die sich einer Gesamtregierung und ihrer Regierungszentrale stellen, sofern sie eine *strategische* Regierungssteuerung anstreben. Bevor die empirische Illustration strategischer Regierungssteuerung durch die rot-grüne Bundesregierung am Beispiel der Agenda 2010 erfolgen kann, muss also zunächst geklärt werden, welche besonderen Anforderungen sich aus der Perspektive eines strategischen Zentrums bei der strategieorientierten Steuerung einer Regierung ergeben. In Kurzform (vgl. ausführlich Raschke/Tils 2007: 387-440, Tils 2011) wird hier folgende Antwort gegeben: Aus der Perspektive des strategischen Zentrums erfordert eine strategieorientierte Regierungssteuerung die übergreifende Verknüpfung der Handlungsbereiche des Einwirkens auf sich selbst (Organisationssteuerung), der Beeinflussung machtbezogener Prozesse (Konkurrenzpolitiksteuerung), der Lösung gesellschaftlicher Probleme (Problempolitiksteuerung) und der Einflussnahme auf öffentliche Kommunikationsprozesse (Kommunikationssteuerung).

Abbildung 2: Strategische Regierungssteuerung

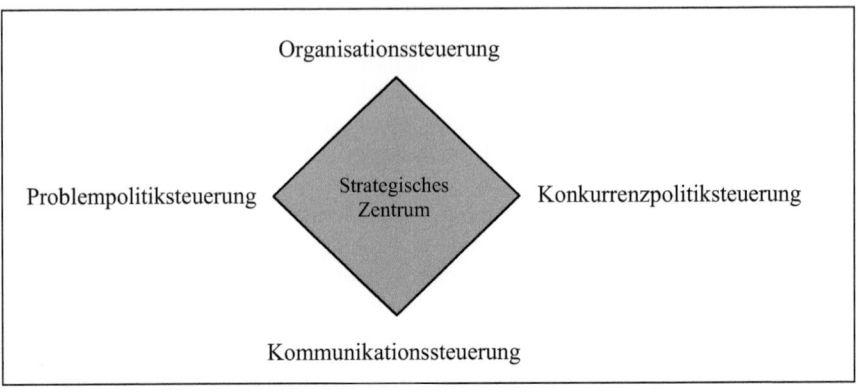

Quelle: eigene Darstellung.

Im Einzelnen meint *Organisationssteuerung* die Selbststeuerung des eigenen Kollektivs in seinen unterschiedlichen Funktionszusammenhängen in Regierung, Parlament und Partei und umschreibt das an strategischen Zielen orientierte Manövrieren durch die Dynamik politischer Prozesse. Dieser Begriff der Organisationssteuerung schließt somit eine Vielzahl von – im soziologischen Sinne – eigenständigen (Teil-)Organisationen (vgl. Mayntz 1963) mit ein. Die von Regierungschef und strategischem Zentrum verantwortete umfassende Organisationssteuerung einer Regierung im parlamentarischen Regierungssystem erfolgt auf unterschiedlichen Ebenen und in verschiedenen Handlungsfeldern. Sie umfasst erstens die Steuerung der Regierung im engeren Sinne, also das Lenken und Führen von Kabinett, Regierungszentrale, Ministerialverwaltung sowie im Falle von Mehrparteienregierungen das Koalitionsmanagement. Sie beinhaltet zweitens die Steuerung der außerparlamentarischen Parteiorganisation in ihren Bezügen zur Regierung, das heißt die „Mitnahme" des Segments der aktiven Partei (Raschke/Tils 2007: 171-172), auf das es für die innerparteiliche Meinungs- und Willensbildung sowie Entscheidungsdurchsetzung auf nationaler Ebene ankommt. Und sie umfasst drittens die Steuerung der eigenen Fraktionen im Parlament, von denen als Mehrheitsfraktionen in parlamentarischen Regierungssystemen die legislative Durchsetzung der Regierungspolitik abhängt.

Problempolitiksteuerung bezieht sich auf die politische Bearbeitung gesellschaftlicher Problemlagen. Erste Bezugsgröße des Handelns ist hier die Policy-Dimension von Politik: die Suche gilt problemadäquaten Zielen, geeigneten Instrumenten und erfolgversprechenden Umsetzungsmaßnahmen. Probleme haben eine objektive und subjektive Seite. Kernelement ist die Diskrepanz zwischen real existierenden Ist-Zuständen und den von Akteuren gewünschten Soll-Zuständen (vgl. Sjöblom 1986: 75-80). Auch wenn die Orientierung der Problempolitik auf substantielle Problemlösungen gerichtet ist, bleibt die Suche nach „endgültigen" und „vollständigen" Lösungen in der Politik praktisch aussichtslos. Problemlösung wird deswegen als Verringerung der Diskrepanz zwischen real existierenden Zuständen und gesellschaftlich gewollten Verhältnissen verstanden. Politisch relevante Probleme sind gesellschaftlich unerwünschte Sachverhalte, die von politischen Akteuren als bearbeitungsbedürftig wahrgenommen werden. Erst auf dieser Stufe wird ein soziales zu einem politischen Problem, das Akteure in Interaktion definieren und mit Maßnahmen bzw. Programmen zu lösen versuchen. Es existieren zeitgleich immer wesentlich mehr soziale Probleme als die Akteure politisch bearbeiten können bzw. wollen.

Konkurrenzpolitiksteuerung rankt sich um Zentralkategorien der Politics-Dimension von Politik: Macht, Mobilisierung, Konflikt, Kooperation. Im Kontext von Party-Government wird sie durch die Wettbewerbsbeziehungen zwischen Parteien in Regierung und Opposition geprägt. Untereinander stehen die Parteien in Konkurrenz um Wählerstimmen und daraus abgeleiteter Macht. Konkurrenz bedeutet durch Wettbewerb geregelten Konflikt. Konkurrenzhandeln kann einseitig sein, ohne wechselseitige Interaktion oder Kommunikation mit den Wettbewerbern, überwiegend aber ist es interaktiv. Im Kern bedeutet Konkurrenz positive Differenzbildung gegenüber Dritten – vor allem auf der Grundlage von Themen. Differenzbildung steuert die Herstellung von Unterscheidbarkeit – Grundlage der Auswahl bei Wahlen und ein zentraler Anreiz für Mobilisierung. Die Unterscheidbarkeit kann sich auf vieles beziehen: Richtung, Kompetenz, Leistung, Personen, Symbole, Organisation, Bündnis. Parteien versuchen die Differenzen in den Vordergrund zu schieben, bei denen sie sich die größten Vorteile gegenüber der Konkurrenz versprechen.

Kommunikationssteuerung kennzeichnet schließlich den Versuch politischer Akteure, öffentliche Kommunikationsprozesse inhaltlich und prozedural so zu beeinflussen, dass sie das Erreichen der eigenen Ziele unterstützen. Von besonderer Bedeutung dafür ist das Gewinnen von Aufmerksamkeit und Zustimmung zur eigenen Position innerhalb der öffentlichen und veröffentlichten Meinung. Die Bedeutung massenmedialer Kommunikation für moderne Demokratien ist unbestritten. Der strategische Stellenwert der Öffentlichkeit beruht auf der Rückbindung von politischen Herrschaftspositionen und politischen Entscheidungen an die Präferenzen der Bürger, die (zwischen Wahlen) vor allem über massenmediale Öffentlichkeit hergestellt wird (Gerhards 1998: 269-270). Politische Kommunikation ersetzt keine „schlüssige" Politik, aber ohne erfolgreiche Öffentlichkeitsarbeit kann Politik bei den Adressaten unter den Bedingungen einer medialisierten Gesellschaft nicht mehr „richtig" ankommen. Vor allem über

Medien wird Politik sicht- und erfahrbar, findet eine Themenauseinandersetzung statt, erreichen Wertangebote und Deutungsmuster das Publikum. Organisation, Problemlösung, Konkurrenz und öffentliche Kommunikation beschreiben die vier zentralen Handlungsbereiche strategischer Regierungssteuerung. Versucht man besondere Kennzeichen strategischen Regierens zu umreißen, die diese Handlungsfelder überwölben, lässt sich *strategische Regierungssteuerung* als das Lenken und Führen des gesamten Regierungskollektivs mit drei spezifischen Merkmalen charakterisieren: integrierte Prozess- und Inhaltssteuerung, ressortübergreifende Regierungssteuerung, Rahmensteuerung.

Eine *integrierte Prozess- und Inhaltssteuerung* setzt sich ab von verengten Politikorientierungen wie etwa eindimensionalen Policy- oder Politics-Perspektiven (Tils 2005: 87-100), die sich in ihren Sach-, Ziel-, Akteur-, Referenzdimensionen und jeweiligen Handlungsfeldern voneinander unterscheiden, indem sie entweder Aspekte der Problemlösung oder aber des Machterwerbs bzw. -erhalts in den Mittelpunkt der Überlegungen rücken. Je nach Perspektive werden damit entweder Probleme, Problembearbeitungsstrukturen bzw. Politikfelder oder aber Themen, massenmediale Öffentlichkeit, Konkurrenzfelder bzw. Wählergruppen zu Referenzpunkten des politischen Handelns. Die Steuerung der Gesamtregierung verknüpft Steuerung der eigenen Organisation, Problem- und Konkurrenzpolitik sowie öffentliche Kommunikation in übergeordneter Perspektive.

Bei der Steuerung einer Regierung wird die isolierte Sicht der Steuerung einzelner Ressorts verlassen. *Ressortübergreifende Regierungssteuerung* erreicht man nicht einfach durch die Addition der verschiedenen Fachpolitiken (Raschke 2001: 102-111). Die einzelnen Ressortleistungen müssen sich vielmehr in ein gesamtpolitisches Problemleistungsprofil der Regierung integrieren. Hier verbindet sich Problempolitik mit dem Aspekt von Konkurrenzpolitik, der auf die positive Abgrenzung des regierenden Parteiakteurs von den politischen Wettbewerbern zielt. Das Erreichen eines positiven parteipolitischen Problemleistungsprofils wird dadurch erschwert, dass die Logiken und Orientierungen der Akteure in den einzelnen Teilbereichen der Regierung auseinander fallen (Tils 2003). Fachwissenschaftliche, juristische und vollziehende Handlungslogiken, administrative und politische Ressortsteuerungsperspektiven sind mit einer (partei)politischen Logik konfrontiert, die das Regierungshandeln aus einer Gesamtsteuerungsperspektive denkt.

Selektiv-gezielte *Rahmensteuerung* ist das dritte Charakteristikum strategischer Regierungssteuerung. Eine flächendeckende Detailsteuerung in allen strategisch relevanten Handlungsbereichen scheitert bereits an der Komplexität modernen Regierens (vgl. Raschke/Tils 2007: 466, Raschke 2001: 102-104). Die Strukturierungen einer Rahmensteuerung führen aber zu einer strategischen Linienführung des Regierungshandelns. Die regierungsübergreifende strategische Linienführung ist fortlaufend bedroht. Eigenmächtige Ressorts, überzählige Themen, Sachzwänge, konkurrenzanfällige Koalitionen, knappe Finanzen, sprunghafte öffentliche Stimmungen, eigensinnige Medien sind nur einige der Einflussfaktoren, die eine kohärente Rahmung der Regierungsaktivitäten in den Bereichen von Problemlösung, konkurrenzpolitischer Profilierung und medial vermittelter Kommunikation erschweren.

5 Strategische Regierungssteuerung der rot-grünen Bundesregierung unter Gerhard Schröder am Beispiel der Agenda 2010

Im Folgenden soll die Agenda 2010 mit Hilfe der analytischen Folie strategischer Regierungssteuerung untersucht werden (vgl. dazu umfassend Tils 2011). Die kurze Analyse zeigt, in welcher Weise die Steuerung des mit der Agenda 2010 verbundenen Reformprozesses innerhalb der strategierelevanten Handlungsbereiche und in ihrer übergreifenden Verknüpfung strategisch angelegt war. Insbesondere die Kernaspekte von integrierter Prozess- und Inhaltssteuerung sowie ressortübergreifender Regierungssteuerung verdeutlichen, dass das „strategische Moment" (Raschke/Tils 2007: 156-159) für Regierungen in der Verbindung und Zusammenführung der Bereiche von Organisation, Problemlösung, Konkurrenz und Kommunikation liegt. Strategische Regierungssteuerung basiert auf einer kalkulatorischen Analyse dieser Steuerungsbereiche im Einzelnen und mit Blick auf ihre Interdependenzen. Strategische Regierungsakteure ziehen daraus Schlussfolgerungen für das eigene Handeln im Steuerungsprozess.

Der Blick auf die *Organisationssteuerung* zeigt zunächst, dass das Reformkonzept der Agenda 2010 innerhalb der deutschen Sozialdemokratie programmatisch unvorbereitet war und ohne Einbettung in einen sozialdemokratischen Wertediskurs blieb. Anders als bei anderen sozialdemokratischen Parteien in Europa (vgl. Merkel 2001), bei denen sich Parteiführer wie etwa Tony Blair in Großbritannien intensiv um eine programmatische und organisatorische Neuausrichtung der Partei gekümmert hatten und dafür auch ihr ganzes Gewicht als Führungspersonen einsetzten (Chadwick/Heffernan 2003, Russell 2005), erfolgte die Wende zur Agenda 2010 in Deutschland abrupt und wendete sich gegen die bisherige programmatische Ausrichtung der eigenen Partei (vgl. Egle/Henkes 2003). So wirkte ein Programm-Praxis-Dualismus, bei dem die Programmdebatte weder von der Regierungspraxis beeinflusst noch die Arbeit an einem neuen Grundsatzprogramm seit 2000 erkennbare Bedeutung für das Handeln der Regierung gewann und sich der Kanzler auch nie selbst systematisch an der programmatischen Debatte beteiligte (Meyer 2007). Regierung und Regierungszentrale verselbständigten sich. In der Folge trafen die mit der Agenda einhergehenden substantiellen Änderungen der programmatischen Ausrichtung die SPD als Organisation „unvermittelt". Das zeigte exemplarisch der mit der Agenda verbundene Paradigmenwechsel beim Gerechtigkeitsbegriff, der sich vom alten Gerechtigkeitsverständnis des Berliner Grundsatzprogramms von 1989 in der Locke-Kantischen Tradition von gleicher Freiheit ablöste (Meyer 2004). Die Agenda war sichtbares Zeichen der Beendigung einer sozialdemokratischen Politik der Gerechtigkeit, die sich vor allem um ein Mehr an Gleichheit in der Verteilung von Einkommen, Eigentum und Macht bemüht hatte.

Der unerwartete Politikwechsel führte dazu, dass die Agenda in den für die Regierung relevanten organisatorischen Teilbereichen, insbesondere in der Parteiorganisation und der Parlamentsfraktion auf erheblichen Gegendruck stieß. Es begann mit einem von bayerischen Jungsozialisten initiierten SPD-Mitgliederbegehren gegen die Agenda, das die Parteiführung völlig unvorbereitet traf (Fischer 2005: 144-145), aber nach fulminanter medialer Aufmerksamkeit zu Beginn relativ schnell erfolglos im Sande verlief (Sturm 2009: 140-144). Es setzte sich fort bei Regionalkonferenzen, die von der Parteiführung in Reaktion auf die innerparteiliche Kritik als „Beschwichtigungs- und Durchsetzungsmittel" eingesetzt wurden. Begleitet wurden die innerparteilichen und fraktionsinternen Kämpfe von Massenprotesten auf den Straßen, an denen auch Mitglieder des linken Flügels der SPD beteiligt waren. Sowohl beim Sonderparteitag im Juni 2003 als auch beim Bochumer Parteitag am Ende des Jahres standen die Agenda und die sich darum rankenden Konflikte im Mittelpunkt der Aufmerksamkeit (vgl. Fischer 2005: 145-159, Zohlnhöfer/Egle 2007: 13-17, Schmid 2007: 281-284, Langguth 2009: 302-306). Auf relevante Veränderungen und Abschwächungen der Maßnahmenpakete ließ sich Schröder im Durchsetzungsprozess nicht ein. Auch ein symbolisches Zugehen auf die eigenen Parteiakteure oder ein Unterstreichen ihrer besonderen Bedeutung für die Umsetzung der reformpolitischen Vorschläge fand kaum statt. Der Parteispitze um Gerhard Schröder gelang die innerorganisatorische Durchsetzung der Reform in Partei und Fraktion nur, weil der Kanzler sein politisches Schicksal mit dem Reformpaket verknüpfte und das machtpolitische Mittel konkreter Rücktrittsdrohungen mehrfach einsetzte. Bis zum Kanzlersturz wollten die Kritiker nicht gehen, aber inhaltlich konnten der Kanzler und die Parteiführung viele Genossen nicht überzeugen, wie etwa die „Abstrafungen" führender Agenda-Verfechter unterhalb des Kanzlers (z.B. Olaf Scholz, Wolfgang Clement) bei den Personalwahlen in Bochum deutlich machten.

In der Art und Weise der Organisationssteuerung kommt das individuelle Strategieprofil Schröders zum Ausdruck, das vom Strategiestil her dezisionistisch, monologisch und nicht-kompensatorisch blieb und Schröder in der individuellen Charakteristik als Situationist, Gelegenheits- und Zufallsstrategen ausweist (Raschke/Tils 2007: 517). Die Agenda war, gemessen am damit verbundenen Policy-Shift etwa im Bereich der Arbeitsmarktpolitik (vgl. Oschmiansky/Mauer/Schulze Buschoff 2007), eine Ad-hoc-Strategie, die zwar einen etwas längeren Vorlauf hatte, aber mit Hochdruck erst unter dem Eindruck von haushaltspolitischer und ökonomischer Krise Ende 2002 im kleinen Kreis entstanden ist. Die Politikentwicklung wurde in der Regierungszentrale unter der Leitung des damaligen Kanzleramtschefs Frank-Walter Steinmeier zentralisiert (Korte 2007: 173-181). Das betraf nicht die konzeptionelle Fundierung der Hartz IV-Reform, die vor allem vom Wirtschafts- und Arbeitsministerium geprägt wurde (vgl. Hassel/Schiller 2010: 229-263), wohl aber die Konzeption der Gesamtstrategie. Der dezisionistische, monologische und nicht-kompensatorische Strategiestil Schröders zeigt sich, wenn man die relevanten Bezugseinheiten bei der Strategiebildung auszumachen versucht. Sie lagen nicht im Bereich der Organisation (vgl. Nullmeier 2008). Weder bildete die eigene Partei bei der Agenda 2010 den Bezugspunkt des politischen Handeln der zentralen Akteure um den Bundeskanzler. Die SPD wurde nicht nur nicht „mitgenommen", sondern sogar als größte Gefahr für das Reformpaket angesehen. Noch können die Grünen als Regierungspartner als wichtiger Bezugspunkt der Strategieentwicklung gelten, da für Schröder immer nur die Führung der Regierung durch die SPD und ein Kanzler Schröder von zentraler Bedeutung waren. In Betracht kommt, das legen auch die öffentlichen Äußerungen des Führungspersonals nahe, am ehesten eine Bezugseinheit „Deutschland", mithin ein gesamtstaatliches, nationales Interesse, das die Entscheidungsträger als Grundlage für ihr Handeln reklamierten. Damit verwies die Strategie der Agenda 2010 aber allein auf den internationalen Vergleich, während die innerstaatlichen und innerparteilichen Politikprozesse, und damit auch die eigene Organisation, weitgehend ignoriert wurden.

Letztlich wurde insbesondere die Hartz IV-Reform als wichtiger Bestandteil der Agenda ohne positiven Rückhalt durch die – zur Zustimmung genötigte – „eigene" Organisation, sondern mit Hilfe einer „informellen großen Koalition" im Vermittlungsausschuss des durch die Opposition dominierten Bundesrats durchgesetzt (vgl. Egle 2008: 266-273). Über das konkrete Reformvorhaben hinaus hatte diese Nicht-Mitnahme der eigenen Organisation für die SPD verheerende und weit reichende Folgen. Nicht nur verlor sie in den für die Durchsetzung der Agenda entscheidenden Jahren 2003 und 2004 mit knapp 90.000 Austritten noch einmal überdurchschnittlich viele Parteimitglieder (Niedermayer 2007), sondern forcierte mit der vor allem aus der Agenda resultierenden Abspaltung der WASG und nachfolgenden Gründung der gesamtdeutschen Linkspartei.PDS auch die Etablierung einer neuen linken Konkurrenz, die die SPD innerhalb der Parteienkonkurrenz nachhaltig schwächen sollte (vgl. Zohlnhöfer 2007, Neller/Thaidigsmann 2007, Niedermayer 2006).

In *problempolitischer Hinsicht*, dem zweiten strategischen Steuerungsbereich, bildete die Agenda ein komplexes Gesamtprojekt, das viele einzelne Teilprogramme einschloss, mehrere Politikfelder betraf und eine Fülle unterschiedlicher Ziele verfolgte. Sie war bereits sachlich nur schwer auf einen Punkt zu bringen. Selbst Insider waren unfähig zu sagen, was alles dazugehört. Gerhard Schröder beispielsweise nennt in seiner Biographie andere Reformfelder als die offizielle Broschüre der Bundesregierung. Während Schröder von den sieben zentralen Reformbereichen Arbeitsmarktpolitik, Kündigungsschutz, Tarifrecht, Ausbildung, Modernisierung der Handwerksordnung, Reform des Gesundheitswesens, Steuer- und Investitionspolitik spricht (Schröder 2006: 392-397), verweist die von der Bundesregierung verbreitete, offizielle Broschüre auf die Felder Wirtschaft, Ausbildung, Steuern, Bildung und Forschung, Arbeitsmarkt, Gesundheit, Rente und Familienförderung (Presse- und Informationsamt der Bundesregierung 2003). Das besondere Problem dieser Unklarheit und Zielvielfalt liegt in der – aus strategischer Perspektive notwendigen – Verknüpfung von problempolitischen mit kommunikativen Aspekten. Ein Projekt, das problempolitisch keinen eindeutigen Kernbereich aufweist und dem es an klaren, verbindlich kommunizierbaren Zielen fehlt, erschwert schon aus diesen Gründen – unabhängig von allen Inhalten – das Steuerungshandeln im Politikprozess.

Bei der Verknüpfung von Problem- und Konkurrenzpolitik wird deutlich, dass gerade die sozialdemokratischen Wähler das Reformpaket als sozial unausgewogen empfanden (vgl. Hilmer/Müller-Hilmer 2006, Feist/Hoffmann 2006). Das betraf vor allem die Wahrnehmung vieler Menschen, dass die durch langjährige Beitragszahlungen „erworbenen" Ansprüche auf Sozialleistungen durch die Reformen „verwirkt" werden konnten, mit der Folge dass man als Arbeitnehmer, der lange in die Arbeitslosenversicherung eingezahlt hatte, bei längerer Arbeitslosigkeit mitunter schlechter dastand als ein Sozialleistungsempfänger, der nicht berufstätig war und über keine Ersparnisse verfügte (Schmidt 2007: 301-302). Die Verletzung des Gerechtigkeitsempfindens vieler Menschen war der Regierung über Ergebnisse aus Fokus-Gruppen bereits frühzeitig bekannt, differenzierte demoskopische Ergebnisse nach der Agenda-Regierungserklärung erhärteten diese Sachlage weiter (Raschke/Tils 2007: 520). Die substantiellen Änderungen gerade im Bereich der Arbeitsmarktpolitik wurden als ausschließlich „fordernd" (im Sinne von Negativsanktionen) erlebt, ohne dass sie von „fördernden" Anreizstrukturen begleitet worden wären. Einem so wahrgenommenen Bias des Reformkonzepts stand als Gegengewicht auch kein positives Projekt sozialer Gerechtigkeit gegenüber.

Für die *Konkurrenzpolitiksteuerung* der Agenda werden in dieser Analyse nur die Aspekte von Zeit- und Erwartungssteuerung herausgegriffen. In zeitlicher Hinsicht ist bemerkenswert, dass das als besonders einschneidend erlebte Hartz IV-Gesetz am 1. Januar 2005 in Kraft trat, nur wenige Monate vor der Landtagswahl im Bundesland Nordrhein-Westfalen, die nach (öffentlich geäußerter) Einschätzung des Bundeskanzlers und der sozialdemokratischen Regierungsvertreter als entscheidend auch für den Ausgang der Bundestagswahl angesehen wurde. Damit realisierten sich nicht nur für alle Betroffenen die schmerzhaften Konkretisierungen des Gesetzes und die mit neuen Regelungen stets verbundenen administrativen Unsicherheiten und Anlaufprobleme. In der öffentlichen Auseinandersetzung wirkte zudem das gesetzestechnisch bedingte Anschwellen der Arbeitslosenzahlen auf über 5 Millionen für die SPD als verheerendes Symbol des Misserfolgs der Regierung in der Arbeitsmarktpolitik. Alle diese vorhersehbaren Effekte vergrößerten den demoskopischen Abstand zwischen der SPD und der Union weiter. Sie hätten von der Regierung antizipiert und abgefedert werden können.

Es war bekannt, dass die Hartz-Gesetze eine Ungleichzeitigkeit von kurzfristigen Belastungen und lediglich potentiellen, langfristigen Erfolgen erzeugen würden. Der Bundeskanzler selbst hat darauf später hingewiesen: „Es gibt eine zeitliche Lücke zwischen den teilweise schmerzlichen Reformbeschlüssen und den erst später eintretenden Erfolgen." (Schröder 2006: 414). Strategisch lag deswegen der Versuch einer Erwartungssteuerung nahe. Erwartungssteuerung nimmt durch Interpretationen und Einordnungen Einfluss auf das Verhältnis von bestehenden Erwartungen und den eigenen Leistungsmöglichkeiten (vgl. Raschke/Tils 2007: 420-423). Denkbar wäre ein Versuch gewesen, die Wähler und Bürger darauf vorzubereiten, dass die Erfolge der Agenda-Politik nicht „über Nacht" eintreten würden und von anderen günstigen Rahmenbedingungen (Weltkonjunktur) abhingen. Die Verfechter der Agenda agierten eher umgekehrt. In diesem Zusammenhang war es insbesondere der damalige „Superminister" für Wirtschaft und Arbeit, Wolfgang Clement, der sich durch das weitere Hochschrauben der Erfolgserwartungen hervortat. Fast schien es, als glaubte Clement, der großen Einfluss auf die konkrete Ausgestaltung der Hartz-Gesetze hatte, selbst an unmittelbare, kurzfristige Erfolge der getroffenen Maßnahmen – unabhängig von allen konjunkturellen Entwicklungen. So wiesen etwa im Vorbereitungsstadium der Hartz-Gesetze die an der Entwicklung der Maßnahmen beteiligten Vertreter der Unternehmensberatung McKinsey mehrfach auf das Problem hin, dass die Arbeitslosenzahlen durch Änderungen der Arbeitslosigkeitsstatistik mit Inkrafttreten der Normen signifikant anschwellen würden. Diese Bedenken wischte Clement jedes Mal mit glühenden Worten der Begeisterung über das getroffene Maßnahmenpaket beiseite. Das Missverhältnis von forcierter Erwartung und dahinter zurückbleibender Wirkungsrealität schwächte die SPD weiter gegenüber ihren politischen Konkurrenten.

Die *Kommunikationssteuerung* litt unter der Vielfalt der von SPD-Akteuren eingesetzten Argumente. Es ging schon los mit der Frage, ob die Agenda in sich gerecht (im Sinne von „Alles, was Arbeit schafft, ist gerecht"), perspektivisch gerecht (in längerer Sicht Wirtschaftswachstum ermöglichen und den bedrohten Sozialstaat erhalten) oder nur durch Kompensation mit anderen Maßnahmen gerecht werden könnte (die es dann nicht gab). Es setzte sich fort damit, dass Schröder seinen Generalsekretär Olaf Scholz allein ließ bei der Verortung der Reform in übergeordneten Wertzusammenhängen und dieser mit seinem Reframing-Versuch von Gerechtigkeitsvorstellung in der eigenen Partei kläglich scheiterte – nicht zuletzt deshalb, weil seine Diskursinitiativen als nachgelagerte Rechtfertigungskommunikation erschienen und von der formellen Nr. 1, dem Kanzler, nicht unterstützt wurden (Meyer 2005: 79-80).

Die kommunikative Überschrift des Reformkonzepts war nicht in der Lage, eine übergreifend bündelnde und kontextsetzende Orientierung zu vermitteln. Der technische Begriff Agenda 2010 (oder sogar Agenda zwanzig zehn) jedenfalls vermochte den tieferen Sinn und die sozialdemokratische Wertanbindung des Projekts nicht deutlich zu machen. Ebenso stellten die Wörter der „Hartz-Sprache" – die Reformvorschläge der Hartz-Kommission waren wichtiger Bestandteil der Reformagenda – einen Mix aus Management- und Werbesprache dar, der zwar zur Welt des Konsums und erfolgreichen Wirtschaftens, nicht aber zur bedrückenden Situation von Langzeitarbeitslosigkeit und staatlicher Fürsorge passen (Klein 2007: 194-201). Selbst der bloße Name des ehemaligen Regierungsberaters und Kommissionsvorsitzenden Peter Hartz klingt noch Jahre später in den Ohren vieler als Synonym für Sozialabbau und löst unmittelbare Mobilisierungseffekte aus. So sahen sich beispielsweise im November 2008 die saarländischen Veranstalter eines Pressetermins mit dem Ex-VW-Personalchef zur Vorstellung eines Konzepts gegen Langzeitarbeitslosigkeit genötigt, diesen aufgrund von politischen Protesten gegen die Person des Hauptredners kurz vorher abzusagen.

Die Kommunikation des Reformkonzepts blieb ohne Abstimmung mit den Erwartungen und Bedürfnissen der SPD-Wähler und SPD-Mitglieder. Insbesondere fällt auf, wie weit sie sich von der Alltagskommunikation der Bürger abkoppelte (Nullmeier 2008), die für die politische Meinungs- und Willensbildung zentral ist (Schmitt-Beck 2000). Wenn ein kommunikativer Bezugspunkt auszumachen ist, war es allein die in den Massenmedien veröffentlichte Meinung, die zu dieser Zeit eindeutig als reformfreundlich charakterisiert werden kann (Meyer 2005: 75-76). In den Medien war die kommunikative Resonanz auf die Agenda entsprechend überwiegend positiv. Die Reform wurde als sichtbares Zeichen dafür gewertet, dass die deutschen Blockaden nun durchbrochen seien und Deutschland wirtschaftlich wieder international wettbewerbsfähig werden könne. Die Willensbekundungen der SPD-Führung und der sie stützende hegemoniale Mediendiskurs erreichten jedoch unter den sozialdemokratischen Wählern keine nachhaltigen Überzeugungs- und Einstellungsveränderungen.

Die Agenda-Kommunikation entsprach weitgehend dem monologischen Strategiestil Schröders. Sie war auf Top-down-Durchsetzung gerichtet und nicht als ein umfassender, auf Legitimation zielender Diskurs angelegt, der fortlaufend Bezüge zu grundlegenden Werten und weiter greifenden Entwicklungen herzustellen weiß und maßgeblich von der Person des Leaders getragen wird (vgl. Meyer 2005). Das entspricht dem Typ Schröders, dem es zwar um griffige und überzeugende Argumente in der direkten Kommunikation ging, der aber wenig Interesse an umfassenden Diskursen über Grundwerte und übergreifende Politikansätze zeigte (Meng 2002: 41-54). Bei der Agenda 2010 ging er sogar so weit, dass die für die legislative Durchsetzung zentralen Akteure der Fraktion im Bundestag nicht einmal informiert, geschweige denn konsultiert wurden (Meyer 2005: 76).

Die in der Kommunikation der Agenda eingesetzten einfachen Formeln, die lediglich auf die Alternativlosigkeit dieser Politik verwiesen, gaben dem umfassenden, weit verzweigten und folgenreichen Reformpaket keinen kommunikativen Halt. Schon bei der großen Agenda-Rede im März 2003 wollte Schröder jeden „Schmus" vermeiden und strich die von seinen Redenschreibern Steg und Hesse eingefügten übergeordneten Begründungszusammenhänge wieder aus seinem Redetext (Geyer/Kurbjuweit/Schnibben 2005: 258). Auch die Verspätung der offiziellen Regierungskommunikation zur Agenda, die erst im August 2003 begann und mit den vorherigen Kampagnen des Wirtschafts- und Arbeitsministeriums (Hartz-Gesetze) und Gesundheitsministeriums (Gesundheitsreform) nicht abgestimmt war, verdeutlichte das kommunikative Steuerungsproblem (Klein 2007: 167).

Trotz zentralisierter Politikentwicklung im Kanzleramt zerfaserten die Kommunikationsanstrengungen der Regierung zwischen Bundespresse- und Informationsamt, Ressorts und Regierungszentrale: „Als Schröder und Anda Anfang 2004 mehr Kommunikationsdisziplin der Ministerien bei der Vermittlung der *Agenda 2010* verlangten, verwiesen diese auf ihre Eigenständigkeit." (Marx 2008: 121). Auf diese Weise ließ sich kein legitimatorischer Reformdiskurs initiieren. Dass aber umfassend angelegte Reformdiskurse eine höhere Unterstützung der Bevölkerung erreichen und Legitimationsverluste begrenzen helfen können, hat sich bei vergleichbaren Politikprozessen in anderen Ländern gezeigt (Mau 1998, Schmidt 2002).

Insgesamt zeigt die Kurzillustration, wie wenig strategisch angelegt die Steuerungsbemühungen der Schröder-Regierung im Kontext der Agenda-Politik waren, sowohl innerhalb der relevanten Steuerungsbereiche von Organisation, Problem- und Konkurrenzpolitik sowie Kommunikation als auch in der Herstellung von Verbindungen zwischen ihnen. Eine integrierte Gesamtsteuerung, die gerade das Kernmerkmal von Regierungsstrategien darstellt, hätte zur Herstellung eines übergreifenden, inneren Zusammenhangs zwischen den einzelnen Elementen strategischer Steuerung geführt.

6 Schluss

Dieser Beitrag verfolgte in theoretischer Hinsicht das Ziel, ein akteurzentriertes Konzept strategischer Regierungssteuerung für den Kontext von parlamentarischem Regierungssystem und Party-Government zu entwickeln. Es wurde argumentiert, dass die politische Steuerungstheorie und die Analyseperspektive von Governance für die Untersuchung strategischer Steuerungsprozesse zwar Ansatzpunkte vermitteln, aber in ihren bisherigen konzeptionellen Ausprägungen und analytischen Fokussierungen eine Strategieanalyse nicht tragen können. Das Fundament der nachfolgenden Überlegungen bildete daher der an anderer Stelle eingeführte Approach politischer Strategieanalyse (Tils 2005, Raschke/Tils 2007, Raschke/Tils 2010). Er ermöglicht eine Spezifierung der Aufgaben strategischer Regierungssteuerung, die in vier zentralen Handlungsbereichen liegen: Organisation, Problempolitik, Konkurrenzpolitik, Kommunikation.

Auf der Akteurebene wurde das strategische Zentrum als Hauptakteur strategieorientierter Regierungssteuerung identifiziert. Es kann bei der Erfüllung seiner strategischen Steuerungsaufgaben als Ressource insbesondere auf die Regierungszentrale zurückgreifen. Inwieweit das gelingt, hängt entscheidend von den institutionellen und personellen Konfigurationen des Stabs und der Beratung innerhalb der Regierungszentrale ab. Die Akteure des strategischen Zentrums können bei der Ausgestaltung der Regierungszentrale darauf hinwirken, dass sie den Erfordernissen strategischer Regierungssteuerung Rechnung trägt. Ein Perspektivwechsel hat schließlich deutlich gemacht, dass sich das strategische Zentrum als analytisches Konzept vom Analyserahmen der Core Executive in zentralen Punkten unterscheidet, indem es einerseits akteurzentriert und strategiefokussiert bleibt, andererseits den gesamten Kontext von Party-Government in den Blick nimmt.

In empirischer Hinsicht sollte in diesem Beitrag das Erkenntnispotential des Ansatzes politischer Strategieanalyse überprüft werden. Am Beispiel der rot-grünen Reformstrategie der Agenda 2010 ließ sich die Anwendbarkeit des entwickelten Konzepts strategischer Regierungssteuerung illustrieren. Die strategische Analyse der Agenda hat gezeigt, dass der folgenreichste Punkt in komplexen Wirkungskontexten die Entkopplung von Problempolitik und Organisation war, die durch Schwächen auch in den anderen Zentralbereichen strategischer Steuerung flankiert wurde. Die Entwicklung und Umsetzung der Agenda-Politik kann als Beispiel einer Reform gelten, die fast ausschließlich von Einzelakteuren der Regierungsspitze und der Regierungszentrale gesteuert wurde. Damit war nicht nur die Trägerschaft des Reformprozesses lediglich auf einen Teilakteur der Gesamtregierung konzentriert, der die außerparlamentarische Partei, den Koalitionspartner und die Fraktion an der Politikentwicklung und Entscheidungsfindung nicht beteiligte. Auch die Orientierungspunkte der Strategieentwicklung blieben begrenzt auf das, was der Regierungschef und seine Fachminister für die Problembewältigung als „notwendig" und „richtig" erachteten. Das (vermeintliche) „nationale Interesse" erhielt absoluten Vorrang vor innerparteilicher, parlamentarischer und koalitionärer Willensbildung.

Die Entkopplung der Problempolitik von einem Teil der (Regierungs-)Organisation geht auf eine bewusste Entscheidung Gerhard Schröders zurück, der seine Vorstellungen politischer Reform unabhängig von der eigenen Partei durchsetzen wollte. Diese Entscheidung basierte auf der strategischen Fehlkalkulation, diese Reform nicht „mit" der Partei, aber erfolgreich „gegen" sie durchsetzen zu können. Mit der Neuwahlentscheidung im Jahr 2005 räumte der Kanzler seine strategische Fehleinschätzung selbst ein. Die Notwendigkeit für Neuwahlen wurde offiziell damit begründet, dass man befürchte, für seine eigene Politik keine Bundestagsmehrheiten mehr zu erhalten (und damit den Rückhalt innerhalb der eigenen Partei verloren zu haben). Das Kalkül, eine Regierung im Kontext von Party-Government erfolgreich ohne die Partei führen zu können, ist nicht aufgegangen. Eine derartig riskante Entscheidung hätte wenigstens zu Versuchen der Kompensation in den anderen Handlungsbereichen strategischer Steuerung führen müssen. Das ist nicht im hinreichenden Maße geschehen. In der Folge haben die strategische Fehlkalkulation Gerhard Schröders und das strategiearme Steuerungshandeln seiner Regierung der SPD als Partei langfristig geschadet.

Literatur

Benz, Arthur (Hrsg.) (2004a): Governance – Regieren in komplexen Regelsystemen. Eine Einführung. Wiesbaden: Verlag für Sozialwissenschaften.
Benz, Arthur (2004b): Einleitung: Governance – Modebegriff oder nützliches sozialwissenschaftliches Konzept? In: Benz (Hrsg.) (2004a): 11-28.

Benz, Arthur/Lütz, Susanne/Schimank, Uwe/Simonis, Georg (Hrsg.) (2007a): Handbuch Governance. Theoretische Grundlagen und empirische Anwendungsfelder. Wiesbaden: Verlag für Sozialwissenschaften.
Benz, Arthur/Lütz, Susanne/Schimank, Uwe/Simonis, Georg (2007b): Einleitung. In: Benz et al. (Hrsg.) (2007a): 9-25.
Beyme, Klaus von/Offe, Claus (Hrsg.) (1996): Politische Theorien in der Ära der Transformation. Opladen: Westdeutscher Verlag.
Braun, Dietmar (1993): Zur Steuerbarkeit funktionaler Teilsysteme. Akteurtheoretische Sichtweisen funktionaler Differenzierung moderner Gesellschaften. In: Héritier (Hrsg.) (1993): 199-222.
Braun, Dietmar (2001): Diskurse zur staatlichen Steuerung. Übersicht und Bilanz. In: Burth/Görlitz (Hrsg.) (2001): 101-131.
Brettschneider, Frank/Niedermayer, Oskar/Wessels, Bernhard (Hrsg.) (2007): Die Bundestagswahl 2005. Analysen des Wahlkampfs und der Wahlergebnisse. Wiesbaden: Verlag für Sozialwissenschaften.
Burth, Hans-Peter/Görlitz, Axel (Hrsg.) (2001): Politische Steuerung in Theorie und Praxis. Baden-Baden: Nomos.
Castles, Francis G./Wildenmann, Rudolf (Hrsg.) (1986):Visions and Realities of Party Government. Berlin: de Gruyter.
Chadwick, Andrew/Heffernan, Richard (Hrsg.) (2003): The New Labour Reader. Cambridge: Polity.
Coase, Ronald H. (1937): The Nature of the Firm. In: Economica, 4 (November), 386-405.
Cuperus, René/Duffek, Karl/Kandel, Johannes (Hrsg.) (2001): Multiple Third Ways. European Social Democracy facing the Twin Revolution of Globalisation and the Knowledge Society. Amsterdam: Friedrich-Ebert-Stiftung.
Dalton, Russell J./Wattenberg, Martin P. (Hrsg.) (2000), Parties without Partisans. Political Change in Advanced Industrial Democracies. Oxford: Oxford University Press.
Derlien, Hans-Ulrich (1990): „Regieren" – Notizen zu einem Schlüsselbegriff der Regierungslehre. In: Hartwich/Wewer (Hrsg.) (1990): 77-88.
Dunleavy, Patrick/Rhodes, Roderick A. W. (1990): Core Executive Studies in Britain. In: Public Administration 68: 1, 3-28.
Egle, Christoph (2008): Reformpolitik in Deutschland und Frankreich. Wirtschafts- und Sozialpolitik bürgerlicher und sozialdemokratischer Regierungen. Wiesbaden: Verlag für Sozialwissenschaften.
Egle, Christoph/Christian Henkes (2003): Später Sieg der Modernisierer über die Traditionalisten? Die Programmdebatte in der SPD. In: Egle et al. (Hrsg.) (2003): 67-92.
Egle, Christoph/Ostheim, Tobias/Zohlnhöfer, Reimut (Hrsg.) (2003): Das rot-grüne Projekt. Eine Bilanz der Regierung Schröder 1998-2002. Wiesbaden: Westdeutscher Verlag.
Ellwein, Thomas/Hesse, Joachim Jens/Mayntz, Renate/Scharpf, Fritz W. (Hrsg.) (1987): Jahrbuch zur Staats- und Verwaltungswissenschaft. Nomos: Baden-Baden.
Elster, Jon (Hrsg.) (1986): The Multiple Self. Studies in Rationality and Social Change. Cambridge: Cambridge University Press.

Feist, Ursula/Hoffmann, Hans-Jürgen (2006): Die nordrhein-westfälische Landtagswahl vom 22. Mai 2005: Schwarz-Gelb löst Rot-Grün ab. In: Zeitschrift für Parlamentsfragen 37: 1, 163-182.

Fischer, Sebastian (2005): Gerhard Schröder und die SPD. Das Management des programmatischen Wandels als Machtfaktor. München: Forschungsgruppe Deutschland.

Fischer, Thomas/Kießling, Andreas/Novy, Leonard (Hrsg.) (2008): Politische Reformprozesse in der Analyse. Untersuchungssystematik und Fallbeispiele. Gütersloh: Verlag Bertelsmann Stiftung.

Gerhards, Jürgen (1998): Öffentlichkeit. In: Jarren et al. (Hrsg.) (1998): 268-274.

Geyer, Matthias/Kurbjuweit, Dirk/Schnibben, Cordt (2005): Operation Rot-Grün. Geschichte eines politischen Abenteuers. München: DVA.

Goetz, Klaus H. (2006): Power at the Centre: The Organisation of Democratic Systems, In: Heywood et al. (Hrsg.) (2006): 73-96.

Goodin, Robert E./Tilly, Charles (Hrsg.) (2006): The Oxford Handbook of Contextual Political Analysis. Oxford: Oxford University Press.

Grande, Edgar/Prätorius, Rainer (Hrsg.) (2003): Politische Steuerung und neue Staatlichkeit. Baden-Baden: Nomos.

Gunther, Richard/Montero, José Ramón/Linz, Juan J. (Hrsg.) (2002): Political Parties. Old Concepts and New Challenges. Oxford: Oxford University Press.

Hartwich, Hans-Hermann/Wewer, Göttrick (Hrsg.) (1990): Regieren in der Bundesrepublik I. Konzeptionelle Grundlagen und Perspektiven der Forschung. Opladen: Leske + Budrich.

Hassel, Anke/Schiller, Christof (2010): Der Fall Hartz IV. Wie es zur Agenda 2010 kam und wie es weiter geht. Frankfurt/M.: Campus.

Heffernan, Richard (2005): Exploring (and Explaining) the British Prime Minister. In: The British Journal of Politics and International Relations 7: 4, 605-620.

Henke, Klaus-Dirk/Hesse, Joachim/Schuppert, Gunnar F. (Hrsg.) (1991): Die Zukunft der sozialen Sicherung in Deutschland. Nomos: Baden-Baden.

Héritier, Adrienne (Hrsg.) (1993): Policy-Analyse. Kritik und Neuorientierung. Opladen: Westdeutscher Verlag.

Heywood, Paul M./Jones, Erik/Rhodes, Martin/Sedelmeier, Ulrich (Hrsg.) (2006): Developments in European Politics. Basingstoke: Palgrave Macmillan.

Hilmer, Richard/Müller-Hilmer, Rita (2006): Die Bundestagswahl vom 18. September 2005: Votum für Wechsel in Kontinuität. In: Zeitschrift für Parlamentsfragen 37: 1, 183-218.

Jarren, Otfried/Sarcinelli, Ulrich/Saxer, Ulrich (Hrsg.) (1998): Politische Kommunikation in der demokratischen Gesellschaft. Ein Handbuch mit Lexikonteil, Opladen: Westdeutscher Verlag.

Katz, Richard S. (1986): Party Government: A Rationalistic Conception. In: Castles/Wildenmann (Hrsg.) (1986): 31-71.

Katz, Richard S./Crotty, William (Hrsg.) (2006): Handbook of Party Politics, London: Sage.

Keman, Hans (2002): Policy-Making Capacities of European Party Government. In: Luther/Müller-Rommel (Hrsg.) (2002): 207-245.

Keman, Hans (2006): Parties and Government. Features of Governing in Representative Democracies. In: Katz/Crotty (Hrsg.) (2006): 160-174.
Kersbergen, Kess van/Waarden Frans van (2004): „Governance" as a Bridge Between Disciplines. Cross-Disciplinary Inspiration Regarding Shifts in Governance and Problems of Governability, Accountability and Legitimacy. In: European Journal of Political Research 43: 2, 143-171.
Klein, Josef (2007): Hartz IV, Agenda 2010 und der „Job-Floater": Die Bedeutung von Sprache in Veränderungsprozessen. In: Weidenfeld (Hrsg.) (2007): 159-205.
Knoll, Thomas (2004): Das Bonner Bundeskanzleramt. Organisation und Funktionen von 1949-1999. Wiesbaden: Verlag für Sozialwissenschaften.
Kooiman, Jan (2003): Governing as Governance. London: Sage.
Korte, Karl-Rudolf (2007): Der Pragmatiker des Augenblicks: Das Politikmanagement von Bundeskanzler Gerhard Schröder 2002-2005. In: Zohlnhöfer/Egle (Hrsg.) (2007): 168-196.
Lange, Stefan/Braun, Dietmar (2000): Politische Steuerung zwischen System und Akteur. Eine Einführung. Opladen: Leske + Budrich.
Langguth, Gerd (2009): Kohl, Schröder, Merkel. Machtmenschen, München: DTV.
Linz, Juan J. (1990a): The Perils of Presidentialism. In: Journal of Democracy 1: Winter, 51-69.
Linz, Juan J. (1990b): The Virtues of Parlamentarism. In: Journal of Democracy 1: 4, 84-91.
Luhmann, Niklas (1981): Politische Theorie im Wohlfahrtsstaat. München: Olzog.
Luhmann, Niklas (1984): Soziale Systeme. Grundriss einer allgemeinen Theorie. Frankfurt/M.: Suhrkamp.
Luhmann, Niklas (1989): Politische Steuerung: ein Diskussionsbeitrag. In: Politische Vierteljahresschrift 30: 1, 4-9.
Luhmann, Niklas (2000): Die Politik der Gesellschaft. Frankfurt/M.: Suhrkamp.
Luther, Kurt Richard/Müller-Rommel, Ferdinand (Hrsg.) (2002): Political Parties in the New Europe. Political and Analytical Challenges. Oxford: Oxford University Press.
Marx, Stefan (2008): Die Legende vom Spin Doctor. Regierungskommunikation unter Schröder und Blair. Wiesbaden: Verlag für Sozialwissenschaften.
Mau, Steffen (1998): Akzeptanzbedingungen des wohlfahrtsstaatlichen Umbaus. Ein internationaler Vergleich. I: Zeitschrift für Sozialreform 44: 11/12, 856-872.
Mayntz, Renate (1963): Soziologie der Organisation. Reinbek: Rowohlt.
Mayntz, Renate (1987): Politische Steuerung und gesellschaftliche Steuerungsprobleme – Anmerkungen zu einem theoretischen Paradigma. In: Ellwein et al. (Hrsg.) (1987): 89-110.
Mayntz, Renate (1991): Politische Steuerbarkeit und Reformblockaden. Überlegungen am Beispiel des Gesundheitswesens. in: Henke et al. (Hrsg.) (1991): 21-45.
Mayntz, Renate (1996): Politische Steuerung. Aufstieg, Niedergang und Transformation einer Theorie, in: von Beyme/Offe (Hrsg.) (1996): 148-168.
Mayntz, Renate (1998): New Challenges to Governance Theory. The Robert Schuman Centre at the European University Institute. Jean Monnet Chair Papers 50, Florence: European University Institute.

Mayntz, Renate (2001): Zur Selektivität der steuerungstheoretischen Perspektive. In: Burth/Görlitz (Hrsg.) (2001): 17-27.
Mayntz, Renate (2004): Governance im modernen Staat. In: Benz (Hrsg.) (2004a): 65-76.
Mayntz, Renate (2006a): From Government to Governance. Political Steering in Modern Societies. In: Scheer/Rubik (Hrsg.) (2006): 18-25.
Mayntz, Renate (2006b): Governance Theory als fortentwickelte Steuerungstheorie? In: Schuppert (Hrsg.) (2006): 11-20.
Mayntz, Renate/Scharpf, Fritz W. (2005): Politische Steuerung – Heute? In: Zeitschrift für Soziologie 34: 3, 236-243.
Meng, Richard (2002): Der Medienkanzler. Was bleibt vom System Schröder? Frankfurt: Suhrkamp.
Merkel, Wolfgang (2001): The Third Ways of Social Democracy. In: Cuperus et al. (Hrsg.) (2001): 29-62.
Meyer, Thomas (2004): Die Agenda 2010 und die soziale Gerechtigkeit. In: Politische Vierteljahresschrift 45: 2, 181-190.
Meyer, Thomas (2005): Laggard Germany – The Missing Discourse on Welfare Re-Calibration. In: Schmidt (Hrsg.) (2005): 69-84.
Meyer, Thomas (2007): Die blockierte Partei – Regierungspraxis und Programmdiskussion der SPD 2002-2005. In: Zohlnhöfer/Egle (Hrsg.) (2007): 83-97.
Müller, Wolfgang C./Strøm, Kaare (Hrsg.) (1999): Policy, Office or Votes? How Political Parties in Western Europe Make Hard Decisions. Cambridge: Cambridge University Press.
Müller, Wolfgang C./Strøm, Kaare (2000): Coalition Governance in Western Europe. An Introduction, in: Müller/Strøm (Hrsg.) (2000): 1-31.
Müller, Wolfgang C./Strøm, Kaare (Hrsg.) (2000): Coalition Governments in Western Europe. Oxford: Oxford University Press.
Neller, Katja/Thaidigsmann, S. Isabell (2007): Gelungene Identitätserweiterung durch Namensänderung? „Treue" Wähler, Zu- und Abwanderer der Linkspartei bei der Bundestagswahl 2005. In: Brettschneider et al. (Hrsg.) (2007): 421-453.
Niedermayer, Oskar (2006): Die Wählerschaft der Linkspartei.PDS 2005: sozialstruktureller Wandel bei gleich bleibender politischer Positionierung. In: Zeitschrift für Parlamentsfragen 37: 3, 523-538.
Niedermayer, Oskar (2007): Parteimitglieder in Deutschland: Version 2007. Arbeitshefte aus dem Otto-Stammer-Zentrum, Nr. 11, FU Berlin.
Nullmeier, Frank (2008): Die Agenda 2010: Ein Reformpaket und sein kommunikatives Versagen. In: Fischer et al. (Hrsg.) (2008): 145-190.
Nullmeier, Frank/Saretzki, Thomas (2002): Einleitung. In: Nullmeier/Saretzki (Hrsg.) (2002): 7-21.
Nullmeier, Frank/Saretzki, Thomas (Hrsg.) (2002): Jenseits der Regierungsalltags. Strategiefähigkeit politischer Parteien. Frankfurt/M.: Campus.
Oschmiansky, Frank/Mauer, Andreas/Schulze Buschoff, Karin (2007): Arbeitsmarktreformen in Deutschland – Zwischen Pfadabhängikeit und Paradigmenwechsel. In: WSI Mitteilungen 6/2007, 291-297.
Pierre, Jon/Peters, B. Guy (2000): Governance, Politics and the State. New York: St. Martin's Press.

Powell, G. Bingham (1982): Contemporary Democracies. Participation, Stability, and Violence. Cambridge: Harvard University Press.
Presse- und Informationsamt der Bundesregierung (Hrsg.) (2003): Agenda 2010. Deutschland bewegt sich. Berlin.
Raschke, Joachim (2001): Die Zukunft der Grünen. „So kann man nicht regieren", mit einem Beitrag von Achim Hurrelmann. Frankfurt/M.: Campus.
Raschke, Joachim/Tils, Ralf (2007): Politische Strategieanalyse. Eine Grundlegung, Wiesbaden: VS Verlag für Sozialwissenschaften.
Raschke, Joachim/Tils, Ralf (2010): Positionen einer politischen Strategieanalyse. In: Raschke/Tils (Hrsg.) (2010): 351-388.
Raschke, Joachim/Tils, Ralf (Hrsg.) (2010): Strategie in der Politikwissenschaft. Konturen eines neuen Forschungsfelds. Wiesbaden: Verlag für Sozialwissenschaften.
Rhodes, Roderick A. W. (1995): From Prime Ministerial Power to Core Executive. In: Rhodes/Dunleavy (Hrsg.) (1995): 11-37.
Rhodes, Roderick A. W./Dunleavy, Patrick (Hrsg.) (1995): Prime Minister, Cabinet and Core Executive. New York: St. Martin's Press.
Rhodes, Roderick A. W. (1997): Understanding Governance. Policy Networks, Governance, Reflexivity and Accountability. Buckingham: Open University Press.
Riker, William H. (1980): Implications from the Disequilibrium of Majority Rule for the Study of Institutions. In: American Political Science Review 74: 2, 432-446.
Rosenau James N./Czempiel, Ernst-Otto (Hrsg.) (1992): Governance without Government: Order and Change in World Politics. Cambridge: Cambridge University Press.
Russell, Meg (2005): Building New Labour. The Politics of Party Organisation. Houndmills: Palgrave Macmillan.
Sartori, Giovanni (1976): Parties and Party Systems. A Framework for Analysis. Cambridge: Cambridge University Press.
Scharpf, Fritz W. (1989): Politische Steuerung und Politische Institutionen. In: Politische Vierteljahresschrift 30: 1, 10-21.
Scheer, Dirk/Rubik, Frieder (Hrsg.) (2006): Governance of Integrated Product Policy. In Search of Sustainable Production and Consumption. Scheffield: Greenleaf.
Schimank, Uwe (1985): Der mangelnde Akteurbezug systemtheoretischer Erklärungen gesellschaftlicher Differenzierung. In: Zeitschrift für Soziologie 14: 6, 421-434.
Schimank, Uwe (1988): Gesellschaftliche Teilsysteme als Akteurfiktion. In: Kölner Zeitschrift für Soziologie und Sozialpsychologie 40: 3, 619-639.
Schmid, Josef (2007): Arbeitsmarkt- und Beschäftigungspolitik – große Reform mit kleiner Wirkung? In: Zohlnhöfer/Egle (Hrsg.) (2007): 271-294.
Schmidt, Vivien A. (2002): Does Discourse Matter in the Politics of Welfare State Adjustment? In: Comparative Political Studies 35: 2, 168-193.
Schmidt, Vievien et al. (Hrsg.) (2005): Public Discourse and Welfare State Reform. Amsterdam: Mets & Schilt.
Schmidt, Manfred G. (2007): Die Sozialpolitik der zweiten rot-grünen Koalition (2002-2005). In: Zohlnhöfer/Egle (Hrsg.) (2007): 295-312.
Schmitt-Beck, Rüdiger (2000): Politische Kommunikation und Wählerverhalten. Ein internationaler Vergleich. Wiesbaden: Westdeutscher Verlag.

Schröder, Gerhard (2006): Entscheidungen. Mein Leben in der Politik. Hamburg: Hoffmann und Campe.

Schuppert, Gunnar Folke (Hg.) (2006): Governance-Forschung. Vergewisserungen über Stand und Entwicklungslinien. Baden-Baden: Nomos.

Sjöblom, Gunnar (1986): Problems and Problem Solutions in Politics. Some Conceptualisations and Conjectures. In: Castles/Wildenmann (Hrsg.) (1986): 72-119.

Strøm, Kaare (2000): Parties at the Core of Government. In: Dalton/Wattenberg (Hrsg.) (2000): 180-207.

Sturm, Daniel Friedrich (2009): Wohin geht die SPD? München: DTV.

Tilly, Charles/Goodin, Robert E. (2006): It Depends. In: Goodin/Tilly (Hrsg.) (2006): 3-32.

Tils, Ralf (2003): Politische Logik administrativen Handelns? Handlungslogiken, Orientierungen und Strategien von Ministerialbeamten im Gesetzgebungsprozess. In: Grande/Prätorius (Hrsg.) (2003): 83-106.

Tils, Ralf (2005): Politische Strategieanalyse. Konzeptionelle Grundlagen und Anwendung in der Umwelt- und Nachhaltigkeitspolitik. Wiesbaden: Verlag für Sozialwissenschaften.

Tils, Ralf (2011): Strategische Regierungssteuerung. Schröder und Blair im Vergleich. Wiesbaden: Verlag für Sozialwissenschaften.

Weidenfeld, Werner (Hrsg.) (2007): Reformen kommunizieren. Herausforderungen an die Politik, Gütersloh: Verlag Bertelsmann Stiftung.

Wiesenthal, Helmut (1990): Unsicherheit und Multiple-Self-Identität, MPIfG Discussion Paper 90/2. Köln: Max-Planck-Institut für Gesellschaftsforschung.

Williamson, Oliver E. (1985): The Economic Institutions of Capitalism. Firms, Markets, Relational Contracting. New York: Free Press.

Wolinetz, Steven B. (2002): Beyond the Catch-All Party: Approaches to the Study of Parties and Party Organization in Contemporary Democracies. In: Gunther et al. (Hrsg.) (2002): 136-165.

Zohlnhöfer, Reimut (2007): Zwischen Kooperation und Verweigerung: Die Entwicklung des Parteienwettbewerbs 2002-2005. In: Zohlnhöfer/Egle (Hrsg.) (2007): 124-150.

Zohlnhöfer, Reimut/Egle, Christoph (2007): Der Episode zweiter Teil – ein Überblick über die 15. Legislaturperiode. In: Zohlnhöfer/Egle (Hrsg.) (2007): 11-25.

Zohlnhöfer, Reimut/Egle, Christoph (Hrsg.) (2007): Ende des rot-grünen Projektes. Eine Bilanz der Regierung Schröder 2002-2005. Wiesbaden: Verlag für Sozialwissenschaften.

Das Bundeskanzleramt als Protagonist einer Institutionenpolitik? Institutionelle Strategien und exekutive Entscheidungsfindung

Julia Fleischer

1 Einleitung[1]

Seit einiger Zeit wird in der deutschen Politik- und Verwaltungswissenschaft vermehrt über die Rolle des Bundeskanzleramtes im politischen Prozess diskutiert (vgl. Beiträge in diesem Band). Damit wird eine im internationalen Vergleich längst überfällige Debatte initiiert, die die traditionell eher juristisch orientierte Diskussion zur Position des Bundeskanzleramtes im Akteursgefüge der deutschen Regierungsorganisation (z.b. Böckenförde 1964) um zentrale Untersuchungsaspekte komplementiert. Dennoch haben die bisherigen sozialwissenschaftlichen Beiträge eher Überblicksdarstellungen geliefert als Analysen zur Bedeutung des Bundeskanzleramtes in politischen Prozessen (z.b. Müller-Rommel 2000; Knoll 2004, 2010; Busse 2005, 2008; Korte 2006). Auch in theoretischer Hinsicht liegt zwar mit dem "core executive"-Ansatz eine Konzeption der komplexen Beziehungen in Regierungsorganisationen vor, die die Regierungszentrale explizit einschließt (Rhodes/Dunleavy 1995), allerdings bislang nur selten auf den deutschen Fall angewendet wird (z.b. Goetz 1997). Im Vergleich der Regierungszentralenforschung irritiert diese geringe theoretische Anleitung des deutschen Forschungsfeldes (vgl. Fleischer 2010; Dahlström et al. 2010). Hier will der vorliegende Beitrag anknüpfen und aus Perspektive der neoinstitutionalistischen Organisationstheorie die Rolle des Bundeskanzleramtes im politischen Prozess, genauer in der Phase der exekutiven Entscheidungsfindung, untersuchen.

---

1 Der Beitrag wurde auf einer Tagung der DVPW-Sektion Regierungssystem und Regieren in der Bundesrepublik Deutschland über "Regierungskanzleien im politischen Prozess" vorgestellt, die vom 02. bis 03. November 2007 an der FernUniversität Hagen stattfand. Ich bedanke mich bei allen Teilnehmerinnen und Teilnehmern für die Kommentare und Anregungen.

2 Die Rolle des Bundeskanzleramtes im politischen Prozess: Eine organisationstheoretische Perspektive

Mit der "neo-institutionalistischen Wende" (Aspinwall/Schneider 2000) in den Sozialwissenschaften gewann auch die politikwissenschaftliche Verwaltungsforschung eine Erklärungsperspektive hinzu, deren theoretisches Potenzial in der deutschen Diskussion bislang nur wenig reflektiert wurde (vgl. Jann 2006, 2008). Diese neo-institutionalistische Organisationstheorie stellt die Beziehungen zwischen Institutionen und Organisationen in den Mittelpunkt ihres Erkenntnisinteresses und bietet somit eine relevante Erklärungsperspektive für Forschungsfragen zu Regierungsorganisationen. Vertreter dieser theoretischen Schule argumentieren, dass Institutionen und Organisationen in einem wechselseitigen Kausalverhältnis stehen: Organisationen werden von ihrem institutionellen Kontext beeinflusst, können aber auch selbst ihre institutionelle Umwelt beeinflussen. Während sich die bisherige Forschung vornehmlich mit der erstgenannten kausalen Beziehung befasst hat (Scott 2008: 93), wird in jüngster Zeit vermehrt nach der Rolle von Organisationen bei der Entstehung, Erhaltung und Veränderung von Institutionen gefragt (vgl. Mahoney/Thelen 2010).

Grundsätzlich werden aus dieser theoretischen Perspektive Institutionen relativ weit definiert:

> "[I]nstitutions are comprised of regulative, normative, and cultural-cognitive elements that, together with associated activities and resources, provide stability and meaning to social life" (Scott 2008: 48).

Diese drei idealtypischen institutionellen Elemente unterscheiden sich in ihrem Einfluss auf Organisationen als Akteure: Regulative Institutionen stellen Regelsysteme dar, die mithilfe von Anreizen und Sanktionen das Akteursverhalten beeinflussen (North 1990: 4; Scott/Davis 2003: 259). Normative Institutionen hingegen bieten "moralische Rahmen" für angemessenes Akteursverhalten, z.B. als Verhaltensnormen in Gesellschaften oder Verhaltensstandards einer Profession (Ruef/Scott 1998: 878; Scott/Davis 2003: 260). Kognitive Institutionen wiederum beschreiben ein Weltbild, ausgedrückt in gemeinsamen Zielen und Annahmen, anerkannten "Weisheiten" u.ä., an welchem Akteure ihr Verhalten orientieren (Tolman 1948; Scott/Davis 2003: 260).[2] Die drei institutionellen Elemente stehen in einem wechselseitigen Verhältnis: Während die Dauerhaftigkeit regulativer Institutionen oftmals von der Existenz normativer Vorgaben abhängt,

---

2 Solche kognitiven Elemente werden oft in aggregierter Form als "Kultur" analysiert, Scott verwendet ursprünglich den Begriff "cognitive-cultural pillar" (2008: 56-9).

wird die Einhaltung letzterer häufig durch regulative Institutionen gewährleistet; kognitive Institutionen wiederum bieten jene Unterscheidungen und Kategorien, anhand derer Akteure regulative und normative Institutionen identifizieren (Scott/Davis 2003: 261). Aus dieser theoretischen Sicht besteht jede Regierungsorganisation aus regulativen, normativen und kognitiven Elementen und beeinflusst die handelnden Akteure bzw. fungiert als "institutionelle Restriktion des Regierens" (Derlien 1990).

Zur Analyse des umgekehrten Einflusses von Organisationen auf ihren institutionellen Kontext wird ebenfalls auf den weiten Institutionenbegriff zurückgegriffen: Organisationen werden als "institutionelle Agenten" oder "institutionelle Unternehmer" charakterisiert,

"who participate in the creation of new types of organizations or new industries, tasks that require marshalling new technologies, designing new organization forms and routines (...), and gaining cognitive, normative, and regulative legitimacy" (Scott 2008: 98).

Entsprechend lassen sich drei idealtypische "institutionelle Strategien" unterscheiden, d.h. regulative, normative und kognitive Strategien, die die jeweiligen institutionellen Elemente beeinflussen bzw. nutzen. Diese institutionellen Elemente können als Objekte einer "institutionellen Steuerung" auf derselben analytischen Makroebene liegen wie die institutionellen Merkmale der Akteursumwelt, ebenso beeinflussen institutionelle Agenten aber auch institutionelle Elemente auf anderen analytischen Ebenen, z.B. in "organisationalen Feldern" oder innerhalb ihrer Profession (DiMaggio/Powell 1983: 148; Ruef/Scott 1998).

Für Regierungsorganisationen gilt demnach, dass sich politische und administrative Akteure nicht ausschließlich an der Formulierung von *policies* beteiligen, sondern ebenso an der Erhaltung oder Veränderung der jeweiligen *polity* bzw. der institutionellen Grundlagen und "Spielregeln" des Regierens (Jann 2008). Die Summe solcher institutionellen Strategien in Regierungsorganisationen kann als "Institutionenpolitik" umschrieben werden,[3]

"als die bewusste Gestaltung organisatorischer, prozeduraler und kognitiver Aspekte der Regierungsorganisation (...), die entweder dazu dient, [die] Handlungskapazität als kollektiver Akteur nach außen zu steigern, oder aber eigennützigen bzw. machtpolitischen Kalkülen entspringt" (Jann et al. 2005: 5-6).

---

3 In der internationalen Debatte werden institutionelle Strategien als "meta-governance" diskutiert, die die "governance" von Regierungsorganisationen beeinflusst (Jessop 1998, Kooiman 1999; Jensen 2003a, b).

Trotz zunehmender Forschung werden Erklärungen für die Gemeinsamkeiten und Unterschiede institutioneller Agenten bzw. institutioneller Steuerung kontrovers diskutiert: Neben dem Einfluss des institutionellen Kontextes, der das Handlungsrepertoire institutioneller Agenten beeinflusst und in vielen Fällen gleichermaßen das Objekt einer Institutionenpolitik darstellt, werden organisatorische Merkmale der Akteure als Erklärungsfaktoren virulent, z.b. deren Größe und Spezialisierung oder deren "Alter" (Miles et al. 1978; Stinchcombe 1965: 148-50; Singh/Tucker/House 1986; Brüderl/Schüssler 1990; Olsen 1997: 217).

Zusammengefasst bietet die neo-institutionalistische Organisationstheorie ein konzeptionelles Verständnis von Regierungsorganisationen, nach dem korporative und individuelle Akteure in ihren Verhaltensorientierungen, Handlungsmotiven und Interaktionen vom jeweiligen institutionellen Kontext beeinflusst werden, aber auch selbst Einfluss auf ihre institutionelle Umwelt ausüben können. Dieses Engagement der Akteure als institutionelle Agenten kann funktional motiviert sein, also z.b. nach einer erhöhten Kohärenz des Regierungshandelns streben. In der Praxis dürften aber selbstreflexive Interessen dominieren, d.h. die Verbesserung der eigenen Position innerhalb der Regierungsorganisation. Entsprechend sind Aktivitäten institutioneller Agenten nicht zwangsläufig mit Institutionenwandel verbunden, vielmehr lässt sich mit dieser theoretischen Perspektive auch die Bewahrung des institutionellen Status Quo trefflich beschreiben und erklären.

Gemäß dieser theoretischen Argumentation befasst sich der vorliegende Beitrag mit zwei Forschungsfragen, die die wechselseitige Kausalität von Institutionen und Organisationen reflektieren: Zum einen ist aus organisationstheoretischer Sicht zu fragen, inwiefern die Rolle des Bundeskanzleramtes im politischen Prozess durch den institutionellen Kontext des politisch-administrativen Systems beeinflusst wird, d.h. durch die regulativen, normativen und kognitiven Elemente des deutschen Regierungssystems. Hier ließen sich verschiedene institutionelle Charakteristika untersuchen. In diesem Beitrag werden zwei Merkmale betrachtet, die die exekutive Entscheidungsarena gewissermaßen "von oben" und "von unten" prägen und in der Praxis eng miteinander verknüpft sind (Goetz 2003: 61-2; Saalfeld 1999: 145): Die zentralen konstitutionellen Regierungsprinzipien (Kanzler-, Ressort-, und Kabinettsprinzip) überspannen quasi die exekutive Entscheidungsfindung, während die funktionale Politisierung der Ministerialverwaltung als Grundlage exekutiver Entscheidungen fungiert. Zum anderen stellt sich die Frage, inwieweit das Bundeskanzleramt als institutioneller Agent handelt, mithin institutionelle Strategien anwendet bzw. eine Institutionenpolitik ausübt, um politische Prozesse wie auch die eigene Position innerhalb der Regierungsorganisation zu beeinflussen. Hier werden nicht nur die ausgewählten insti-

Das Bundeskanzleramt als Protagonist einer Institutionenpolitik?

tutionellen Kontextmerkmale als Erklärungsfaktoren relevant, sondern auch die Organisation des Bundeskanzleramtes.

2.1 Die Trias der Verfassungsprinzipien und die Rolle des Bundeskanzleramtes als institutioneller Agent

Die Politikformulierung in der deutschen Regierungsorganisation wird maßgeblich von drei Verfassungsprinzipien geprägt, die als zentrale institutionelle Spielregeln gelten:

> "Der Bundeskanzler bestimmt die Richtlinien der Politik und trägt dafür die Verantwortung. Innerhalb dieser Richtlinien leitet jeder Bundesminister seinen Geschäftsbereich selbständig und unter eigener Verantwortung. Über Meinungsverschiedenheiten zwischen den Bundesministern entscheidet die Bundesregierung" (Art. 65 GG).

Obwohl diese drei Autoritäten (Bundeskanzler,[4] Bundesminister, Bundeskabinett) zur wechselseitigen Ausbalancierung angelegt sind, gilt inzwischen das Ressortprinzip als dominierend, welches die Zuständigkeit für das Portfolio sowie die Verantwortung für die Organisation des Ressorts einschließt (Mayntz 1980: 142). Als Konsequenz hat der Bundeskanzler keine direkten Einflussmöglichkeiten auf die tägliche Arbeit der Fachministerien (Saalfeld 2003: 51), wenngleich er auch selektiv Themen zum Gegenstand seiner Richtlinienkompetenz bestimmt und damit eine Detailsteuerung vornimmt (Mayntz/Scharpf 1975: 38). Weitere regulative Vorgaben reflektieren das Zusammenspiel der drei Prinzipien, z.B. die "Geschäftsordnung der Bundesregierung" (GOBReg) und die "Gemeinsame Geschäftsordnung der Bundesministerien" (GGO). Die GOBReg konkretisiert die Richtlinienkompetenz des Bundeskanzlers und gibt vor, dass diese für Kabinettsmitglieder "bindend" ist, ebenso ermöglicht sie eine "sachliche Prüfung" aller Kabinettsvorlagen durch das Bundeskanzleramt (§§ 1 Abs. 1, 21 Abs. 3 GOBReg [2002]). Die GGO wiederum hat sich als Regelwerk etabliert, auf welches zwar in der ministeriellen Tätigkeit eher abgrenzend verwiesen wird, gleichzeitig aber in den Fachministerien sehr präsent ist. Diese Regeln beinhalten etwa Federführung und Mitzeichnung (§ 15 GGO [2009]) und profitieren in der Praxis davon, dass alle Fachministerien gegenseitig auf ihre Einhaltung achten. Die GGO verlangt u.a., dass das Bundeskanzleramt von den Fachministerien

---

4   Zur Vereinfachung der Lesbarkeit werden im Folgenden maskuline Formen verwendet, die feminine Form ist ebenfalls gemeint.

frühzeitig über alle Angelegenheiten von grundsätzlicher politischer Bedeutung sowie über die Ausarbeitung von Gesetzesvorlagen unterrichtet wird (§§ 24 Abs. 1, 40 GGO [2009]).

In der Praxis dominiert das Ressortprinzip auch in normativer Hinsicht: Es gilt in der täglichen Arbeit als unangemessen, wenn das Bundeskanzleramt vorzeitig auf das Fachministerium mit Federführung deutlichen Einfluss nimmt (König 1991: 207). Gleichzeitig hat es sich als angemessen etabliert, dass der Chef des Bundeskanzleramtes (ChefBK) in seiner Verantwortung für die Tagesordnung der Kabinettsitzungen (§ 21 GOBReg [2002]) Politikinitiativen der Fachministerien unterstützt, aber auch behindert – und damit die Fachministerien steuern kann (König 1991: 210-1). Daneben wird das Kabinettprinzip aus normativer Perspektive als konsensual definiert, d.h. das Kabinett fungiert weniger als echte Entscheidungsarena und beschließt stattdessen zumeist vorabgestimmte Politiken. Daraus ergeben sich für das Bundeskanzleramt wichtige Koordinationsfunktionen, schließlich ist es für die Moderation dieser interministeriellen Abstimmungsprozesse verantwortlich (Smith 1991: 50; Murswieck 2003).

Ebenso hat sich ein gemeinsames kognitives Weltbild über die Anwendung dieser drei Prinzipien in der deutschen Regierungsorganisation verfestigt. Etwas zugespitzt formuliert definieren die Fachministerien ihre "Welt" bzw. "Politikformulierung, wie wir sie machen" als ressortzentriert (vgl. Mayntz/Scharpf 1975): Dem Bundeskanzleramt kommt die Rolle eines administrativen Koordinators zu, der nur in Ausnahmefällen eine eigenständige politikinitiierende Rolle einnimmt. Die Fachministerien sind sich ihrer politikformulierenden Rolle bewusst und verstehen ihre Referentenentwürfe als anerkanntes Primat "guter Regierungspraxis".

2.2 Die funktionale Politisierung der deutschen Ministerialverwaltung und die institutionellen Strategien des Bundeskanzleramtes

Grundsätzlich wird unter funktionaler Politisierung gemeinhin das politisch responsive Handeln der Ministerialverwaltung verstanden:

> "functional politicization (...) implies a greater sensitivity of civil servants for considerations of political feasibility, and institutes a kind of political self-control of top bureaucrats through their anticipation of the reactions of the cabinet and of parliament to their policy proposals and legislative drafts" (Mayntz/Derlien 1989: 402).

Dabei wird für die deutsche Ministerialverwaltung festgestellt, dass auch aufgrund wachsender politischer und ökonomischer Anforderungen an politische Prozesse die funktionale Politisierung im Zeitverlauf zugenommen hat (Mayntz/Derlien 1989: 393, 401-2; Schnapp 2004; Schwanke/Ebinger 2006; Ebinger/Jochheim 2009). Verschiedene regulative Elemente prägen diese zunehmende politische Antizipationsfähigkeit und formulieren die konstitutionell geschützten "hergebrachten Grundsätze des Berufsbeamtentums" (Art. 33 Abs. 5 GG) weiter aus. Kurz gefasst richten sich diese Elemente, z.b. das Bundesbeamtengesetz [2009] oder das Beamtenstatusgesetz [2009], nach dem Weberschen Bürokratieideal, d.h. sie fordern z.b. eine funktionale Arbeitsteilung mit klaren Zuständigkeiten oder die Regelbindung des Verwaltungshandelns. Gleichzeitig aber erlaubt diese "regulative Umwelt" ausdrücklich, dass die Ministerialverwaltung eine politische Funktion wahrnimmt und v.a. Ministerialbeamte in höheren Positionen ein vertieftes "Verständnis für die Erfordernisse der Politik und Eigenarten des politischen Willensbildungsprozesses" entwickeln (Steinkemper 1979: 97). Dies ermöglicht allen Fachministerien gleichermaßen eine vorrangige Beteiligung an exekutiven Entscheidungsprozessen und verringert umgekehrt die Möglichkeiten einer Zentralisierung dieser Prozesse durch das Bundeskanzleramt.

Diese "regulative Freiheit" zur politischen Sensibilisierung der Ministerialverwaltung wird durch normative Vorstellungen gestützt. Demnach gelten deutsche Ministerialbeamte als "Bewahrer des Gemeinwohls", d.h. sie agieren aus normativer Sicht auch als Gegengewicht zur auswechselbaren politischen Exekutive – und sollen daher funktional politisiert sein (Goetz 2007: 169). Daneben gilt es als angemessen, wenn Ministerialbeamte sich sensibel gegenüber machtpolitischen Aspekten und rücksichtsvoll gegenüber den politischen Bedingungen ihrer täglichen Arbeit zeigen (Aberbach et al. 1990: 8-11). Diese normative Absicherung politischer Sensibilität in den Fachministerien erschwert eine mögliche Dominanz des Bundeskanzleramtes in der exekutiven Entscheidungsfindung.

Gleichermaßen wird die funktionale Politisierung der deutschen Ministerialverwaltung in Rollenzuschreibungen reflektiert, die in der wissenschaftlichen Debatte als "Verwaltungskultur" unterschiedlichen Zuschnitts diskutiert werden (Jann 2002b). Wenngleich sich für diese in der Ministerialverwaltung existierenden typischen Orientierungsmuster verschiedene Evolutionsphasen unterscheiden lassen (Jann 2002a), kann die politische Antizipationsfähigkeit der deutschen Ministerialverwaltung als bindende Grundlage dieser kognitiven Elemente gelten. Dieses dominante Weltbild mit eindeutiger Fokussierung auf die Fachministerien als zentrale Politikinitiatoren und -promotoren schränkt die Gestaltung von Regierungspolitiken durch das Bundeskanzleramt deutlich ein.

3 Das Bundeskanzleramt als institutioneller Agent im politischen Prozess: Beispiele einer institutionellen Steuerung

Das zugrunde liegende theoretische Argument dieses Beitrags verweist auf die Relevanz des institutionellen Kontextes sowie organisatorischer Merkmale für die Erklärung der Rolle des Bundeskanzleramtes als institutioneller Agent in politischen Prozessen. Entsprechend werden im Folgenden nicht einzelne Politikfelder bzw. *policies* auf die Einflussnahme des Bundeskanzleramtes hin untersucht, sondern Beispiele für institutionelle Strategien während zweier Legislaturperioden illustriert, für die eine größtmögliche Varianz der Erklärungsfaktoren gewährleistet werden soll. Die obigen Ausführungen haben bereits darauf verwiesen, dass im Zeitverlauf eine wachsende Dominanz des Ressortprinzips und eine zunehmende funktionale Politisierung der Ministerialverwaltung konstatiert werden. Entsprechend sollte zwischen den zu untersuchenden Legislaturperioden eine größere Zeitspanne liegen, um Effekte dieser dennoch eher graduellen institutionellen Veränderungen auf die Rolle des Bundeskanzleramtes als institutioneller Agent aufzuspüren. Für die organisatorischen Merkmale des Bundeskanzleramtes wiederum verweist zum einen die bestehende Literatur auf einen größeren Bruch unter der ersten sozial-liberalen Bundesregierung, welche erst das Bundeskanzleramt "neueren Zuschnitts" initiierte (Knoll 2004: 178ff.). Zum anderen lassen sich größere organisatorische Veränderungen insbesondere nach Regierungswechseln erwarten (Derlien/Murswieck 2001; König 2001). Daher wird in diesem Beitrag die Rolle des Bundeskanzleramtes im politischen Prozess während der ersten sozial-liberalen Bundesregierung und der ersten rot-grünen Bundesregierung analysiert.

3.1 Der Aufstieg zum Informations- und Machtzentrum: Das Bundeskanzleramt während der ersten sozial-liberalen Bundesregierung

Die Ankündigung "innerer Reformen" in der ersten Regierungserklärung Willy Brandts vom Oktober 1969 richtete sich auch an das Bundeskanzleramt und die Bundesministerien. Zur Einlösung des von der Planungsdebatte formulierten Anspruches einer besser informierten und problemlösungsorientierten Politikformulierung im Sinne einer "aktiven Politik" (Mayntz/Scharpf 1973: 122-5) sollte auch die Rolle des Bundeskanzleramtes im politischen Prozess neu definiert werden. Unter dem ambitionierten neuen ChefBK Ehmke wurde zur Mitarbeiterrekrutierung das System der Personalrotation mit den Fachministerien wiedereingeführt und gleichzeitig die Mitarbeiterzahl von ca. 250 auf ca. 400 deutlich erhöht (Knoll 2004: 178). Die vormals drei Fachabteilungen wurden in fünf Fachabteilungen organisiert und deren Gruppen und Spiegelreferate stärker auf die Portfolios und Zuständigkeiten der Fachministerien spezialisiert (Müller-Rommel 1994: 119). Daneben wurde der bestehende Planungsstab in eine eigenständige Planungsabteilung umgewandelt (Fleischer 2009: 205-7). Mit der Weiterentwicklung bereits bestehender Planungsmethoden zu einem ressortübergreifenden "Planungsverbund" sollten die Politikinitiativen der Fachministerien besser aufeinander abgestimmt und in eine "Gesamtplanung" der Bundesregierung eingebunden werden, um aktive Politik zu gestalten – und gleichzeitig die Relevanz des Kabinetts stärker zu betonen (Süß 2004: 361). Entsprechend wurde die wöchentliche Sitzung der beamteten Staatssekretäre aller Fachministerien mit dem ChefBK zur Vorbereitung der Kabinettssitzungen wiedereingeführt (Knoll 2004: 219), die sich seitdem als zentrales Koordinationsinstrument etabliert hat. Daneben wurden in allen Fachministerien sogenannte "Planungsbeauftragte" benannt, die Datenblätter zur Vorhabenerfassung ausfüllten, dem Bundeskanzleramt übermittelten und sich ebenfalls unter der Leitung des ChefBK trafen (Reese 1975: 270; Dahms 1975). Diese Bemühungen des Bundeskanzleramtes können als Versuch einer regulativen Strategie aufgefasst werden, die direkten Einfluss auf den politischen Prozess bot: Mit der integrierten Vorhabenplanung war es nicht nur möglich, Informationen über zukünftige Ressortinitiativen zu sammeln, sondern selbige auch stärker an eine Gesamtplanung zu orientieren.

Daneben wurde versucht, diese Gesamtplanung in ein neues normatives Leitbild des Regierens zu integrieren, welches allerdings zwei verschiedene Intentionen verband: Die Absicherung des politisch-administrativen Systems gegen gestiegene externe Anforderungen und die Steigerung der systeminternen Leistungs- und Verarbeitungskapazität. Diese "doppelte Intention" trug letztlich zur mangelnden Eindeutigkeit des entwickelten Planungsbegriffs bei (Murswieck 1975: 25). Entsprechend wenig einflussreich war dieser Versuch einer normativen Strategie. Stattdessen divergierten die Ansprüche der Fachministerien an "angemessenes Planen", zumeist aufgrund sektoraler Vorerfahrungen, aber auch wegen einer generellen Skepsis gegenüber der Vereinbarkeit der Planungen einzelner Fachministerien und der Verteidigung eigener Fachpolitiken (Dyson 1973: 357).

Auch der Versuch, mithilfe dieser Planungsmethoden die aktive Politik als neues kognitives Weltbild in den Fachministerien zu etablieren, konnte nur kurzzeitig die interministerielle Politikformulierung beeinflussen. Zunächst schlossen sich die meisten Fachministerien der vom Bundeskanzleramt proklamierten Planungseuphorie an und justierten entsprechend ihr Weltbild an die neuformulierte Grundannahme, dass derartige Techniken zu besseren Problemlösungen führen (Süß 2005: 377). Als mit zunehmender Erfahrung die Vorteile für die Fachministerien abnahmen (v.a. erstmalig Informationen über Vorhaben anderer Fachministerien zu erhalten) und gleichzeitig das Bundeskanzleramt seine zentrale Rolle im Planungsverbund einforderte, begannen die Fachministerien sich den Vorgaben zu verweigern – mit Hinweis auf ihre Ressorthoheit (Brauswetter 1976: 60; Süß 2005: 364, FN 144).

Als Konsequenz wurden zwar von den Fachministerien weiterhin die regulativen Vorgaben eingehalten – bis heute werden Planungsbeauftragte sowie technische Beauftragte für die Vorhabenplanung ernannt (vgl. Fleischer/Parrado 2008) –, die normativen und kognitiven Elemente aber schnell ignoriert. Demnach konnte das Bundeskanzleramt trotz des Versuchs einer selbstreflexiv formulierten Institutionenpolitik, v.a. durch die Planungsabteilung, die institutionellen Spielregeln des Regierens nur geringfügig zu seinen Gunsten ändern (vgl. Fleischer 2010). Stattdessen resultierten die angestrebten Planungs- und Koordinationsambitionen in einer "politikunwirksame[n] Buchhaltung von Ressortaktivitäten" (Ronge 1977: 81).

3.2 Vom proaktiven Politikmanagement zu administrativer Koordination: Das Bundeskanzleramt während der ersten rot-grünen Bundesregierung

Nach gewonnener Bundestagswahl im Herbst 1998 wurde das Bundeskanzleramt ebenfalls neu organisiert und hierbei insbesondere der Leitungsbereich verändert. Neben dem Staatssekretär im Bundeskanzleramt wurde ein Bundesminister für besondere Aufgaben als ChefBK und Leiter der Regierungszentrale ernannt (Knoll 2004: 392-3). Zudem wurde eine komplexe Stabsstruktur aufgebaut, die u.a. Aufgaben der vormaligen Planungsabteilung übernahm. Nach Aufgabe der Doppelspitze im Frühsommer 1999 wurden diese Aufgaben allerdings teilweise wieder den Fachabteilungen übertragen (Fleischer 2009: 207-8).

Zunächst bemühte sich die Regierungszentrale um eine Ausweitung der zur Verfügung stehenden regulativen Strategien, hierfür forderte die Leitung des Bundeskanzleramtes in einem Strategiepapier neben der strikten Einhaltung bestehender formaler Regeln einen intensiveren Austausch zwischen Regierungszentrale und Fachministerien, z.B. sollten sämtliche Vorhaben der Ministerien vor öffentlicher Bekanntgabe an das Bundeskanzleramt mitgeteilt werden, bei Nichtachtung sollte der zuständige Minister sein Verhalten im Kabinett begründen (Der Spiegel 1999: 24). Diese weiteren regulativen Vorgaben wurden allerdings nur rudimentär umgesetzt, auch da der Leitungsbereich des Bundeskanzleramtes nur wenige Zeit später verändert wurde und der neue ChefBK stärker die eigenen Kapazitäten der Regierungszentrale, insbesondere die Spiegelreferate, als Scharniere und Koordinationsinstanzen einsetzte.

Hinzu kam der Versuch einer "Dialogstrategie" (Murswieck 2003: 118ff.) zur Beeinflussung des normativen Anspruchsniveaus der Ministerialverwaltung in Bezug auf "angemessenes Regieren". Mehrere Themenkonferenzen zum "Modernen Regieren" (Schröder et al. 2002) ebenso wie Dialoge des Bundeskanzlers mit ausgewählten Experten können als ein solcher strategischer Versuch gewertet werden. Die Konferenzen mit Regierungschefs anderer Mitte-Links-Regierungen eröffneten zwar Gelegenheit, modernes Regieren direkt zu thematisieren, wurden aber ebenso wenig in die interministerielle Politikformulierung übertragen wie die Einzelgespräche des Bundeskanzlers. Stattdessen wurden diese Informationsgespräche genutzt, um den Bundeskanzler für gesellschaftliche Probleme zu sensibilisieren. Auch ex post fand keine Übertragung der Themen oder Ideen zur Steuerung und Koordination der Fachministerien statt (vgl. Fleischer 2009).

Schließlich versuchte das Bundeskanzleramt die bestehenden institutionellen Grundlagen zur Beteiligung externer Akteure in exekutiven Entscheidungsprozessen zu verändern. Unter den eingesetzten Expertenkommissionen zur Formulierung zentraler Politikinitiativen kommt dem "Bündnis für Arbeit" eine besondere Bedeutung zu, da es über die komplette Legislaturperiode existierte[5] und direkt an das Bundeskanzleramt angebunden wurde (vgl. Siefken 2007):

> "Funktional und organisatorisch ist diese Kommission (…) eine Art interministerieller Ausschuss unter Führung des Bundeskanzleramtes, begleitet von Spitzengesprächen unter den Mitwirkenden. Es ist also weder ein Kabinettsausschuss noch ein aus der operativen Ebene der Ministerialbürokratie herausgehaltenes Gremium. (…) Alle Arbeitsgruppen wurden von den fachlich zuständigen Bundesministern geleitet" (Murswieck 2003: 124).

Wenngleich Murswieck weiter ausführt, dass nicht bekannt sei, ob das Bundeskanzleramt diese Form der Anbindung zur "autonomen Policy-Gestaltung" genutzt hat (2003: 125), so kann aus der hier zugrunde liegenden theoretischen Perspektive argumentiert werden, dass es eine derartige *policy*-orientierte Steuerung auch nicht zwingend zum Ziel haben musste. Vielmehr kann dies als Versuch interpretiert werden, institutionelle Grundlagen von Politikformulierungsprozessen zu beeinflussen. Zum einen wurden durch die Anbindung des Bündnisses traditionelle Regeln der interministeriellen Zusammenarbeit und Konsultation genutzt und die Fachministerien z.B. über Arbeitsgruppen eingebunden. Zum anderen wurde hier versucht, die Weltsicht der Fachministerien bezüglich

---

5 Ebenso waren der "Nationale Ethikrat" und der "Rat für nachhaltige Entwicklung" über die gesamte 14. Legislaturperiode existent.

der Rolle externer Akteure in der Politikformulierung umzuformulieren. Eine gleichzeitige Beeinflussung arbeitsmarktpolitischer Kognitionen der Fachministerien zugunsten des "Erwartungskorridors" des Bundeskanzleramtes scheiterte zunächst und resultierte in einer Verhandlungsblockade (vgl. Heinze 2003), wurde aber durch Einsetzung einer Nachfolgekommission weiterverfolgt, deren Notwendigkeit auch mit dem Vermittlungsskandal bei der Bundesanstalt für Arbeit legitimiert werden konnte (Heinelt 2003; Henneke 2004; Schmid 2005). Daneben wurde versucht, die Einbindung externer Akteure in ein neues Leitbild des "aktivierenden Staates" einzufügen. Hier sollte eine "Geschichte" vorgegeben werden, die auf ein neues Verhältnis zwischen Staat und Zivilgesellschaft rekurrierte und u.a. in der Arbeitsmarktpolitik ihre Anwendung finden sollte (vgl. Schmid 2005). Dennoch war dieser Versuch einer kognitiven Strategie in weiteren politischen Vorhaben wenig erfolgreich, am ehesten aufgegriffen wurde sie im Regierungsprogramm "Moderner Staat – Moderne Verwaltung" (Füchtner 2002: 358ff.; Jann 2002a; Murswieck 2003: 118).

Der Anspruch eines proaktiven Politikmanagements über die stärkere Einbindung externer Akteure beeinflusste nur in geringem Maße die interministerielle Politikformulierung. Dies ist allerdings weniger auf die konkrete Gegenwehr der Fachministerien zurückzuführen, als auf sichtbare handwerkliche Defizite in der Formulierung und Durchsetzung potenzieller institutioneller Strategien. Selbst die traditionelle Form der administrativen Koordination, die sich insbesondere auf die Anwendung und Anpassung regulativer Verfahren stützt, hat erst nach geraumer Regierungspraxis zu einer gestalterischen Rolle des Bundeskanzleramts in der exekutiven Politikformulierung geführt.

4 Die Rolle des Bundeskanzleramtes als institutioneller Agent im politischen Prozess im Vergleich

Im Vergleich der beiden Legislaturperioden fällt auf, dass sich das Repertoire institutioneller Strategien des Bundeskanzleramtes nur geringfügig verändert hat. Das Bundeskanzleramt versucht primär regulative Vorgaben wie die GOBReg und GGO zu nutzen, um Einfluss auf exekutive Entscheidungsprozesse zu nehmen. Daneben lassen sich Versuche normativer Strategien identifizieren, wenngleich die Dialogstrategie während der 14. Legislaturperiode bereits konzeptionell exekutive Prozesse nahezu ausließ, aber durchaus andere Phasen des Politikprozesses prägte, z.B. die parlamentarische Entscheidungsfindung (vgl. Siefken 2007: 323ff.). Die Versuche der Neukonstruktion kognitiver Leitbilder (aktive Politik bzw. aktivierender Staat) formulierten zwar Forderungen an die Ministerialverwaltung (vgl. Jann 2002a), fanden aber wenig Berücksichtigung in exekutiven Entscheidungsprozessen.

Insgesamt bezieht sich die institutionelle Steuerung durch das Bundeskanzleramt weniger auf institutionelle Makroeigenschaften des deutschen Regierungssystems. Stattdessen werden primär institutionelle Elemente der exekutiven Entscheidungsarena genutzt und verändert, d.h. deren regulative Vorgaben wie die GGO, deren normative Verständnisse von Staat und Regierungsorganisation sowie deren kognitive Weltbilder zur exekutiven Entscheidungsfindung. Daneben wird institutionelle Steuerung auch an ausgewählten Politikprozessen exemplifiziert, die als Blaupause dienen und indirekt allgemeine Spielregeln der exekutiven Arena kodifizieren. So wurde die Beteiligung externer Akteure an politischen Prozessen beispielhaft durch Anbindung des Bündnisses für Arbeit an das Bundeskanzleramt als "angemessen" etabliert und der Versuch unternommen, diese Einbindung externer Akteure anschließend in die "gute Regierungspraxis" der rot-grünen Bundesregierung zu inkorporieren.

Zum einen können diese Gemeinsamkeiten und Unterschiede der institutionellen Steuerung im Zeitverlauf mit den ausgewählten Merkmalen des institutionellen Kontextes erklärt werden. Die wachsende Dominanz des Ressortprinzips sowie die zunehmende funktionale Politisierung der Ministerialverwaltung prägen das Verhältnis der Fachministerien zum Bundeskanzleramt. Entsprechend wurden Versuche des Bundeskanzleramtes, mithilfe institutioneller Strategien frühzeitig exekutive Entscheidungsprozesse zu beeinflussen, in der ersten rot-grünen Bundesregierung deutlicher abgewehrt als Anfang der 1970er Jahre, als die Fachministerien erst nach einiger Zeit mit Hinweis auf das Ressortprinzip den Einfluss des Bundeskanzleramtes zurückzudrängen suchten. Gleichzeitig wird die "Vereinnahmung" der Fachministerien mithilfe institutioneller Strategien erschwert: Mit steigender funktionaler Politisierung sehen die Fachministerien "ihre Rolle in der Welt" zunehmend politisch und gestehen damit dem Bundeskanzleramt Ende der 1990er Jahre ein geringeres politisch-gestaltendes Eigenkapital zu als in der ersten sozial-liberalen Bundesregierung.

Zum anderen hat die empirische Analyse gezeigt, dass die Qualitäten des Bundeskanzleramtes als institutioneller Agent auch von dessen Organisation abhängen. Der Aufbau in Fachabteilungen mit spezialisierten Spiegelreferaten eröffnet wichtige Zugänge zu den Fachministerien, verringert aber auch ein reflexives Auftreten als institutioneller Agent. Wenngleich die Mitarbeiter des Bundeskanzleramtes als fachliche Spezialisten mit Generalisteneinstellung gelten (Die Zeit 2006: 4), bleibt deren Anbindung an jenes Ministerium bestehen, aus dem sie in die Regierungszentrale rotiert sind. Aufgrund dieser "dualen Loyalität" scheint eine Institutionenpolitik des Bundeskanzleramtes voraussetzungsvoll, weil sie dessen Position im politischen Prozess zuungunsten der Fachministerien ändert. Wiederholt wurde versucht, separate Kapazitäten zur Vorbereitung, Formulierung und Durchführung institutioneller Strategien bereitzustellen, z.B. durch Funktionsverlagerungen in den Leitungsbereich oder die Veränderungen der Planungsabteilung. Dennoch wurde das Potenzial dieser "internen Promotoren" einer Institutionenpolitik nicht ausreichend genutzt und sie haben entsprechend im Zeitverlauf an Einfluss innerhalb und außerhalb des Bundeskanzleramtes verloren.

5 Resümee

Der vorliegende Beitrag analysiert die Rolle des Bundeskanzleramtes im politischen Prozess aus organisationstheoretischer Sicht und zeigt, dass die Versuche einer institutionellen Steuerung im Zeitverlauf relativ kongruent bleiben. Da die ausgewählten Merkmale des institutionellen Kontextes konstanter sind als die Organisation des Bundeskanzleramtes, legt diese Beobachtung zum einen den Schluss nahe, dass die Rolle des Bundeskanzleramtes als institutioneller Agent stärker durch den institutionellen Kontext als die eigenen organisatorischen Grundlagen beeinflusst wird. Daneben könnte ebenso daraus gefolgert werden, dass die bisherigen Organisationsveränderungen des Bundeskanzleramtes, einschließlich der separaten Kapazitäten für institutionelle Strategien, nicht oder nur geringfügig dessen institutionelle Steuerungsfähigkeit nachhaltig beeinflusst haben. Eine weitreichende Veränderung dieser organisatorischen Voraussetzungen lässt folglich durchaus Veränderungen in der Qualität des Bundeskanzleramtes als institutioneller Agent erwarten.

Zum anderen können weitere institutionelle Faktoren diskutiert werden, die die institutionelle Steuerung des Bundeskanzleramtes beeinflussen. Zu diesen institutionellen Merkmalen des deutschen Regierungssystems zählt z.B. der Parteienwettbewerb, dessen institutionelle Elemente auch exekutive Entscheidungsprozesse prägen (vgl. Lehmbruch 2000). Es gilt demnach für die notwendige weiterführende Forschung zu prüfen, inwieweit institutionelle Strategien des Bundeskanzleramtes die ministerielle Fachkoordination beeinflussen, womöglich aber an der gleichzeitig praktizierten Parteienkoordination scheitern.

Literatur

Aberbach, Joel D./Derlien, Hans-Ulrich/Mayntz, Renate/Rockman, Bert A. (1990): American and German Federal Executives – Technocratic and Political Attitudes. In: *International Social Science Journal*, 123, 3-18.

Aspinwall, Mark D./Schneider, Gerald (2000): Same Table, Separate Menu. The Institutionalist Turn in Political Science and the Study of European Integration. In: *European Journal of Political Research*, 38(1), 1-36.

Böckenförde, Ernst Wolfgang (1964): Die Organisationsgewalt im Bereich der Regierung, Berlin: Duncker & Humblodt.

Brauswetter, Hartmut H. (1976): Kanzlerprinzip, Ressortprinzip und Kabinettsprinzip in der ersten Regierung Brandt 1969-1972, Bonn: Eichholz Verlag.

Brüderl, Josef/Schüssler, Rudolf (1990): Organizational Mortality: The Liabilities of Newness and Adolescence. In: *Administrative Science Quarterly*, 35(3), 530-547.

Busse, Volker (2005): Bundeskanzleramt und Bundesregierung: Aufgaben, Organisation, Arbeitsweise, 4. Aufl., Heidelberg: Hüthig.

Busse, Volker (2008): Parlamentarisches Regierungssystem und Bundeskanzleramt im Kräftefeld staatlichen Handelns. In: *Der Landkreis*, 78(2), 67-71.

Dahms, Hans-Jürgen (1975): Das Informationssystem zur Vorhabenplanung der Bundesregierung. In: Hoschka, Peter/Kalbhen, Uwe (Hrsg.): Datenverarbeitung in der politischen Planung, Frankfurt/Main: Campus, 17-26.

Dahlström, Carl/Peters, B. Guy/Pierre, Jon (Hrsg.) (2010): Steering from the Center: Strengthening Political Control in Western Democracies, Toronto: Toronto University Press. (*i. E.*)

Derlien, Hans-Ulrich (1990): Regierungsorganisation – institutionelle Restriktion des Regierens? In: Hartwich, Hans-Hermann/Wewer, Göttrik (Hrsg.): Regieren in der Bundesrepublik – Konzeptionelle Grundlagen und Perspektiven der Forschung, Opladen: Leske + Budrich, 91-104.

Derlien, Hans-Ulrich/Murswieck, Axel (2001): Regieren nach Wahlen: Phasen, Konstellationen und Dimensionen der Transition. In: Derlien, Hans-Ulrich/Murswieck, Axel (Hrsg.): Regieren nach Wahlen, Opladen: Leske + Budrich, 7-14.

Der Spiegel (1999): "So kann man nicht führen". 01.03.1999, 22-25.

Die Zeit (2006): Die leise Machtmaschine: Vom Lagezentrum bis zur Skylobby: Wo und wie in Angela Merkels Kanzleramt Politik gemacht wird. 08.06.2006, 3-5.

DiMaggio, Paul J./Powell, Walter W. (1983): The Iron Cage Revisited: Institutional Isomorphism and Collective Rationality in Organizational Fields. In: *American Sociological Review*, 48(2), 147-160.

Dyson, Kenneth H.F. (1973): Planning and the Federal Chancellor's Office in the West German Federal Government. In: *Political Studies*, 31(3): 348-362.

Ebinger, Falk/Jochheim, Linda (2009): Wessen loyale Diener? Wie die große Koalition die deutsche Ministerialbürokratie veränderte. In: *der moderne staat*, 2(2), 335-353.

Fleischer, Julia (2009): Power resources of parliamentary executives: Policy advice in the UK and Germany. In: *West European Politics*, 32(1), 196-214.

Fleischer, Julia (2010): Steering from the German Center: More Policy Coordination and Less Policy Initiatives. In: Dahlström, Carl/Peters, B. Guy/Pierre, Jon (Hrsg.): Steering from the Center: Strengthening Political Control in Western Democracies, Toronto: Toronto University Press. (*i.E.*)

Fleischer, Julia/Parrado, Salvador (2008): Planning and Strategy Capacities within the Executive: A Spanish-German Comparison, COST IS0601 Research Paper.

Füchtner, Natascha (2002): Die Modernisierung der Zentralverwaltung in Großbritannien und Deutschland. Strategien konservativer und sozialdemokratischer Regierungen, Frankfurt/Main: Peter Lang.
Goetz, Klaus H. (1997): Acquiring Political Craft: Training Grounds for Top Officials in the German Core Executive. In: *Public Administration*, 75(4), 753-775.
Goetz, Klaus H. (2003): The Federal Executive: Bureaucratic Fusion versus Governmental Bifurcation. In: Dyson, Kenneth/Goetz, Klaus H. (Hrsg.): Germany, Europe and the Politics of Constraint, Oxford: Oxford University Press, 55-72.
Goetz, Klaus H. (2007): German Officials and the Federal Policy Process: The Decline of Sectional Leadership. In: Page, Edward C./Wright, Vincent (Hrsg.): From the Active to the Enabling State: The Changing Role of Top Officials in European Nations, Basingstoke: Palgrave, 164-188.
Heinelt, Hubert (2003): Arbeitsmarktpolitik – von "versorgenden" wohlfahrtsstaatlichen Interventionen zur "aktivierenden" Beschäftigungsförderung. In: Gohr, Antonia/Seeleib-Kaiser, Martin (Hrsg.): Sozial- und Wirtschaftspolitik unter Rot-Grün, Wiesbaden: Westdeutscher Verlag, 125-146.
Hennecke, Hans-Günter (2004): Die Saga um "Hartz IV": zur Reform der sozialen Sicherungssysteme und ihrer Umsetzung. In: *Zeitschrift für Staats- und Europawissenschaften*, 2(4), 548-579.
Heinze, Rolf G. (2003): Das "Bündnis für Arbeit" – Innovativer Konsens oder institutionelle Erstarrung? In: Egle, Christoph/Ostheim, Tobias/Zohlnhöfer, Reimut (Hrsg.): Das rot-grüne Projekt. Eine Bilanz der Regierung Schröder 1998-2002, Wiesbaden: VS Verlag, 137-161.
Jann, Werner (2002a): Der Wandel verwaltungspolitischer Leitbilder: Von Management zu Governance? In: König, Klaus (Hrsg.): Deutsche Verwaltung an der Wende zum 21. Jahrhundert, Baden-Baden: Nomos, 279-303.
Jann, Werner (2002b): Verwaltungskultur. Ein Überblick über den Stand der empirisch und international vergleichenden Forschung. In: *Die Verwaltung*, 33(3), 325-349.
Jann, Werner (2006): Die skandinavische Schule der Verwaltungswissenschaft – Institutionentheorie und die Rennaissance der Bürokratie. In: Bogumil, Jörg/Jann, Werner/Nullmeier, Frank (Hrsg.): Politische Vierteljahresschrift, Sonderheft 37: Politik und Verwaltung, Wiesbaden: VS Verlag, 121-148.
Jann, Werner (2008): Regieren als Governance Problem: Bedeutung und Möglichkeiten institutioneller Steuerung. In: Jann, Werner/König, Klaus (Hrsg.): Regieren zu Beginn des 21. Jahrhunderts, Tübingen: Mohr Siebeck, 1-28.
Jann, Werner/Döhler, Marian/Fleischer, Julia/Hustedt, Thurid/Tiessen, Jan (2005): Regierungsorganisation als Institutionenpolitik: Ein westeuropäischer Vergleich. Forschungspapier 01/2005 "Regierungsorganisation in Westeuropa", Potsdam: Universitätsverlag.
Jensen, Lotte (2003a): Aiming for Centrality: The Politico-administrative Strategies of the Danish Ministry of Finance. In: Wanna, John/Jensen, Lotte/Vries, Jouke de (Hrsg.): Controlling Public Expenditure. The Changing Roles of Central Budget Agencies – Better Guardians?, Cheltenham: Edward Elgar, 166-192.
Jensen, Lotte (2003b): Den store koordinator – Finansministeriet som moderne styringsaktør, Kopenhagen: Jurist- og Økonomforbundets Forlag.

Jessop, Robert (1998): The Rise of Governance and the Risk of Failure: The Case of Economic Development. In: *International Social Science Journal*, 50(155), 29-45.
Knoll, Thomas (2004): Das Bonner Bundeskanzleramt: Organisation und Funktionen von 1949-1999, Wiesbaden: VS Verlag.
Knoll, Thomas (2010): Das Bundeskanzleramt – Funktionen und Organisation. In: Schrenk, Klemens H./Soldner, Markus (Hrsg.): Analyse demokratischer Regierungssysteme, Wiesbaden: VS Verlag, 201-220.
König, Klaus (1991): Formalisierung und Informalisierung im Regierungszentrum. In: Hartwich, Hans-Hermann/Wewer, Göttrik (Hrsg.): Regieren in der Bundesrepublik – Formale und informale Komponenten des Regierens, Opladen: Leske + Budrich, 203-220.
König, Klaus (2001): Der Regierungsapparat bei der Regierungsbildung nach Wahlen. In: Derlien, Hans-Ulrich/Murswieck, Axel (Hrsg.): Regieren nach Wahlen, Opladen: Leske + Budrich, 15-38.
Kooiman, Jan (1999): Socio-Political Governance: Overview, Reflections and Design. In: *Public Management*, 1(1), 68-92.
Korte, Karl-Rudolf (2006): Politikberatung von innen: Beratung der Regierungszentralen-Bund. In: Falk, Svenja/Rehfeld, Dieter/Römmele, Andrea/Thunert, Martin (Hrsg.): Handbuch Politikberatung, Wiesbaden: VS Verlag für Sozialwissenschaften, 175-188.
Lehmbruch, Gerhard (2000): Parteienwettbewerb im Bundesstaat. Regelsysteme und Spannungslagen im politischen System der Bundesrepublik Deutschland, 3. Aufl., Wiesbaden: VS Verlag.
Mahoney, James/Thelen, Kathleen (Hrsg.) (2010): Explaining Institutional Change: Ambiguity, Agency, and Power, New York: Cambridge University Press.
Mayntz, Renate (1980): Executive Leadership in Germany: Dispertion of Power or 'Kanzlerdemokratie'? In: Rose, Richard/Suleiman, Ezra N. (Hrsg.): Presidents and Prime Ministers, Washington, D.C.: American Enterprise Institute for Public Policy Research, 139-170.
Mayntz, Renate/Derlien, Ulrich (1989): Party Patronage and the Politicization of the West German Administrative Elite, 1970-1987. In: *Governance*, 2(4), 384-404.
Mayntz, Renate/Scharpf, Fritz W. (1973): Kriterien, Voraussetzungen und Einschränkungen aktiver Politik. In: Mayntz, Renate/Scharpf, Fritz W. (Hrsg.): Planungsorganisation. Die Diskussion um die Reform von Verwaltung und Regierung des Bundes, München: Piper, 115-145.
Mayntz, Renate/Scharpf, Fritz (1975): Policy-making in the German Federal Bureaucracy, Amsterdam: Elsevier.
Miles, Raymond E./Snow, Charles C./Meyer, Alan D./Coleman, Henry J., Jr. (1978): Organizational Strategy, Structure, and Process. In: *The Academy of Management Review*, 3(3), 546-562.
Müller-Rommel, Ferdinand (1994): The Role of German Ministers in Cabinet Decision Making. In: Laver, Michael/Shepsle, Kenneth A. (Hrsg.): Cabinet Ministers and Parliamentary Democracies, Cambridge: Cambridge University Press, 150-168.
Müller-Rommel, Ferdinand (2000): Management of Politics in the German Chancellor's Office. In: Peters, B. Guy/Rhodes, Roderick A.W./Wright, Vincent (Hrsg.): Admin-

istering the Summit. Administration of the Core Executive in Developed Countries, Houndmills: Macmillan Press Ltd, 81-100.
Murswieck, Axel (1975): Regierungsreform durch Planungsorganisation, Opladen: Westdeutscher Verlag.
Murswieck, Axel (2003): Des Kanzlers Macht: Zum Regierungsstil Gerhard Schröders. In: Egle, Christoph/Ostheim, Tobias/Zohlnhöfer, Reimut (Hrsg.): Das rot-grüne Projekt: Eine Bilanz der Regierung Schröder 1998-2002, Opladen: Westdeutscher Verlag, 117-135.
North, Douglass C. (1990): Institutions, Institutional Change and Economic Performance, Cambridge: Cambridge University Press.
Olsen, Johan P. (1997): Institutional Design in Democratic Contexts. In: *Journal of Political Philosophy*, 5(3), 203-229.
Reese, Jürgen (1975): Eine Strategie zur Erhöhung der 'relativen Autonomie' des politischen Systems? In: Narr, Wolf-Dieter (Hrsg.): Politische Vierteljahresschrift, Sonderheft 6: Politik und Ökonomie – Autonome Handlungsmöglichkeiten des politischen Systems, Opladen: Westdeutscher Verlag, 265-280.
Rhodes, Roderick A.W./Dunleavy, Patrick (Hrsg.) (1995): Prime Minister, Cabinet and Core Executive, London: Macmillan.
Ronge, Volker (1977): Bundeskanzleramt. In: Sontheimer, Kurt/Röhring, Hans H. (Hrsg): Handbuch des politischen Systems der Bundesrepublik Deutschland, München: Piper, 80-82.
Ruef, Martin/Scott, W. Richard (1998): A Multidimensional Model of Organizational Legitimacy: Hospital Survival in Changing Institutional Environments. In: *Administrative Science Quarterly*, 43(4), 877-904.
Saalfeld, Thomas (1999): Coalition Politics and Management in the Kohl Era, 1982-98. In: *German Politics*, 8(2), 141-173.
Saalfeld, Thomas (2003): Germany: Multiple Veto Points, Informal Co-ordination and Problems of Hidden Action. In: Strøm, Kaare/Müller, Wolfgang C./Bergman, Torbjörn (Hrsg): Delegation and Accountability in Parliamentary Democracies,. Oxford: Oxford University Press, 347-375.
Schmid, Günther (2005): Gewährleistungsverantwortung und Arbeitsmarkt. In: Schuppert, Gunnar F. (Hrsg.): Der Gewährleistungsstaat – Ein Leitbild auf dem Prüfstand, Baden-Baden: Nomos, 145-166.
Schnapp, Kai-Uwe (2004): Ministerialbürokratien in westlichen Demokratien, Opladen: Leske + Budrich.
Schröder, Gerhard/Kocka, Jürgen/Neidhardt, Friedhelm (2002): Progressive Governance for the XXI Century: Contribution to the Berlin Conference 2-3 June 2000, München: Beck.
Schwanke, Katja/Ebinger, Falk (2006): Politisierung und Rollenverständnis der deutschen Administrativen Elite 1970 bis 2005 – Wandel trotz Kontinuität. In: Bogumil, Jörg/Jann, Werner/Nullmeier, Frank (Hrsg.): Politische Vierteljahresschrift, Sonderheft 37: Politik und Verwaltung, Wiesbaden: VS Verlag, 228-249.
Scott, W. Richard (2008): Institutions and Organizations, 3. Aufl., London: Sage.
Scott, W. Richard/Davis, Gerald F. (2003): Organizations: Rational, Natural and Open Systems, 5. Aufl., Englewood Cliffs: Prentice-Hall.

Siefken, Sven T. (2007): Expertenkommissionen im politischen Prozess. Eine Bilanz zur rot-grünen Bundesregierung 1998-2005, Wiesbaden: VS Verlag.

Singh, Jitendra/Tucker, David J./House, Robert (1986): Organizational Legitimacy and the Liability of Newness. In: *Administrative Science Quarterly*, 31, 171-193.

Smith, Gordon (1991): The Resources of a German Chancellor. In: *West European Politics*, 14(2), 48-61.

Steinkemper, Hans Günter (1979): Amtsträger im Grenzbereich zwischen Regierung und Verwaltung: Ein Beitrag zur Problematik der Institution des politischen Beamten, Frankfurt/Main: Lang.

Stinchcombe, Arthur L. (1965): Social Structure and Organizations. In: March, James G. (Hrsg.): Handbook of Organizations, Chicago: Rand McNally, 142-193.

Süß, Winfried (2004): "Rationale Politik" durch sozialwissenschaftliche Beratung? Die Projektgruppe Regierungs- und Verwaltungsreform. In: Fisch, Stefan/Rudloff, Wilfried (Hrsg.): Experten und Politik: Wissenschaftliche Politikberatung in geschichtlicher Perspektive, Berlin: Duncker & Humblot, 329-348.

Süß, Winfried (2005): "Wer aber denkt für das Ganze?" Aufstieg und Fall der ressortübergreifenden Planung im Bundeskanzleramt. In: Frese, Matthias/Paulus, Julia/Teppe, Karl (Hrsg.): Demokratisierung und gesellschaftlicher Aufbruch, Paderborn: Ferdinand Schöningh, 349-377.

Tolman, Edward C. (1948): Cognitive Maps in Rats and Men. In: *Psychological Review*, 55(4), 189-208.

Regierungszentralen und Policy-Integration. Die Bedeutung des Bundeskanzleramts für ein integratives Policy-Making am Beispiel der nationalen Nachhaltigkeitsstrategie

Basil Bornemann

1 Einleitung

Moderne politische Systeme sehen sich der (selbsterzeugten?) Erwartung gegenüber, „Politik aus einem Guss" zu produzieren. Abstimmung, Koordinierung und Einheitlichkeit in der Politik stehen nicht nur für „gutes Regieren" und „rationale Politik", sondern gelten auch als Bedingungen für effektive und effiziente Problemlösungen. In der jüngeren Vergangenheit lässt sich eine (erneute) Konjunktur dieses nunmehr klassischen politik- und verwaltungswissenschaftlichen Themas ausmachen (Peters 1998, Hood 2005). Fragen nach Abstimmung, Koordinierung und Einheitlichkeit von Politik stellen sich nicht nur unter veränderten Voraussetzungen und mit neuer Vehemenz; sie werden auch im Lichte neuer Begriffe und Konzepte verhandelt. So wird allenthalben nicht nur eine Zunahme der räumlichen, sachlichen und sozialen Komplexität politischer Probleme, sondern auch eine Fragmentierung politischer Problembearbeitungsmechanismen diagnostiziert – mit negativen Folgen für die Leistungsfähigkeit des Systems der politischen Problembearbeitung insgesamt (Lyall/Tait 2005). Vor diesem Hintergrund ergebe sich, so die therapeutische Wendung, ein zunehmender Bedarf an integrativer politischer Problembearbeitung.

Niederschlag findet dieser neue Integrationsbedarf in einer konzeptionell-programmatischen Diskussion zu Policy-Integration, die sowohl in wissenschaftlichen als auch in politischen Zusammenhängen geführt wird (Ling 2002, Meijers/Stead 2004, Briassoulis 2005, 6 et al. 2002, OECD 2003, Bogdanor 2005). Modernes Regieren, so die zentrale These, sieht sich mehr und mehr der Herausforderung gegenüber, umfassende und integrative Ansätze politischer Steuerung zu verfolgen, will es den realen Verflechtungen von Problemen und der neuen Komplexität des Politikmachens angemessen begegnen. Diese neuere Debatte über integrative Politik bildet den konzeptionellen Ausgangspunkt des vorliegenden Beitrags.

Fragt man nach dem Ort von Politikintegration in modernen politischen Systemen, gerät prima facie die Exekutive in den Blickpunkt, gehört es doch zu deren zentralen Aufgaben, über Einzelentscheidungen hinaus eine Politik zu entwickeln, welche in sich einigermaßen widerspruchsfrei ist (Rudzio 2006). Neben grundlegenden Prinzipien und Regeln, die das Policy-Making innerhalb von Regierungen strukturieren[1], sind es mehr oder weniger dauerhafte Organisationsstrukturen, denen diese exekutive Abstimmungs- und Integrationsfunktion zugeschrieben wird. Hierzu gehören neben Kabinetten und anderen interministeriellen Koordinationseinrichtungen auch Regierungszentralen (vgl. Bull 1991). Zwar wird immer wieder auf die herausgehobene Bedeutung von Regierungszentralen für die Koordinierung und Herstellung einer einheitlichen Regierungspolitik verwiesen (vgl. Peters/Rhodes/Wright 2000, Knoll 2004, Korte/Fröhlich 2004, Müller-Rommel/Pieper 1991), allerdings sind deren Koordinations- und Integrationsfunktionen bislang nur ansatzweise theoretisch und empirisch nachvollzogen worden. Vielfach werden diese im Rahmen allgemeiner Funktionszuschreibungen abgehandelt, ohne allerdings genauer zu spezifizieren und zu analysieren, wie sie sich im politischen Prozess manifestieren.

Der vorliegende Aufsatz möchte einerseits einen theoretischen Beitrag zur konzeptionellen Diskussion über Policy-Integration leisten und andererseits die allenthalben unterstellte politikintegrative Funktion von Regierungszentralen am Beispiel einer Fallstudie zum Bundeskanzleramt empirisch aufklären. Nach einer Darstellung und kritischen Auseinandersetzung mit dem vorherrschenden Verständnis von Policy-Integration (2) wird zunächst eine Rekonzeptualisierung des Begriffs als analytische Perspektive vorgeschlagen (3), die anschließend im Rahmen einer Fallstudie zur Anwendung kommt. Am Beispiel der Entwicklung der nationalen Nachhaltigkeitsstrategie wird untersucht, ob, wie und wodurch das Kanzleramt im Rahmen eines Arrangements interministerieller Koordination auf die Integration von Ressortpolitiken Einfluss nimmt und nehmen kann (4). Der Beitrag schließt mit einigen allgemeinen Anmerkungen zur politikintegrativen Funktion von Regierungszentralen (5).

2 Policy-Integration - Zum Stand der konzeptionellen Diskussion

Lange und Schimank (2004) konstatieren im Zusammenhang mit gesellschaftlicher Integration, dass diese immer erst dann zu einem Thema wird, wenn sich entsprechende desintegrative Effekte einstellen und die Ordnung erodiert. Gelin-

---

1 Hierzu gehören zum Beispiel die Prinzipien der Regierungsorganisation aber auch grundlegende Verfahrensregeln, die etwa in der Geschäftsordnung der Bundesregierung niedergeschrieben sind.

gende Integration falle in den Routinen des Alltags nicht weiter auf. Augenfällig werde Integration nur dort, wo sie schwindet, so dass sich *Integrationsprobleme* aufdrängen. Wenn diese Diagnose auch für Policy-Integration Gültigkeit hat – auf welche Integrationsprobleme verspricht Policy-Integration dann eine Antwort und weshalb ist die Integration von Policies überhaupt anzustreben und wünschenswert?

2.1 Diagnose: Fragmentierung des Policy Systems

Zentraler Ausgangspunkt der Diskussion zu Policy-Integration ist die Beobachtung einer unzureichenden Abgestimmtheit von Aktivitäten der politischen Problembearbeitung. Policies seien oftmals nur wenig koordiniert und in ihren Ergebnissen sogar widersprüchlich. Sie erzeugten vielfach (unvorhergesehene) Wirkungen in benachbarten Politikbereichen, die Anlass zu neuen Problembearbeitungsaktivitäten geben (vgl. Underdal 1980, Rowe 2000, Briassoulis 2005). Neben diesen negativen externen Effekten bilden „unzureichende Problemlösungen" ein zweites Motiv von Desintegrationsdiagnosen und den sich daran anschließenden Forderungen nach Policy-Integration. Die etablierten Institutionen und Mechanismen der politischen Problembearbeitung seien schlichtweg nicht imstande, die Komplexität gegenwärtiger gesellschaftlicher Problemlagen adäquat abzubilden und in angemessene Problemlösungen zu übersetzen. Beide Motive sind letztlich zwei Seiten einer Medaille und verweisen auf das gleiche Grundproblem einer defizitären Abbildung und Verarbeitung objektivmaterieller Probleminterdependenzen im System der politischen Problembearbeitung – Andrew Jordan spricht in diesem Zusammenhang von einem „[m]ismatch of institutions to problems" (Jordan 2002: 52).

Ihren Ausgang nimmt die Desintegration der politischen Problemverarbeitung demnach in der Existenz separierter Arenen der Politikproduktion: Politische Problembearbeitung findet innerhalb räumlich, sachlich und sozial getrennter Politikarenen und zeitlich parallel oder sequentiell verlaufender Politikzyklen statt. In diesen separierten Arenen werden politische Teilprobleme auf der Grundlage selektiver Wahrnehmungen, Rationalitäten, Erfolgskriterien, Interessen, Wissensbestände etc. verarbeitet. Nicht nur, dass durch diesen selektiven Zugriff auf Probleme deren „objektive" Komplexität nicht umfassend erfasst werden kann und insofern unzureichende, reduktionistische Problemlösungen erzeugt werden; der selektive Zugriff auf Probleme begünstigt auch die Produktion von Externalitäten, da die Folgen und Wirkungen politischer Einzelentscheidungen nicht umfassend, sondern lediglich mit Blick auf die spezifischen Problemwahrnehmungen, Interessen und Zielsetzungen der jeweils involvierten

Akteure und Organisationen reflektiert und zu Entscheidungsprämissen gemacht werden. Beide Motive verweisen also auf Effektivitäts-, Effizienz- und Kohärenzmängel einer desintegrierten Be- und Verarbeitung von Problemen. Sowohl die Erzeugung nicht intendierter Nebeneffekte als auch die unzureichende Verarbeitung von Problemkomplexität widersprechen dem Ideal des rationalen Problemlösens.

2.2 Therapie: Konzepte von Policy-Integration

Welche Hoffnungen verbinden sich vor dem Hintergrund dieser Desintegrationsdiagnosen mit Policy-Integration? Ganz allgemein firmiert Policy-Integration als eine Antwort auf die als defizitär wahrgenommene *Ordnung* der politischen Problemverarbeitung. Policy-Integration werde gebraucht "to hold the policy system together, to overcome its tendencies towards disorder, and to manage the numerous policy interconnections" (Briassoulis 2004: 13). Policy-Integration stellt in diesem Sinne einen „Reparaturmechanismus" dar, der die Defizite des Systems der politischen Problemberarbeitung in Folge seiner Ausdifferenzierung und Fragmentierung nachträglich überwinden soll. Ziel ist die Auflösung von Widersprüchen und Redundanzen, die „Versöhnung" der unterschiedlichen und mitunter widersprüchlichen Funktionen des Staates sowie die Herstellung von Synergien zwischen Policies, mithin also die Konstruktion eines Systems lückenlos und präzise ineinandergreifender politischer Maßnahmen, das effiziente und wirkungsvolle Antworten auf komplexe gesellschaftliche Probleme bietet. Implizit oder explizit spielt dabei nicht selten die Idee der „Einheit von Politik" eine Rolle. Zweifelsohne orientiert sich dieses Verständnis von Policy-Integration am Ideal umfassender rationaler Problembearbeitung (vgl. nur Rowe 2000, Underdal 1980): Es geht um die Kontrolle von Externalitäten zwischen Policies mit dem Ziel, die Effizienz und Effektvität des Policy-Making und damit die Qualität der Problemlösungen insgesamt zu verbessern.

Policy-Integration ist dabei keineswegs ein in sich geschlossenes Konzept (Meijers/Stead 2004). Der Begriff fungiert vielmehr als Sammelkategorie für eine Reihe von Konzepten unterschiedlicher Herkunft. Hierzu gehören etwa „policy coherence" und „policy consistency" (OECD 1996, 2002, 2003), „crosscutting policy-making" (vgl. Flynn 1999), „holistic government" bzw. „holistic governance" (6 et al. 2002), „joined-up government" (Ling 2002, Bogdanor 2005, Pollitt 2003) und „policy co-ordination" (Peters 1998). Wenn auch mit unterschiedlichen Akzentuierungen beziehen sich diese Konzepte alle auf den Problemkomplex einer desintegrierten Problemverarbeitung und die Idee eines integrativen Policy-Making: die Überwindung der Fragmentierung von Problembearbeitungsmechansismen mit dem Ziel, die Abgestimmtheit von Policies und damit die Effektivität und Effizienz des Policy-Making insgesamt zu verbessern. Policy-Integration adressiert eine zentrale Problemkonstellation und Herausforderung modernen Regierens: die Bewältigung komplexer und interdependenter Probleme unter der Voraussetzung fragmentierter Problembearbeitungszusammenhänge. Die Diskussion weist allerdings einige konzeptionelle und empirische Defizite auf: Erstens ist eine Dominanz normativ-präskriptiver Verwendungen des Begriffs festzustellen. Policy-Integration fungiert überwiegend als politisch-administrative Reformdoktrin, die das Handeln politischer Akteure anleiten soll. Es gibt kaum analytische Begriffsverständnisse und Ansätze zur Beschreibung und Erklärung von Policy-Integration als empirisches Phänomen.[2]

Zweitens erscheint die Diskussion zu Policy-Integration in konzeptioneller Hinsicht weitgehend unspezifisch. So besteht wenig Klarheit darüber, was man sich unter Integration vorstellen und wie Policy im Zusammenhang mit Policy-Integration konzeptualisiert werden kann. Policy-Integration bleibt begrifflich im Bereich des Assoziativen: auf der Ebene konzeptionell wenig spezifizierter Plädoyers für integrative Formen des Policy-Making. Damit werden einerseits analytische Differenzierungspotentiale hergeschenkt. Andererseits ist damit, drittens, eine Tendenz zu kryptisch-normativen Begriffsverwendungen verbunden. Policy-Integration ist durch und durch positiv konnotiert und gilt als selbstevident und alternativlos. Die jeweiligen normativen Implikationen *unterschiedlicher* Verständnisse von Policy, Integration und schließlich Policy-Integration bleiben im Verborgenen: Was, wie, wodurch und mit welchen Folgen integriert werden *soll*, erscheint weder explikations- noch begründungsbedürftig.

Policy-Integration, so lässt sich der Diskussionsstand pointiert zusammenfassen, wird häufig gefordert, kaum konzeptionell spezifiziert oder analytisch präzisiert und noch seltener empirisch untersucht. Die hier nur kursorisch zusammengefassten konzeptionellen Defizite bilden den Ausgangspunkt für den folgenden Vorschlag zur analytischen Rekonzeptualisierung von Policy-Integration.

3 Policy-Integration – Umrisse einer analytischen Rekonzeptualisierung

Das Anliegen der hier vorgeschlagenen analytischen Rekonzeptualisierung von Policy-Integration ist eine „normative Entkleidung" des Begriffs, also dessen Herauslösung aus den bislang dominierenden (kryptisch-)normativen Verwendungszusammenhängen. Ziel ist es, den Begriff für deskriptive und empirisch-

---

[2] Eine Ausnahme bildet hier die mittlerweile recht umfangreiche empirische Literatur zu Environmental Policy-Integration; vgl. nur Lenschow (2002) sowie Jordan/Lenschow (2008).

rekonstruktive Zwecke zu klären. Ausgangspunkt bildet eine Exploration der beiden zentralen Konzepte Integration (3.1) und Policy (3.2). Daran anschließend wird Policy-Integration als analytische Perspektive spezifiziert (3.3).

3.1 Integration

Integration gehört zu jenen Begriffen, die im allgemeinen Sprachgebrauch derart abgeschliffen sind, dass ihr Bedeutungsgehalt vielschichtig und damit auch unklar geworden ist (Bergmann 1995: 213). Integration impliziert Einheit, Widerspruchsfreiheit, Gleichgewicht, Stabilität, Ordnung, fügsame Einordnung, Konfliktfreiheit, Konsens, Gerechtigkeit. Diese Konnotationen zeigen, dass Integration meist in einem normativen Sinne verwendet wird: „Integration gilt [...] als etwas Wünschenswertes: je mehr, desto besser!" (Lange/Schimank 2004: 11). Sie verdecken allerdings den nüchternen Blick auf Integration als analytisches Konzept und empirisches Phänomen. Eine Begriffsklärung wird dadurch erschwert, dass der Begriff von einer Reihe unterschiedlicher wissenschaftlicher Disziplinen verwendet und innerhalb dieser keinesfalls einheitlich, sondern „kontext- und theorieabhängig" definiert wird (Nohlen 1995: 278). Gleichwohl soll hier unter Bezugnahme auf verschiedene allgemeine Definitionen die Frage nach einem übergreifenden Bedeutungs*kern* von Integration gestellt werden, um die Suche nach einem Bedeutungs*spektrum* anzuleiten.

Im philosophischen Wörterbuch von Regenbogen und Meyer (1998: 320) wird Integration definiert als

> „Wiederherstellung, Ergänzung, Erneuerung; der Vorgang, der zur Herstellung bzw. Wiederherstellung eines Ganzen führt, die Vereinigung, Vereinheitlichung, Ganzmachung; Gegensatz: Desintegration".

Unter Verweis auf Herbert Spencer (1870) wird dort weiter ausgeführt, Integration sei so viel „wie Aggregation, das Zusammenkommen von zerstreuten Teilen, verbunden mit einer Steigerung der Wahrnehmbarkeit und einer Abnahme der Bewegung (der Teile) [...]". Die Verbalform „integrieren" wird entsprechend als „wiederherstellen, ergänzen, ganzmachen" gefasst. Merriam-Webster's Collegiate Dictionary macht das folgende Bedeutungsspektrum von „to integrate" auf:

> „[...] to form, coordinate, or blend into a functioning or unified whole; to unite with something else; to incorporate into a larger unit" (siehe Persson 2003: 10).

Nohlen definiert Integration in einem allgemeinen Sinne als

> „die Entstehung oder Herstellung einer Einheit oder Ganzheit aus einzelnen Elementen oder die Fähigkeit einer Einheit oder Ganzheit, den Zusammenhalt der einzelnen Elemente auf der Basis geteilter Werte und Normen aufrechtzuerhalten" (Nohlen 1995: 278).

Alle Definitionen gehen von gleichen Grundelementen aus: Sie treffen Aussagen über einen nicht integrierten *Ausgangszustand*, einen integrierten *Endzustand* und einen zwischen Ausgangszustand und Endzustand vermittelnden Integrations*prozess*. Hinsichtlich der Ausprägung der Grundelemente eröffnet sich allerdings ein Spektrum von Möglichkeiten. So stehen am Anfang „zerstreute Teile" oder „einzelne Elemente". *Integrationsprozesse* werden als „Aggregation", „Koordination", „Vermischung", „Vereinigung", „Vereinheitlichung" und „Inkorporation", der Endzustand wird mal als Einheit, mal als Ganzheit oder sehr unspezifisch als „larger unit" beschrieben. Festzuhalten ist, dass Integration einen *Unterschied* macht, also nicht etwa folgenlos bleibt. Der (integrierte) Endzustand differiert gegenüber dem nicht integrierten Ausgangszustand im Hinblick auf die Beziehung der Teile untereinander und in Bezug auf das Verhältnis zwischen den Teilen und dem Ganzen. In Anschluss an Spencer (1870) zeichnen sich Zustände der Integration gegenüber Zuständen der Desintegration durch eine geringere Beweglichkeit der Einzelteile aus, wodurch die Wahrnehmung der Einheit bzw. Ganzheit der Teile vor die Wahrnehmung ihrer Differenz tritt. Folgt man dieser Interpretation kann Integration in einem abstrakten Sinne als Prozess oder als Zustand der Relationierung von Teilen definiert werden, in dessen Verlauf sich die Beweglichkeit der Teile mehr oder weniger einschränkt, wodurch die sich aus den Teilen konstituierende Ganzheit gegenüber den Einzelteilen in der Wahrnehmung hervortritt. Mit Blick auf den Ausgangszustand, den Prozess und den Endzustand lassen sich unterschiedliche Formen von Integration ausmachen – hierin liegt die kritische Komponente der Begriffsklärung: *Den* Integrationsbegriff und *das* Integrationsphänomen gibt es nicht. Aussagen über den Verlauf von Integrationsprozessen und die Ergebnisse von Integration lassen sich nicht aus dem Begriff selbst, sondern nur aus empirischen Beobachtungen oder normativen Überlegungen ableiten.

3.2 Policy

Policy, der zweite Teil des Begriffs, bezieht sich gewissermaßen auf das Objekt von Integration. Bekanntermaßen werden in der *Policy*-Dimension inhaltlich-materielle Aspekte von Politik thematisiert. In funktionaler Hinsicht richtet sich

Politik aus einer Policy-Perspektive auf die Lösung gesellschaftlicher bzw. politischer Probleme (Schubert 1991: 4ff., Rohe 1994: 61ff., Nullmeier/Wiesner 2003: 285f.). Verschiedene Definitionen eröffnen ein Spektrum unterschiedlicher Gegenstände – von einzelnen Problemlösungsaktivitäten (politische Maßnahmen und Programme) bis hin zu umfassenden und organisatorisch stabilisierten Bereichen der Problemlösung (Politikfelder und Sektoren) (Colebatch 2002, Windhoff-Héritier 1987). Dabei kann es sich um staatliche (public policy) ebenso wie nicht-staatliche (private policy) oder aber um Policies handeln, die als Koproduktion von Staat und Gesellschaft entstehen. Nimmt man Gegenstände, die mit dem Begriff Policy belegt sind (also politische Programme und Politikfelder), selbst in den Blick, so eröffnet sich zudem eine erhebliche innere Komplexität: Policies haben materielle ebenso wie symbolische Eigenschaften, lassen sich in räumlichen (Policy-Ebenen), zeitlichen (Policy-Phasen), sozialen (Policy-Subsysteme) und sachlichen (Policy-Typen) Dimensionen erschließen und analysieren. Sie umfassen Phänomene sozialer Interaktion ebenso wie materielle Probleme und Problemlösungen (Scharpf 2000: 32ff.). Post-strukturalistische Autoren verweisen zudem auf eine Begriffsdynamik: Der Policy-Begriff selbst müsse als ein Bedeutungskontinuum gesehen werden, das einem kontinuierlichen Wandel unterliegt (Gottweis 2003). Insgesamt ist Policy ein vieldeutiger und dynamischer Begriff dessen spezifische Bedeutung in erheblichem Maße kontextabhängig ist. Es ist der Name, den man sehr unterschiedlichen komplexen Konstellationen gibt, die politische Probleme adressieren und funktional auf deren Bearbeitung und Lösung ausgerichtet sind.

3.3 Policy-Integration als analytische Perspektive

Was sind die Implikationen dieser Begriffsbefassungen für die Konzeptualisierung von Policy-Integration? Auf einer abstrakten Ebene des Nachdenkens über Policy und Integration lassen sich eine Vielzahl theoretischer Bedeutungen und empirischer Formen von Policy-Integration konstruieren. Daraus folgt, dass es *den* Begriff oder *das* Phänomen von Policy-Integration nicht gibt. Der Begriff Policy-Integration beherbergt vielmehr ein Bedeutungsspektrum, das sich auf sehr unterschiedliche empirische Phänomene beziehen kann. Um diese Potentialität von Verständnissen und Formen von Policy-Integration einzufangen, soll Policy-Integration als analytische Perspektive konzipiert werden. Damit ist ein heuristischer Analyseansatz gemeint, der im Sinne eines theoretisch-konzeptionell geschärften Blicks auf die (wie immer) selektive Beschreibung und Rekonstruktion eines bestimmten Realitätsausschnitts abzielt.

Policy-Integration als analytische Perspektive fokussiert auf die Relationierung komplexer und umfassender Bereiche der politischen Problembearbeitung (Policies). Damit lenkt Policy-Integration den Blick auf das „Zwischen" von Policies, deren Verbindungs- und Trennungspunkte. Aus der Perspektive von Policy-Integration erscheinen Policies nicht als isolierte und hermetisch abgeschlossene Entitäten, sondern als Gebilde, die auf vielfältige Weise miteinander verwoben sein können und in umfassenderen Policy-Arrangements aufgehen. Policy-Integration leuchtet diese Policy-Interdependenzen aus und thematisiert die Architektur bzw. innere Ordnung dieser Arrangements: die Anordnung von Policies zueinander und die Ausgestaltung ihrer Beziehungen. Damit beobachtet die Perspektive gewissermaßen Ordnung(en) zweiter Ordnung: Phänomene, Konzepte und Ansätze der Ordnung (Integration) politischer Ordnungsversuche (Policies). Sie rückt die Frage in den Mittelpunkt, ob, wie und unter welchen Voraussetzungen und Bedingungen politische Systeme ihre multiplen und ausdifferenzierten Steuerungsversuche erster Ordnung (Policies) zur Lösung gesellschaftlicher Probleme zueinander in Beziehung setzen und miteinander abstimmen.

Eine Analyse aus der Perspektive von Policy-Integration richtet sich auf die Spezifikation, Identifikation und Rekonstruktion von *Gegenständen, Modi, Orten und Mechanismen* der Integration von Policies.

3.4 Integrationsgegenstände

Die analytische Kategorie *Gegenstand* bezieht sich auf die Objekte von Policy-Integration. Dahinter verbirgt sich die Frage, *was* integriert wird. Policy-Integration im Sinne einer analytischen Perspektive ist zunächst ein neutrales und bedeutungsoffenes Konzept zur analytischen Erfassung und Rekonstruktion der Relationierung potentiell unterschiedlicher politischer Problembearbeitungszusammenhänge. Die Perspektive geht nicht mit einer Fokussierung auf einen spezifischen empirischen Gegenstandsbereich einher. Im Gegenteil, die Perspektive ist im Hinblick auf verschiedene Policy-Verständnisse offen und dementsprechend auf unterschiedliche empirische Kontexte anwendbar. Die Frage nach dem Gegenstand von Policy-Integration ist daher nicht ein für alle mal, sondern immer mit Blick auf den jeweiligen empirischen Untersuchungszusammenhang zu beantworten; sie verweist darauf, dass die Verwendung von Policy-Integration als analytische Perspektive konzeptionelle Explikationen oder empirische Spezifikationen darüber erfordert, was genau unter Policies verstanden wird und hinsichtlich welcher Elemente und Aspekte deren Relationierung in den Blick genommen und analysiert werden soll. Mit Blick auf das in Abschnitt

3.2 entwickelte allgemeine Verständnis von Policy sind mögliche Referenzpunkte für ein systematisches Nachdenken über Gegenstände von Policy-Integration sachlich-funktionale Policy-Elemente (wie etwa Policy-Probleme, -Ziele oder -Instrumente), sozial-strukturelle Policy-Elemente (wie Policy-Subsysteme), räumliche Eigenschaften (Policy-Ebenen) oder zeitliche Qualitäten von Policies (Policy-Phasen).

3.5 Integrationsorte

In der Kategorie des Integrationsortes wird nach dem *Wo* von Policy-Integration gefragt. *Orte* der Integration sind Stellen, an denen Relationierungen zwischen Policies – mehr oder weniger zufällig – entstehen oder – mehr oder weniger absichtsvoll – hergestellt und etabliert werden. Integrationsorte beschreiben damit Treffräume von Policies: Räume, in denen Policies auf verschiedene Arten aufeinander stoßen und zueinander in Beziehung treten. Zu unterscheiden sind dabei erstens institutionell-organisatorische Stellen im politisch-administrativen System, an denen Policy-Verbindungen durch soziale Interaktionen prozessiert und konstituiert werden; zweitens inhaltlich-programmatische Orte im Policy-System, an denen Policy-Relationierungen in Form von Policy-Texten festgeschrieben sind; und drittens Stellen im gesellschaftlichen Raum, an denen Policies auf der Wirkungsebene zusammen treffen und miteinander in Beziehung treten. Die Analyse von Orten der Policy-Integration zielt zunächst auf die Identifikation, Eingrenzung und differenzierte Beschreibung dieser Treffräume. Daraus lassen sich ferner Rückschlüsse auf die spezifischen Voraussetzungen und Bedingungen der Realisierung von Policy-Integration und damit auf strukturelle Merkmale von Policy-Integrationsmechanismen ziehen.

3.6 Integrationsmodi

Die Bestimmung von Integrations*modi* fußt auf der Frage nach dem *Wie* der Integration von Policies. Sie zielt auf die Identifikation und Charakterisierung grundlegender Erscheinungsformen und Muster der Ausgestaltung der Relationierung von Policies. In Abschnitt 3.1 wurde Integration als Prozess oder als Endzustand eines Prozesses der Zusammenlagerung von Teilen definiert, in dessen Verlauf sich die Beweglichkeit der Teile mehr oder weniger einschränkt, wodurch die sich aus den Teilen konstituierende Ganzheit gegenüber den Einzelteilen in der Wahrnehmung hervortritt. Unterhalb dieser übergeordneten begrifflichen Einheit entfaltet sich ein Spektrum unterschiedlicher (und zum Teil ge-

gensätzlicher) Bedeutungen von Integration, die sich als abstrakte Modi der Relationierung von Policies konzeptualisieren lassen.

Eine erste Unterscheidung, die sich auf den Endzustand von Integration bezieht, entspricht einer Differenzierung von Integrations*graden*. In ihrer Bipolarität macht sie jedoch darauf aufmerksam, dass eine Integration von Policies nicht *per se* mit der Auflösung ihrer erkennbaren Identität einher geht: Sind am Ende eines Integrationsprozesses noch Einzelteile erkennbar, kann von einer *partikularen*, sind die Teile des Ausgangszustandes im Sinne einer Verschmelzung in eine Einheit übergegangen kann von einer *totalen Integration* gesprochen werden.[3]

Eine zweite Differenzierung betrifft die Symmetrie des Prozesses der Relationierung von Teilen. Wenn Integration mit der Einschränkung der Beweglichkeit von Teilen einhergeht, so stellt sich die Frage, ob die Beweglichkeit aller Teile gleichermaßen eingeschränkt wird. Bei der *einseitigen Integration* vollzieht sich das In-Beziehung-Setzen von Teilen im Sinne einer hegemonialen Penetration: Ein Teil schränkt die Bewegungsspielräume anderer Teile einseitig ein – mit der Folge, dass die sich konstituierende Ganzheit tendenziell die Form des Einzelteils annimmt, die Sichtbarkeit des integrierenden Einzelteils also „auf Kosten" der übrigen Teile zunimmt. Im Unterschied dazu ist die *wechselseitige Integration* gekennzeichnet durch die Konstitution reziproker Beziehungen zwischen den Teilen, mit der Folge, dass sich Teile wechselseitig in ihrer Beweglichkeit einschränken.

Eine dritte, daran anschließende Unterscheidung bezieht sich auf die Anordnung der Teile im Endzustand der Integration. Sie enthält den kritischen Hinweis, dass Integration nicht zwangsläufig mit einem Zustand der Gleichrangigkeit oder Ausgewogenheit einhergeht. Sobald ein oder mehrere Teile aufgrund ihrer strukturell, funktional oder materiell herausgehobenen Stellung den Endzustand dominieren, kann von einer *hierarchischen Integration* gesprochen werden. Eine *heterarchische Integration* liegt dann vor, wenn alle Teile gleichbedeutend bzw. gleichwertig sind, also kein Dominanzverhältnis einzelner Teile besteht.

Die vierte Unterscheidung thematisiert die Gestalt der Einzelteile des Endzustandes im Vergleich zum Ausgangszustand. So lassen sich *konservative* Formen der Integration denken, bei denen die Teile des Ausgangszustandes mit den Teilen des Endzustandes identisch sind. Schließt der Integrationsprozess eine Veränderung der Identität der integrierten Teile im Übergang vom Ausgangszu-

---

3 Die Vereinheitlichung von Teilen ist demnach kein Definitionskriterium, sondern eine spezifische Ausprägung von Integration.

stand zum Endzustand ein, kann von einem *transformativen Integrationsmodus* gesprochen werden.

3.6.1 Integrationsmechanismen

Die Kategorie des Integrationsmechanismus adressiert die Frage, *wodurch* Policy-Integration hergestellt wird, wie es also zu einer Relationierung von Policies kommt. *Mechanismen* beziehen sich auf Konstellationen aus mehr oder weniger statischen Bedingungen und dynamisch-aktivierenden Momenten, die im Zusammenspiel eine (wie auch immer geartete Relationierung) von Policies bewirken. Die Analyse von Integrationsmechanismen umfasst daher einerseits die Identifikation und Erschließung institutioneller Strukturbedingungen, emergenter Dynamiken sowie intentionaler und nicht-intentionaler Techniken und Praktiken von Akteuren, die für die Konstituierung der betrachteten Policy-Beziehungen relevant sind. Sie umfasst andererseits die Rekonstruktion des spezifischen Zusammenspiels der unterschiedlichen statischen und dynamischen Faktoren im Hinblick auf die Implikationen für die Relationierung von Policies.

Während die Analysekategorien Gegenstand, Ort und Modus auf die differenzierte Beschreibung von Integrationsphänomenen abzielen, nimmt die Kategorie der Integrationsmechanismen die Voraussetzungen, Bedingungen und Momente der Entstehung und Etablierung spezifischer Phänomene der Relationierung von Policies in den Blick und adressiert somit kausal-analytische Fragen. Damit wird der in der konzeptionellen Diskussion zu Policy-Integration weitgehend fehlenden analytischen Differenzierung der Identifikation und Beschreibung von Integrationsphänomenen einerseits und der Erfassung der Bedingungen ihrer Entstehung andererseits Rechnung getragen.

4 Policy-Integration und das Bundeskanzleramt – Das Beispiel der nationalen Nachhaltigkeitsstrategie

Im folgenden Abschnitt wird Policy-Integration als analytische Perspektive auf ein Fallbeispiel aus dem Kontext bundesdeutscher Regierungspolitik angewendet und empirisch illustriert. Gegenstand der Untersuchung ist die nationale Nachhaltigkeitsstrategie der ersten rot-grünen Bundesregierung (Bundesregierung 2002); genauer analysiert wird ein spezifisches Arrangement der Ressortabstimmung, das eigens für die Entwicklung der Nachhaltigkeitsstrategie kreiert worden ist. Das Hauptaugenmerk richtet sich auf die Rekonstruktion der politikintegrativen Funktion des Bundeskanzleramts in diesem Arrangement. Nach einer kurzen Spezifizierung der im Rahmen der Fallstudie fokussierten *Gegenstände* von Policy-Integration (4.1) werden einige Besonderheiten des Integrations*ortes* beschrieben (4.2). Anschließend werden *Modi* (4.3) und *Mechanismen* (4.4) der Relationierung von Policies in diesem Arrangement rekonstruiert. Vor dem Hintergrund der gemachten Beobachtungen wird abschließend nach der integrativen Funktion des Bundeskanzleramts gefragt (4.5).[4]

4.1 Gegenstände der Integration: Ressortpolitiken

Im Rahmen der vorliegenden Fallstudie zur Nachhaltigkeitsstrategie bezieht sich Policy-Integration auf die Relationierung von Ressortpolitiken in der Phase der Politikformulierung. Gegenstand der Betrachtung sind demnach nachhaltigkeitsbezogene Problembearbeitungsaktivitäten einzelner Ministerien. Damit sind Ensembles aus Problemwahrnehmungen, darauf bezogenen Zielformulierungen und Problemlösungsansätzen gemeint, die von einzelnen Ressorts in Form von mehr oder weniger umfassenden inhaltlich-programmatischen Beiträgen zur nationalen Nachhaltigkeitsstrategie formuliert und zum Gegenstand von Ressortabstimmungsprozessen gemacht werden. Aus der Perspektive von Policy-Integration stellt sich die Frage, wo, wie und wodurch diese Ressortpolitiken miteinander relationiert werden.

4.2 Ort der Integration: Arrangement der interministeriellen Koordination

Nationale Nachhaltigkeitsstrategien sind nachhaltigkeitspolitische Kernprogramme, in denen Regierungen ihre nachhaltigkeitspolitischen Aktivitäten zusammenführen, abstimmen und weiterentwickeln sowie dokumentieren und nach außen kommunizieren (vgl. Meadowcroft 2007, Steurer/Martinuzzi 2005). Sie

---

4   Für die Fallstudie wurden insgesamt 12 Interviews mit Expertinnen aus der Ministerialverwaltung durchgeführt. Hierbei handelte es sich um Referenten, Referatsleiter und Unterabteilungsleiter aus verschiedenen Ministerien, die direkt an Entscheidungsprozessen beteiligt waren. Außerdem wurde der damalige Leiter der für die Nachhaltigkeitsstrategie zuständigen Abteilung im Bundeskanzleramt Urban Rid interviewt. Die Erhebung und Auswertung folgten einem konzeptionell strukturierten interpretativen Ansatz. Im Mittelpunkt stehen Perzeptionen und Erzählungen der beteiligten Akteure, die mit Fragen aus der theoretisch begründeten Perspektive der Policy-Integration konfrontiert werden. Die Interpretationen und Zuschreibungen basieren auf dem Prinzip eines kontrafaktischen Vergleichs. Damit ist gemeint, dass stets der Versuch unternommen wurde, die in dem betreffenden Arrangement vorgefundene Situation in ein kontrafaktisches Normalsituation zu spiegeln, in der es kein solches Arrangement gibt. So wurde etwa in der Interviewführung gezielt der Versuch unternommen, Unterschiede und Gemeinsamkeiten zu einem hypothetischen „üblichen Gang der Dinge" aufzuspüren.

werden dezidiert als Ansätze integrativer Politik ausgewiesen und als solche untersucht (Brodhag/Talière 2006, Kopfmüller/Luks 2004). Auch die Nachhaltigkeitsstrategie der deutschen Bundesregierung ist vom Anspruch her integrativ angelegt und stellt eine übergreifende Leitlinie für die Politik der Bundesregierung insgesamt dar (Rid 2003). Trotz eines institutionell breiter angelegten und von Elementen des gesellschaftlichen Dialogs begleiteten Strategieprozesses[5] kann die erste nationale Nachhaltigkeitsstrategie im Wesentlichen als Produkt der Ministerialverwaltung angesehen werden (Tils 2005, 2007). Innerhalb der Ministerialverwaltung zeichnet ein Arrangement der interministeriellen Koordination für die Entwicklung der Strategie verantwortlich. Hierbei handelt es sich um einen Staatssekretärsausschuss (*Green Cabinet*) sowie eine interministerielle Arbeitsgruppe auf Unterabteilungsleiterebene (*UAL-AG*). Während die Nachhaltigkeitsstrategie die Ergebnisse ressortübergreifender Abstimmungsprozesse dokumentiert und damit in inhaltlich-programmatischer Hinsicht als Ort von Policy-Integration bezeichnet werden kann, fungiert das Arrangement als die zentrale Stelle im Regierungssystem, an der Relationierungen zwischen nachhaltigkeitsbezogenen Ressortpolitiken überhaupt erst hergestellt werden; es bildet damit gewissermaßen den institutionell-prozessualen *Ort* von Policy-Integration. Das Arrangement als institutioneller Ort der Integration weist nach Ansicht der befragten Akteure gegenüber sonst üblichen Strukturen interministerieller Abstimmung einige besondere Eigenschaften auf.

Eine erste strukturelle Besonderheit ist die sachliche und zeitliche Ausdehnung des Arrangements. Schon programmatisch zielt die Nachhaltigkeitsstrategie auf Integration in einem umfassenden Sinne, handelt es sich doch um eine Strategie, der sich die *gesamte* Regierung verpflichtet hat. Institutionell gespiegelt wird dieser sachlich umfassende Integrationsanspruch in der Beteiligung nahezu aller Ministerien an dem Arrangement interministerieller Koordination, das darüber hinaus auch zeitlich extensiv angelegt ist und nicht bloß ein punktuelles Unterfangen darstellt. Eine zweite institutionelle Besonderheit bildet die Konstruktion zweier dauerhaft institutionalisierter und eng miteinander verkoppelter Ebenen der Abstimmung, Green Cabinet und UAL-AG. Durch die von vornherein auf einer vergleichsweise hohen Hierarchieebene angesiedelte Arbeitsgruppe und deren Anbindung an einen Staatssekretärsausschuss werden nicht nur die potentiellen Konzessionsräume der Ressorts erweitert, sondern

---

5 Von Beginn an wurde der Strategieprozess durch ein pluralistisch besetztes Beratungsgremium der Bundesregierung, den Rat für Nachhaltige Entwicklung, und ab 2004 durch den Parlamentarischen Beirat für Nachhaltige Entwicklung begleitet. Über Konsultationsrunden und Internetforen sollte zudem eine breite Einbeziehung gesellschaftlicher Akteure erreicht werden. Aus der Sicht kritischer Akteure sind allerdings weder die Versuche noch die Ergebnisse gesellschaftlicher Partizipation als ernstzunehmend zu betrachten (Kopfmüller/Luks 2004).

auch das Konfliktlösungspotential des Arrangements erhöht. Schließlich ist die schon in formaler Hinsicht zentrale Stellung des Bundeskanzleramts innerhalb des Arrangements hervorzuheben. Jenseits der inhaltlich definierten und an den üblichen Zuständigkeitsbereichen der Ministerien orientierten Zuweisung der Federführung besitzt das Bundeskanzleramt die Letztverantwortung für die Strategie und den Strategieprozess insgesamt. Nicht nur, dass die herausgehobene Position des Kanzleramts eine vergleichsweise hohe politische Bedeutung signalisieren soll (Tils 2007); sie verleiht dem Kanzleramt auch erweiterte Möglichkeiten in Bezug auf die inhaltliche und prozessuale Steuerung der Ressortabstimmung (s. 4.4).

4.3 Modi der Integration

Welche Beobachtungen zum *Modus* von Policy-Integration lassen sich machen? Auf welche Art und Weise werden also Ressortpolitiken in dem beschriebenen institutionellen Arrangement miteinander relationiert? Zunächst ist festzuhalten, dass die Nachhaltigkeitsstrategie als übergeordnete nachhaltigkeitspolitische Programmatik der Bundesregierung eine Vielzahl von Teilpolitiken in unterschiedlichen Schwerpunktthemen bündelt, die als mehr oder weniger abgeschlossene programmatische Einheiten angesehen werden können (Kopfmüller/Luks 2004). Jedes dieser Schwerpunktthemen ist dabei das Ergebnis eines mehr oder weniger eigenständigen Teilprozesses. Ein erster deskriptiver Befund ist denn auch, dass sich keine übergreifenden Muster der Integration für *die* Nachhaltigkeitsstrategie und *den* Strategieprozess insgesamt identifizieren lassen. Vielmehr werden in unterschiedlichen Bereichen *unterschiedliche Modi* von Policy-Integration realisiert. Nach Einschätzung der involvierten Akteure unterscheiden sich dabei sowohl die Ergebnisse als auch die Prozesse von jenen, die im Rahmen üblicher Ressortabstimmungen realisiert würden. Modi ausgeprägter wechselseitiger Ressortintegration, die sich durch wechselseitige Konzessionen in Bezug auf die eigenen Ressortinteressen und -positionen, eine Hinwendung zu gemeinsam formulierten Problemdefinitionen und Zielvorstellungen sowie ein wechselseitiges Zusammenführen von Wissensbeständen auszeichnen, werden ebenso realisiert wie Formen einseitiger Integration, in denen ein einzelnes Ressort in die Politik anderer Ressorts unidirektional eindringt und diese entlang der eigenen Problemwahrnehmungen, Ziele und Problemlösungsvorstellungen ausrichtet. Dementsprechend lassen sich Bereiche identifizieren, die durch klare Über- und Unterordnungsverhältnisse von Ressorts charakterisiert sind (hierarchische Integration) und Bereiche, in denen eine Gleichgewichtung von Ressortpositionen realisiert wurde (heterarchische Integration). Ferner lassen sich unterschiedliche Integrationsgrade ausmachen. In einigen Bereichen werden im Rahmen der Ressortabstimmung ehemals klar identifizierbare Ressortpolitiken gleichsam „aufgelöst", d.h. sie verlieren ihre Sichtbarkeit zugunsten neuer übergreifender Politiken. In anderen Zusammenhängen stehen klar identifizierbare Ressortpolitiken vergleichsweise unverbunden und frei beweglich nebeneinander. Demnach finden sich schließlich unterschiedliche Grade der Transformation von Teilpolitiken. Zum Teil werden Ressortpolitiken, also Problemdeutungen, Ziele und Wahrnehmungen, selbst modifiziert (transformative Integration), zum Teil bleiben sie während der Ressortabstimmung von Veränderungen unberührt. Insgesamt herrscht in dem betrachteten Arrangement nicht *ein* spezifischer Typ der Relationierung von Ressortpolitiken vor; vielmehr lässt sich ein ganzes Spektrum unterschiedlicher Integrationsmodi ausmachen. Doch wodurch werden die Variationsbreite insgesamt und wodurch ein im Einzelfall sich manifestierender Integrationsmodus bestimmt?

4.4 Mechanismen der Integration

Die hier vertretene These ist, dass sich die jeweils realisierten Integrationsmodi auf unterschiedliche Integrationsmechanismen zurückführen lassen. Hierbei handelt es sich um Konfigurationen aus institutionellen Strukturen und dynamischen Aktivitätsmomenten, die eine Relationierung separierter politischer Problembearbeitungsaktivitäten herstellen und stabilisieren. In dem hier untersuchten Fall sind damit einerseits das Arrangement der Ressortabstimmung und andererseits spezifische Aktivitäten der Steuerung von Ressortabstimmungsprozessen innerhalb des Arrangements angesprochen.

Das spezifische Arrangement der interministeriellen Koordination repräsentiert die institutionelle Dimension des Integrationsmechanismus. Durch das spezifische Setting einer sachlich umfassend und zeitlich dauerhaft angelegten, fest institutionalisierten interministeriellen Koordinationseinrichtung wird zunächst eine Variationsbreite und Optionsvielfalt unterschiedlicher Modi der Relationierung von Ressortpolitiken geschaffen. Gegenüber einem Arrangement der Ad-hoc-Abstimmung eröffnet ein solchermaßen auf Dauer gestellter interministerieller Treffraum zusätzliche Möglichkeiten der Gestaltung von Integration. So dürften durch die Verstetigung von Koordinationsprozessen aber auch durch das dem Arrangement zugeschriebene hohe Konfliktlösungspotential die Bedingungen für wechselseitige und transformative Modi der Ressortintegration eher hergestellt sein als unter den üblichen Voraussetzungen zeitlich beschränkter oder nicht vorhandener Strukturen der Ressortabstimmung. Mit Blick auf die beobachtbare Variation der Integrationsmodi ist es jedoch offenbar nicht das institutionelle

Arrangement der interministeriellen Koordinierung alleine, das den Integrationsmodus determiniert; das Arrangement beherbergt vielmehr eine Potentialität latenter Integrationsmodi, die erst durch zusätzliche intervenierende Faktoren aktiviert werden.

Als relevanter aktivierender Faktor erscheint im hier untersuchten Fall das Bundeskanzleramt.[6] So finden sich in den Gesprächen mit beteiligten Akteuren Hinweise, dass der tatsächlich realisierte Integrationsmodus maßgeblich auf dessen Steuerungsaktivitäten innerhalb des Arrangements der Ressortabstimmung zurückgeführt werden kann: Durch verschiedene Steuerungsansätze ist es offenbar dazu in der Lage, den Modus der Relationierung von Ressortpolitiken in unterschiedliche Richtungen zu beeinflussen und damit die institutionell angelegte Potentialität von Integrationsformen selektiv zu aktivieren. Dabei lassen sich im Wesentlichen drei „Steuerungsprofile" ausmachen. Hierbei handelt es sich um kohärente und wiederkehrende Muster von Praktiken und Aktivitäten, die mit einem bestimmten Rollenverständnis der beteiligten Akteure aus dem Kanzleramt einher gehen.

Ein erstes Steuerungsprofil lässt sich als *„Konzeptionelle Meta-Steuerung"* bezeichnen. Formal basiert es auf der Letztverantwortung und „Federführung" des Kanzleramts für den Strategieprozess insgesamt. Dieser Verantwortung kommt das Kanzleramt unter anderem dadurch nach, dass es die konzeptionelle Gesamtarchitektur der Nachhaltigkeitsstrategie entwirft und zur Vorlage für die sich anschließende inhaltliche Abstimmung der einzelnen Themenbereiche macht. Hierzu gehören das übergreifende Leitbild der Strategie, ein Managementkonzept sowie inhaltliche Schwerpunktthemen. Dieses Grundkonzept umfasst bereits eine Diagnose und Beschreibung der für die Nachhaltigkeitsstrategie als wesentlich erachteten Nachhaltigkeitsprobleme, es bestimmt die normativen Eckpfeiler und Ziele der Nachhaltigkeitspolitik und es benennt übergreifende Wege und Techniken, wie die Ziele der Nachhaltigkeitsstrategie erreicht werden können. Durch das Grundkonzept definiert das Kanzleramt gewissermaßen einen Möglichkeitsraum für die sich anschließenden Abstimmungsprozesse, in dem es einerseits normative Anforderungen und Erwartungen formuliert, an denen sich die Ressortabstimmungen zu orientieren haben und andererseits die konzeptionellen Grenzen absteckt, innerhalb derer sich die Ressortkoordination zu bewegen hat. Durch das Grundkonzept werden etablierte Interaktionszonen der Res-

---

6 Wenn im Folgenden von „dem Kanzleramt" die Rede ist, sind damit immer die Akteure gemeint, die das Bundeskanzleramt repräsentieren. Die Abkürzung dient einerseits der sprachlichen Vereinfachung. Andererseits wird damit auch der Darstellung und Interpretation der befragten Akteure gefolgt, die von sich aus immer wieder von dem Kanzleramt sprechen, die handelnden Akteure aus dem Kanzleramt also mit der Organisation Kanzleramt identifizieren und damit auf dessen besondere Bedeutung und Autorität im politischen Prozess verweisen.

sorts zum Teil verändert und neue bzw. bisher brachliegende Begegnungsräume und Kommunikationszusammenhänge zwischen den Ressorts geschaffen. Bestehende, zum Teil verfestigte Konfliktlinien aber auch Koalitionen werden aufgebrochen oder verschieben sich. Durch den übergeordneten konzeptionellen Rahmen wird ein alternatives Argumentationsrepertoire bereit gestellt, das etablierte Perzeptionen, Positionen und Erzählungen argumentativ herausfordert und rekontextualisiert. Die Ressorts werden gewissermaßen dazu genötigt, ihre eigenen Positionen mit dem Gesamtkonzept zu relationieren und in dessen Lichte neu zu bewerten. Im Policy-Making-Prozess ist einerseits zu beobachten, dass das Kanzleramt als „Mahner" der im Grundkonzept angelegten übergreifenden Problemperspektive auftritt und versucht, die Ressortabstimmung von diesem Konzept aus aktiv zu steuern. Andererseits lässt sich erkennen, dass es auch die Ressorts selbst sind, die sich dieser neu aufgemachten Argumentations- und Interpretationsrepertoires von sich aus bedienen, um ihre eigenen Positionen zu stützen, die Positionen anderer Ressorts herauszufordern und – unter Verweis auf das Gesamtkonzept – zu disziplinieren. Insgesamt erweist sich die konzeptionelle Strukturierung des Prozesses durch das Kanzleramt als Mechanismus zur Erhöhung des Integrationsgrades und zur Beförderung wechselseitiger (etwa auf den Austausch von Wissen gerichteter), transformativer (die Veränderung von Ressortpositionen begünstigender) und (aufgrund der herausgehobenen Stellung des Kanzleramts selbst) tendenziell hierarchischer Integrationsmodi.

Ein zweites wesentliches Rollenprofil lässt sich als *„Moderation und Vermittlung"* charakterisieren. Nach Einschätzung der befragten Akteure ist die Vermittlung bei auftretenden Konflikten das dominierende Profil des Kanzleramts in der interministeriellen Abstimmung überhaupt. Im untersuchten Arrangement übt das Kanzleramt diese Rolle aber auf eine besondere Weise aus. Aus seiner Verantwortung für den Gesamtprozess heraus schaltet sich das Kanzleramt schon früher als üblicherweise aktiv moderierend und vermittelnd in die interministerielle Abstimmung ein. Es ist als ständiger Prozessbegleiter präsent – und tritt nicht erst als „Feuerwehr" in Erscheinung. Durch die frühzeitige und unmittelbare Beteiligung des Kanzleramts in der interministeriellen Abstimmung wird einerseits der Einigungsdruck auf die beteiligten Ressorts erhöht. So droht bei Nichteinigung der Ressorts die konzeptionelle und inhaltliche Intervention des Kanzleramts unter Verweis auf seine Gesamtverantwortung. Die Ressortabstimmungen finden also gewissermaßen im Schatten des Kanzleramts statt. Andererseits beschreiben die Akteure, dass das Kanzleramt aus einer neutralen Position heraus die Einigungsmenge der Ressorts sichtbar machen und durch „kluge Vorschläge" systematisch vergrößern kann, indem es Vorschläge einbringt, die außerhalb der etablierten Wahrnehmungshorizonte der Akteure liegen. Durch Moderation und Vermittlung kann das Kanzleramt wechselseitige und transformative Integrationsmodi befördern, die im Vergleich zum Muster der konzeptionellen Steuerung eher heterarchisch angelegt sind. Ein drittes dominantes Aktivitätsmuster mit Folgen für den Modus der Relationierung von Ressortpolitiken ist die „*Selektive Stützung*". Dieses Profil ist dadurch gekennzeichnet, dass sich das Kanzleramt in Abstimmungsprozessen gleichsam auf die Seite eines Ressorts schlägt und dessen Position gegenüber den Positionen anderer Ressorts selektiv unterstützt. Das Kanzleramt legt gewissermaßen sein eigenes Gewicht in die Wagschale eines einzelnen Ressorts und fungiert damit als selektiver Hebel für dessen Politik. Das kann unterschiedliche Folgen für den Integrationsmodus haben. Einerseits können durch die Stützung von Ressortpositionen partikularistische und einseitige Modi der Integration befördert werden. Andererseits lassen sich einseitige Integrationsbestrebungen von Ressorts abblocken und egalisieren. Das Kanzleramt agiert dann gleichsam als Kontrollinstanz gegenüber der einseitigen Durchsetzung von Ressortinteressen und stellt Bedingungen für wechselseitige Integration her. Durch die selektive Unterstützung einzelner Ressorts kann das Kanzleramt etwaige Machtasymmetrien zwischen Ressorts temporär auf- oder abbauen und dadurch den Integrationsmodus in der Dimension Hierarchie – Heterarchie steuern. So finden sich im konkreten Untersuchungsfall etwa Hinweise darauf, dass durch die zentrale Stellung des Kanzleramts traditionell schwächere Ressorts gestärkt und dadurch etablierte Machtasymmetrien zwischen den Ressorts nivelliert werden. Durch die selektive Stützung einzelner Ressorts kann das Kanzleramt also auch die Voraussetzungen für heterarchische und wechselseitige Formen der Ressortintegration schaffen.

4.5 Das Bundeskanzleramt als Policy Integrator?

Wie ist es vor dem Hintergrund dieser Beobachtungen um die Integrationsfunktion des Kanzleramts bestellt? Zunächst einmal kann dem Kanzleramt für den untersuchten Fall tatsächlich eine integrative Funktion zugeschrieben werden, ist es doch innerhalb des institutionellen Arrangements interministerieller Koordination maßgeblich an der Relationierung von Ressortpolitiken beteiligt. Dabei nimmt es seine Integrationsfunktion nicht immer auf dieselbe Art und Weise wahr. Vielmehr bedient es sich verschiedener Techniken der konzeptionellen und prozessualen Steuerung, mit denen es den Modus und den Grad der Integration von Ressortpolitiken auf unterschiedliche Art und Weise ausgestaltet. Das Kanzleramt fungiert dabei allerdings nicht als allmächtiger Policy Integrator, der die Relationierung von Ressortpolitiken *beliebig* steuern kann. Seine Integrationsfunktion muss in mehrfacher Hinsicht relativiert werden.

Erstens kann angenommen werden, dass sich die Relationierung von Ressortpolitiken auch ohne die Einflussnahme des Kanzleramts vollzieht – allerdings in anderer Form und mit anderen Ergebnissen. Die Einflussnahme des Kanzleramts ist danach keine notwendige Bedingung für das Zustandekommen von Ressortintegration. Die Funktion des Kanzleramts gleicht eher der eines Triggers: Es kann latente Formen der Integration aktivieren und die Relationierung von Ressortpolitiken in eine bestimmte Richtung lenken. In Bezug auf den Prozess der Ressortintegration insgesamt fungiert das Kanzleramt als Faktor, der nicht die Relationierung von Ressortpolitiken an sich erklärt, sondern die spezifische Form des Phänomens.

Zweitens werden die Integrationsmöglichkeiten und damit die potentielle Integrationsfähigkeit des Kanzleramts durch den politischen Kontext bestimmt, in dem das Kanzleramt agiert. Es ist dieses komplexe und dynamische Gefüge aus formal-institutionellen Bedingungen[7] und machtpolitisch-prozessualen Voraussetzungen des Regierens[8], den Eigendynamiken und -logiken des Policy-Making in der Ministerialverwaltung[9] sowie spezifischen inhaltlich-materiellen Policy-Eigenschaften[10], das den Spielraum und damit die Möglichkeiten und Grenzen der Integration von Ressortpolitiken definiert.

Schließlich hängt die tatsächliche Integrationsfähigkeit des Kanzleramts von seinen eigenen institutionellen, konzeptionellen und personellen Ressourcen ab. Hierzu gehören nicht nur seine formal herausgehobene Stellung und die von vielen Akteuren beschriebene „natürliche Autorität"[11], sondern auch taktisches Geschick und inhaltliche Kompetenz der relevanten Personen, die sich beispielsweise im Erkennen und Ausschöpfen der bestehenden Steuerungspotentiale (einschließlich der Berücksichtigung bestehender Grenzen) zeigen aber auch in

---

7 Hierzu gehören beispielsweise verfassungsrechtlich verankerte normative Prinzipen der Regierungsorganisation, wie Kanzlerprinzip, Ressortprinzip und Kabinettsprinzip, formale Regeln der Ressortabstimmung, wie sie sich in der Geschäftsordnung der Bundesregierung finden, aber auch organisatorische Strukturen, wie etwa formale Gremien der Ressortabstimmung (Patzelt 2004, Bull 1991).
8 Bedingt etwa durch die jeweilige partei-, koalitions- und personenpolitische Binnenarchitektur der Regierung (Korte/Fröhlich 2004).
9 Vgl. zu den strukturell, prozessual und personell bedingten Mustern des Policy-Making in der Ministerialverwaltung Mayntz/Scharpf (1975) sowie zu differierenden Handlungslogiken in der Ministerialbürokratie Tils (2003).
10 So etwa deren wahrgenommene Wirkungen und die damit verbundene Konflikthaftigkeit von Policies (Heinelt 2003) aber auch die tagespolitische Exponiertheit von Themen und deren Politisierungs- und Profilierungspotential.
11 Insbesondere die von einigen Akteuren selbst als solche bezeichnete „natürliche Autorität" des Kanzleramts erweist sich dabei als prekäre Ressource. Sie basiert auf dem Nimbus der inhaltlichen Neutralität, der verloren geht, wenn sich das Kanzleramt dauerhaft auf die Seite einzelner Ressorts schlägt oder seine konzeptionelle Steuerungsrolle zu expansiv wahrnimmt.

der Fähigkeit, ein Gesamtkonzept zu entwickeln und von diesem aus zu denken und zu agieren.

Insgesamt ist das Kanzleramt nicht *der* Policy Integrator, sondern Teil komplexer Mechanismen der Relationierung von Ressortpolitiken. Seine Integrationsfunktion ist nicht losgelöst von den politisch-institutionellen Bedingungen zu sehen, in denen es agiert. Sie präformieren nicht nur den Optionsraum an Integrationsmöglichkeiten, sondern auch die potentielle und tatsächliche Integrationsfähigkeit des Kanzleramts selbst.

5 Zusammenfassung und Ausblick

Ausgangspunkt des Beitrags ist die Beobachtung, dass das Thema Policy-Integration Tradition und Konjunktur hat – auch und gerade im Zusammenhang mit Regierungszentralen, wird diesen doch allenthalben die Aufgabe zugeschrieben, Teilpolitiken in „einer Politik aus einem Guss" zu bündeln. Allerdings gibt es bislang kaum konzeptionell fundierte Ansätze zur Analyse von Policy-Integration im Allgemeinen und der politikintegrativen Funktion von Regierungszentralen im Besonderen. Um Formen sowie Voraussetzungen und Bedingungen integrativer Politik systematischer zu untersuchen, wird eine Rekonzeptualisierung von Policy-Integration als analytische Perspektive vorgeschlagen. Sie fokussiert auf Gegenstände, Orte, Modi und Mechanismen integrativer Problembearbeitung.

Das in dieser Perspektive exemplarisch untersuchte interministerielle Arrangement zur Koordination der Nachhaltigkeitspolitik der Bundesregierung lässt nicht ein spezifisches Musters der Relationierung von Ressortpolitiken, sondern unterschiedliche Integrationsmodi erkennen. Fragt man nach den Ursachen dieser Variationsbreite einerseits und dem Auftreten spezifischer Formen der Integration andererseits, rücken komplexere Integrationsmechanismen in den Blick. Die Integration von Ressortpolitiken ist demnach nicht dem Kanzleramt allein zuzuschreiben, sondern der Funktionsweise des institutionellen Arrangements insgesamt. Zwar erfüllt das Kanzleramt innerhalb des Arrangements erkennbar politikintegrative Aufgaben; es bestimmt allerdings weniger, *ob* Policy-Integration stattfindet, sondern vielmehr *wie* sich Policy-Integration vollzieht. Dabei bedient es sich unterschiedlicher Steuerungstechniken, die jeweils die Realisierung spezifischer institutionell angelegter Integrationsmodi begünstigen. Die integrativen Wirkungsmöglichkeiten des Kanzleramts sind durch politische Kontextbedingungen und die eigenen Integrationsressourcen begrenzt.

Auch wenn sich die Erkenntnisse der Fallstudie kaum umfassend generalisieren lassen, eignen sie sich gleichwohl dazu, bestehende allgemeine Einschätzungen zu den Funktionen des Kanzleramts zu relativieren und zu spezifizieren. Mit Blick auf die hier identifizierten unterschiedlichen Mechanismen der Integration erscheint etwa die These von Goetz (2006: 91), wonach das Kanzleramt „unambigously an instrument for the exercise of chancellorial authority rather than a guardian of collective responsibility" sei, als allzu einseitig. Das Kanzleramt ist nicht allein „institutionelle Ressource" des Kanzlers, sondern tritt auch als Unterstützer einzelner Ressorts oder als Mahner einer Perspektive der Gesamtregierung auf. Seine integrativen Funktionen sind im Schnittfeld der drei grundlegenden Regierungsprinzipien angesiedelt – zwischen Regierungschef, Gesamtregierung und Ressorts; es fungiert als „Drehkreuz" dieser Regierungsprinzipien (Korte/Fröhlich 2004). Mehr noch: Unter bestimmten institutionellen Bedingungen und innerhalb politisch-institutioneller Grenzen ist es dazu in der Lage, die Position des Drehkreuzes zu justieren und damit das durch politische Faktoren wie den Regierungsstil des Kanzlers oder die Koalitionsarithmetik präformierte Verhältnis der Regierungsprinzipien *im politischen Prozess* auszutarieren. Es kann durch verschiedene Techniken der Prozesssteuerung einzelne Prinzipien mehr oder weniger stärken oder schwächen und dadurch unterschiedliche Modi der Integration von Regierungspolitik erzeugen.

Insgesamt eröffnet Policy-Integration als analytische Perspektive Möglichkeiten einer systematischen und differenzierten Rekonstruktion von Phänomenen integrativer Politik und der politikintegrativen Funktionen von Regierungszentralen. Daraus ergeben sich auch Anschlussmöglichkeiten für vergleichende Untersuchungen: Welche Unterschiede und Gemeinsamkeiten in Bezug auf Orte, Gegenstände, Modi und Mechanismen integrativer Problembearbeitung lassen sich zwischen unterschiedlichen politisch-administrativen Systemen ausmachen? Und welche spezifischen Integrationsfunktionen erfüllen Regierungszentralen? Dabei steht die Forschung vor der Herausforderung, einen differenzierten Blick in das prozessuale Innenleben von Regierungen zu entwickeln. Denn hier manifestieren sich Integrationsfunktionen in Form eines komplexen Zusammenwirkens von institutionellen Bedingungen und Akteuren, die spezifische Techniken des Regierens praktizieren.

Literatur

6, Perri/Leat, Diana/Seltzer, Kimberly/Stoker, Gerry (2002): Towards Holistic Governance. The New Reform Agenda. Houndmills, Basingstoke: Palgrave.
Bergmann, Kristin (1995): Stichwort "Integrationstheorien". In: Nohlen/Schultze (Hg.) (1995): 213-217.
Bogdanor, Vernon (Hrsg.) (2005): Joined-Up Government. Oxford: Oxford University Press for the British Academy.

Briassoulis, Helen (2004): Policy-Integration for Complex Policy Problems: What, Why and How, Paper presented at the "Berlin Conference on the Human Dimensions of Global Environmental Change – Greening of Policies: Interlinkages and Policy-Integration", 4.-6. December 2004, Berlin.

Briassoulis, Helen (Hrsg.) (2005): Policy-Integration for Complex Environmental Problems. The Example of Mediterranean Desertification. Aldershot: Ashgate.

Brodhag, Christian/Talière, Sophie (2006): Sustainable Development Strategies: Tools for Policy Coherence. In: Natural Resources Forum, 30. 136-145.

Bull, Hans Peter (1991): Koordination des Regierungshandelns – wie viel Öl braucht der Motor? In: Ellwein et al. (1991). 29-49.

Bundesregierung (Hrsg.) (2002): Perspektiven für Deutschland. Unsere Strategie für eine nachhaltige Entwicklung. Berlin: Presse- und Informationsamt der Bundesregierung.

Colebatch, Hal K. (2002): Policy. Buckingham/Philadelphia: Open University Press.

Ellwein, Thomas/Hesse, Joachim Jens/Mayntz, Renate/Scharpf, Fritz W. (Hrsg.) (1991): Jahrbuch zur Staats- und Verwaltungswissenschaft. Band 5. Baden-Baden: Nomos.

Flynn, Norman (1999): Modernising British Government. In: Parliamentary Affairs 52: 4, 582-597.

Gabriel, Oscar W./Holtmann, Everhard (Hrsg.) (2004): Handbuch Politisches System der Bundesrepublik Deutschland. München/Wien: Oldenbourg.

Gawel, Erik/Lübbe-Wolff, Gertrude (Hrsg.) (2000): Effizientes Umweltordnungsrecht. Kriterien und Grenzen. Baden-Baden: Nomos.

Goetz, Klaus H. (2006): Power at the Centre: The Organisation of Democratic Systems. In: Heywood et al. (Hrsg.) (2006): 73-96.

Gottweis, Herbert (2003): Post-positivistische Zugänge in der Policy-Forschung. In: Maier et al. (Hrsg.) (2003): 123-138.

Grande, Edgar/Prätorius, Rainer (Hrsg.) (2003): Politische Steuerung und neue Staatlichkeit. Baden-Baden: Nomos.

Heinelt, Hubert (2003): Politikfelder: Machen Besonderheiten von Policies einen Unterschied? In: Schubert/Bandelow (Hrsg.) (2003): 239-256.

Heywood, Paul M./Jones, Erik/Rhodes, Martin/Sedelmeier, Ulrich (Hrsg.) (2006): Developments in European Politics. Basingstoke: Palgrave Macmillan.

Hood, Christopher (2005): The Idea of Joined-Up Government: A Historical Perspective. In: Bogdanor (Hrsg.) (2005): 19-42.

Jordan, Andrew (2002): Efficient Hardware and Light Green Software: Environmental Policy-Integration in the UK. In: Lenschow (Hrsg.) (2002): 35-56.

Jordan, Andrew/Lenschow, Andrea (Hrsg.) (2008): Innovation in Environmental Policy? Integrating the Environment for Sustainability. Cheltenham (u.a.): Edward Elgar.

Knoll, Thomas (2004): Das Bonner Bundeskanzleramt. Organisation und Funktionen von 1949 - 1999. Wiesbaden: Verlag für Sozialwissenschaften.

Kopfmüller, Jürgen/Luks, Fred (2004): Die deutsche Nachhaltigkeitsstrategie. Eine Kritik aus integrativer Perspektive. In: Zeitschrift für angewandte Umweltforschung 15-16: 1, 16-43.

Korte, Karl-Rudolf/Fröhlich, Manuel (2004): Politik und Regieren in Deutschland. Strukturen, Prozesse, Entscheidungen. Paderborn (u.a.): Ferdinand Schöningh.

Lange, Stefan/Schimank, Uwe (2004): Governance und gesellschaftliche Integration. In: dies. (Hg.) (2004): 9-44.
Lange, Stefan/Schimank, Uwe (Hrsg.) (2004): Governance und gesellschaftliche Integration. Wiesbaden: Verlag für Sozialwissenschaften.
Lenschow, Andrea (Hrsg.) (2002): Environmental Policy-Integration. Greening Sectoral Policies in Europe. London and Sterling VA: Earthscan.
Linne, Gudrun/Schwarz, Michael (Hrsg.) (2003): Handbuch Nachhaltige Entwicklung. Wie ist nachhaltiges Wirtschaften machbar? Opladen: Leske + Budrich.
Ling, Tom (2002): Delivering Joined-Up Government in the UK: Dimensions, Issues and Problems. In: Public Administration, 80: 4, 615-642.
Lyall, Catherine/Tait, Joyce (Hrsg.) (2005): New Modes of Governance. Developing an Integrated Policy Approach to Science, Technology, Risk and the Environment. Aldershot (u.a.): Ashgate.
Maier, Matthias Leonhard/Nullmeier, Frank/Pritzlaff, Tanja/Wiesner, Achim (Hrsg.) (2003): Politik als Lernprozess. Wissenszentrierte Ansätze der Politikanalyse. Opladen: Leske + Budrich.
Mayntz, Renate/Scharpf, Fritz W. (1975): Policy-Making in the German Federal Bureaucracy. Amsterdam (u.a.): Elsevier.
Meadowcroft, James (2007): National Sustainable Development Strategies: Features, Challenges and Reflexivity. In: European Environment, 17, 152-163.
Meijers, Evert/Stead, Dominic (2004): Policy-Integration: What Does It Mean and How Can It Be Achieved? A Multi-Disciplinary Review. Paper presented at the "Berlin Conference on the Human Dimensions of Global Environmental Change - Greening of Policies: Interlinkages and Policy-Integration", 4.-6. December 2004, Berlin.
Müller-Rommel, Ferdinand/Pieper, Gabriele (1991): Das Bundeskanzleramt als Regierungszentrale. In: Aus Politik und Zeitgeschichte, B 21-22, 3-13.
Münkler, Herfried (Hrsg.) (2003): Politikwissenschaft. Ein Grundkurs. Reinbek bei Hamburg: Rowohlt.
Nohlen, Dieter/Schultze, Rainer-Olaf (Hrsg.) (1995): Lexikon der Politik, Band 7 "Politische Begriffe". München: Beck.
Nullmeier, Frank/Wiesner, Achim (2003): Policy-Forschung und Verwaltungswissenschaft. In: Münkler (Hrsg.) (2003): 285-323.
OECD (Hrsg.) (1996): Building Policy Coherence: Tools and Tensions. Paris: OECD (= Organisation for Economic Cooperation and Development).
OECD (Hrsg.) (2002): Improving Policy Coherence and Integration for Sustainable Development. A Checklist, Paris: OECD (= Organisation for Economic Cooperation and Development).
OECD (Hrsg.) (2003): Policy Coherence: Vital for Global Development, Paris: OECD (= Organisation for Economic Cooperation and Development).
Patzelt, Werner J. (2004): Die Bundesregierung. In: Gabriel/Holtmann (Hrsg.) (2004): 233-261.
Persson, Åsa (2003): Environmental Policy-Integration: An Introduction, Stockholm: Stockholm Environment Institute.
Peters, B. Guy (1998): Managing Horizontal Government: The Politics of Co-Ordination. In: Public Administration, 76: 2, 295-311.

Peters, Guy B./Rhodes, Rod A. W./Wright, Vincent (Hrsg.) (2000): Administering the Summit: Administration of the Core Executive in Developed Countries. Houndmills: Macmillan.

Pollitt, Christopher (2003): Joined-Up Government: A Survey. In: Political Studies Review, 1: 1, 34-49.

Regenbogen, Arnim/Meyer, Uwe (1998): Stichwort "Integration". In: Dies. (Hrsg.) (1998): 320.

Regenbogen, Arnim/Meyer, Uwe (Hrsg.) (1998): Wörterbuch der philosophischen Begriffe, begründet von Friedrich Kirchner und Carl Michaëlis, fortgesetzt von Johannes Hoffmeister. Hamburg: Meiner Verlag.

Rid, Urban (2003): Perspektiven für Deutschland: Die nationale Nachhaltigkeitsstrategie. In: Linne/Schwarz (Hrsg.) (2003): 23-29.

Rohe, Karl (1994): Politik. Begriffe und Wirklichkeiten. Stuttgart (u.a.): Kohlhammer.

Rowe, Gerhard C. (2000): Wieviel Integration braucht der "integrierte" Umweltschutz? - Der Weg zum integralen und integeren Umweltschutz. In: Gawel/Lübbe-Wolff (Hrsg.) (2000): 205-249.

Rudzio, Wolfgang (2006): Das politische System der Bundesrepublik Deutschland. Wiesbaden: Verlag für Sozialwissenschaften.

Scharpf, Fritz W. (2000): Interaktionsformen. Akteurzentrierter Institutionalismus in der Politikforschung. Opladen: Leske + Budrich.

Schubert, Klaus/Bandelow, Nils C. (Hrsg.) (2003): Lehrbuch der Politikfeldanalyse. München/Wien: Oldenbourg.

Schubert, Klaus (1991): Politikfeldanalyse. Eine Einführung. Opladen: Leske + Budrich.

Spencer, Herbert (1870): A System of Synthetic Philosophy. Volume I: First Principles. London: Williams and Norgate.

Steurer, Reinhard/Martinuzzi, André (2005): Towards a New Pattern of Strategy Formulation in the Public Sector: First Experiences with National Strategies for Sustainable Development in Europe. In: Environment and Planning C: Government and Policy, 23, 455-472.

Tils, Ralf (2003): Politische Logik administrativen Handelns? Handlungskontexte, Orientierungen und Strategien von Ministerialbeamten im Gesetzgebungsprozess. In: Grande/Prätorius (Hrsg.) (2003): 83-106.

Tils, Ralf (2005): Politische Strategieanalyse. Konzeptionelle Grundlagen und Anwendung in der Umwelt- und Nachhaltigkeitspolitik. Wiesbaden: Verlag für Sozialwissenschaften.

Tils, Ralf (2007): The German Sustainable Development Strategy: Facing Policy, Management and Political Strategy Assessments. In: European Environment, 17, 164-176.

Underdal, Arild (1980): Integrated Marine Policy: What? Why? How? In: Marine Policy, 4: 3, 159-169.

Windhoff-Héritier, Adrienne (1987): Policy-Analyse. Eine Einführung. Frankfurt a.M./New York: Campus.

3 Staatskanzleien im politischen Prozess

Kein Governance ohne Government. Politikmanagement auf Landesebene

Martin Florack, Timo Grunden und Karl-Rudolf Korte

1 Governance, Government und Politikmanagement auf Landesebene

Die Betonung der Governance-Perspektive im Zusammenhang mit dem Politikmanagement einer Landesregierung erscheint erklärungsbedürftig.[1] Governance umfasst Interaktionsmuster und Entscheidungsmodi kollektiven Handelns, die erstens durch institutionelle Rahmenbedingungen strukturiert[2], und die zweitens in einem nicht-hierarchischen Regelsystem zur Steuerung und Koordination eingesetzt werden. Eine Landesregierung muss jedoch zunächst die Herbeiführung und Implementation kollektiv verbindlicher Entscheidungen in einem hierarchisch verfassten System organisieren. Solche institutionalisierten Regelsysteme, die Handlungskorridore für Akteure strukturieren, sind analytisch eher im Bereich des klassischen Government (politische Herrschaft als autonome Tätigkeit einer Regierung) als im Kontext von Governance anzusiedeln. Dieser Beitrag argumentiert, dass das Politikmanagement einer Landesregierung durch eine zugespitzte Governance-Perspektive ohne die Hinzunahme von Government-Aspekten nicht erklärbar ist. Deutlicher ausgedrückt lautet die These: Auf Landesebene bedarf die Steuerung durch Governance der Strukturierung durch Government.

Für eine solche Perspektive sprechen zwei Gründe: Erstens verbindet Politikmanagement die Steuerbarkeit des politischen Systems mit der Steuerungsfähigkeit wichtiger politischer Akteure (Instrumente, Stile, Techniken).[3] Wer einem neo-institutionalistischen Zugang folgt, um Handlungskorridore individueller Akteure zu vermessen, der muss den Blick auf „New Modes of governance" richten: unterschiedliche Grade an Informalität bei Verhandlungen und das Interdependenzmanagement mit auch nicht-staatlichen korporatistischen Akteuren. Regierungen müssen ihre Instrumente zur Steuerung, Lenkung und Koordination stetig an veränderte Rahmenbedingungen anpassen, um kommunikative Legiti-

---

1   Karl-Rudolf Korte/ Martin Florack/ Timo Grunden, Regieren in Nordrhein-Westfalen, Strukturen, Stile, Entscheidungen 1990-2006, Wiesbaden 2006.
2   Arthur Benz, Governance - Regieren in komplexen Regelsystemen, Wiesbaden 2004, 11-28.
3   Karl-Rudolf Korte/ Manuel Fröhlich, Politik und Regieren in Deutschland, Paderborn 2006.

mation (Unterstützung und Zustimmung für Entscheidungen) sowie Output-Legitimation (Problemlösung und Leistungserbringung) sicherzustellen. Zweitens stellt sich das Regieren in Landeshauptstädten mit stabilen parlamentarischen Mehrheiten aber nicht ausschließlich als nicht-hierarchische Regelung in Verhandlungssystemen mit dem Ziel positiver Koordination dar. Mit der Betonung auf Government wird die Machtseite der Politik ins Blickfeld gerückt.[4] Zur politischen Rationalität von individuellen oder auch kollektiven Akteuren gehört nicht nur die Aufgabenerfüllung und Problemlösung, sondern immer auch Gewinn und Erhalt von politischer Macht. Sach- und Machtfragen charakterisieren den Raum der politischen Rationalität, wobei die Machtseite der Politik in der Regel bei Governance-Ansätzen ausgeblendet wird.

Die Transformation von Staatlichkeit[5] hat auch vor der Landesebene – insbesondere Nordrhein-Westfalen – nicht Halt gemacht. Systembedingte Steuerungsverluste werden, wie nachfolgend gezeigt werden kann, durch akteursspezifische Steuerungsverlagerungen (z.B. durch Schaffung neuer Institutionen, durch die Schaffung von Policy-Netzwerken gerade um Institutionen, die sich nicht unmittelbar für den politischen Akteur instrumentalisieren lassen etc.) ausgeglichen. Von diesem Wandel der Steuerungsformen ist Legitimität sowohl empirisch als auch normativ betroffen. Um dies zu problematisieren, sollen signifikante Steuerungsformen für die Landespolitik zunächst vorgestellt werden. Wir bezeichnen diese als Strukturmerkmale des Regierens. Sie bilden die Wechselwirkung informellen Regierens[6] mit institutionellen Rahmenbedingen ab: Ministerpräsidentendemokratie, Parteiendemokratie, Koalitionsdemokratie, Mediendemokratie und Verhandelnde Wettbewerbsdemokratie.[7] Die Strukturmerkmale erfordern, erstens, die Berücksichtigung jeweils unterschiedlicher, zum Teil sich widersprechender Rationalitäten. Ihre Berücksichtigung erschließt Handlungsressourcen, während ihre Ignorierung den Verlust von Handlungsoptionen bedeuten kann. Von großer Bedeutung für den Analysezugang ist die Prämisse, dass eine im Hinblick auf ein bestimmtes Strukturmerkmal gewählte Strategie Rückwirkungen auf die verfügbaren Handlungsressourcen aus anderen Strukturmerkmalen zur Folge hat.

---

4 Renate Mayntz, Governance im modernen Staat, in: Arthur Benz, Governance – Regieren in komplexen Regelsystemen Wiesbaden 2004, 65-76.
5 Michael Zürn/ Stephan Leibfried, Transformation des Staates, Frankfurt am Main 2006.
6 Wolfgang Rudzio, Informelles Regieren, Opladen 2005; Sabine Kropp, Vergleichen in der Politikwissenschaft, Wiesbaden 2005; Sven Thomas, Der Weizsäcker-Senat: Minderheitsregierung und informelle Koalition in Berlin 1981-1983, in: ZParl 44. Jg. H.1, S. 101ff.
7 Karl-Rudolf Korte/ Martin Florack/ Timo Grunden, Regieren in Nordrhein-Westfalen, Strukturen, Stile, Entscheidungen 1990-2006, Wiesbaden 2006; Karl-Rudolf Korte/ Manuel Fröhlich, Politik und Regieren in Deutschland, Paderborn 2006.

Die fünf Strukturmerkmale bilden, zweitens, in ihrer Reihenfolge einen abgestuften Übergang von der Government- in die Governance-Perspektive ab. Auf Entscheidungs- und Steuerungsmodi der Verhandlungsdemokratie greift eine Landesregierung immer dann zurück, wenn sie Handlungskorridore zu eröffnen versucht, die durch die Imperative der anderen Strukturmerkmale zunächst verschlossen scheinen.

2 Strukturmerkmale des Regierens

2.1 Ministerpräsidentendemokratie

Die Ministerpräsidentendemokratie umfasst die Instrumente des „klassischen" Government: Auf die Regierung mit dem Ministerpräsidenten an ihrer Spitze richten sich alle Erwartungen zur Lösung gesellschaftlicher Probleme. Die dazu zur Verfügung stehenden Entscheidungsmodi sind Hierarchie und Mehrheitsentscheid.

Der Begriff der Ministerpräsidentendemokratie ruft bewusst Assoziationen mit dem bundespolitischen Strukturmerkmal der „Kanzlerdemokratie" hervor.[8] Die Stellung des Ministerpräsidenten auf Landesebene ist durchaus mit der des Kanzlers auf Bundesebene vergleichbar. Die erste Analogie ergibt sich aus dem gemeinsamen Typus des parlamentarischen Regierungssystems. Die Ministerpräsidenten werden von den Landesparlamenten gewählt und können nur durch ein konstruktives Misstrauensvotum gestürzt werden. In Nordrhein-Westfalen, wie auch in den meisten anderen Flächenländern, obliegt es allein dem Regierungschef, die Kabinettsmitglieder zu ernennen und zu entlassen. Zudem bestimmt der Ministerpräsident laut Verfassung „die Richtlinien der Landespolitik". Er gibt die Grundsätze und Ziele der Regierungsarbeit für die jeweilige Legislaturperiode vor.[9]

Mit der Richtlinienkompetenz und der Organisationsgewalt steht das Ministerpräsidentenprinzip im Zweifel über dem Ressort- und Kabinettsprinzip. Richtlinienkompetenz bedeutet zunächst, inhaltliche Führung auszuüben. Von einem Ministerpräsidenten wird erwartet, Themen zu besetzen und Lösungen für gesellschaftliche Probleme zu entwickeln, die letztlich auch dazu geeignet sind, mit

---

8 Karlheinz Niclauß, Das Schicksal der Kanzlerparteien, Regierungsführung von Konrad Adenauer bis Gerhard Schröder, Paderborn 2004; Karl-Rudolf Korte/ Manuel Fröhlich, a.a.O., S. 79ff.

9 Herbert Schneider, Ministerpräsidenten, Profil eines politischen Amtes im deutschen Föderalismus, Opladen 2001, S. 50.

ihnen Wahlen zu gewinnen.[10] Ihre Ausübung erfolgt weder allein durch Top-Down-, noch allein durch Bottum-Up-Verfahren. Aus der internen Perspektive ist die Richtlinienkompetenz ein Instrument, mit dem Geschlossenheit und Handlungsfähigkeit der Regierungsformation (Koalition, Fraktion, Partei, Ministerialbürokratie) hergestellt werden soll. Bei einer Vielzahl von Sachfragen muss der Ministerpräsident als Moderator verschiedener Interessen wirken, was auch die Anforderung impliziert, sich nicht zu früh auf inhaltliche oder strategische Positionen festzulegen. Gleichzeitig muss er aber jederzeit über Interventionsmöglichkeiten verfügen, damit er, sichtbar oder nicht, Herr der Entscheidungsverfahren bleibt.

Eine zweite Analogie zur Kanzlerdemokratie liegt in der Legitimation und der Verantwortlichkeit des Ministerpräsidenten gegenüber dem Parlament: Entgegen der Verfassungsfiktion einer Gegenüberstellung von Parlament und Regierung existiert faktisch ein Dualismus von Regierungsmehrheit (Regierung und Mehrheitsfraktionen) auf der einen und parlamentarischer Opposition auf der anderen Seite. „Bereits die Sprechweise von ‚dem Parlament', das dieses oder jenes tue, kann diesen Tatbestand leicht verhüllen und in die Irre führen".[11] So fällt die Kontrollfunktion des Parlaments in erster Linie den Oppositionsfraktionen zu. Die Mehrheitsparteien stellen sich in öffentlichen Auseinandersetzungen in der Regel schützend vor den Ministerpräsidenten und seine Minister. Das schließt jedoch andererseits eine „interne Richtlinienkontrolle"[12] nicht aus. Eine Landesregierung wird sich folglich hüten, Gesetzesinitiativen zur Abstimmung zu stellen, für die es in den Mehrheitsfraktionen keine Unterstützung gibt.

Die dritte Gemeinsamkeit zwischen Bundeskanzlern und Ministerpräsidenten ist schließlich das außerordentlich hohe persönliche Prestige des Amtes.[13] Gerade auf der massenmedial zuweilen wenig beachteten Landesebene ragen die Landesväter wie Leuchttürme aus dem Politikbetrieb hervor. Den Ministerpräsidenten gilt das größte Interesse der Medien und sie genießen im Vergleich zu den anderen Kabinettsmitgliedern oder den Oppositionsführern im Land den weitaus höheren Bekanntheitsgrad.

Die Ministerpräsidentendemokratie zeichnet sich also durch beachtliche institutionelle Handlungsressourcen des Regierungschefs aus, die durch die mediale Konzentration auf seine Person eine weitere Verstärkung erfahren. Doch die

---

10 Nico Grasselt/ Karl-Rudolf Korte, Führung in Politik und Wirtschaft. Instrumente, Stile und Techniken, Wiesbaden 2007.
11 Wolfgang Rudzio, Das politische System der Bundesrepublik Deutschland, Opladen 2003, S. 232.
12 Herbert Schneider, a.a.O., S. 63.
13 Karl-Rudolf Korte, Bundeskanzleramt, Handbuch zur deutschen Außenpolitik, Wiesbaden 2007.

Handlungsressource Hierarchie bleibt für Ministerpräsidenten auf die Kernexekutive und die Ministerialbürokratie beschränkt. Aus diesem Grund können die Machtressourcen eines Ministerpräsidenten nicht hinreichend mit der hierarchisch geprägten Machtdefinition Max Webers abgebildet werden. Den eigenen Willen „gegen Widerstände" der Mitglieder einer von unten konstituierten Organisation durchzusetzen, ist nur in Ausnahmefällen und keinesfalls über lange Zeiträume hinweg möglich. Von größerer Bedeutung ist, dass ein Ministerpräsident der Vertreter verschiedener polyarchisch überformter Organisationen ist, für die er Repräsentationsleistungen (Realitätsinterpretation, Führung und Integration) erbringen muss. In innerparteilichen Auseinandersetzungen vertritt er die Interessen der Kernexekutive und der Ministerialbürokratie; bei Koalitionsverhandlungen repräsentiert er die eigene Partei; gegenüber Öffentlichkeit und Opposition vertritt er die Regierungskoalition; in internationalen oder föderalen Verhandlungen ist er Anwalt der Interessen seines Bundeslandes.

Die Auswahl und Anwendung von Interaktionsorientierungen und -formen muss zum einen die Organisationsziele berücksichtigen und zum anderen den Zusammenhalt der fragmentierten Organisation gewährleisten, sollen ihre Mitglieder nicht mit Exit- und Voice-Optionen reagieren. Je öfter es einem Ministerpräsidenten gelingt, beiden Anforderungen zu entsprechen, desto größer wird die Handlungsautonomie sein, die ihm die zu vertretende Organisation in zukünftigen Akteurkonstellationen zugesteht: Die Nutzung von Handlungsressourcen hat Rückwirkungen auf zukünftig zur Verfügung stehenden Handlungsoptionen. Die „Macht" eines Regierungschefs ist somit nicht statisch, sondern einer dynamischen Wechselbeziehung unterworfen. Für den Umfang der ihm tatsächlich zur Verfügung stehenden Handlungsressourcen kommt es somit auf seine Deutungs- und Kommunikationsfähigkeiten an. Das gilt erstens im Hinblick auf Akteurkonstellationen, in denen die Organisation als korporativer Akteur agiert, zweitens im Hinblick auf interne Meinungsbildungsprozesse, die durch organisationsinterne Regelsysteme strukturiert werden und drittens im Hinblick auf die Folgen für die Organisationsziele anderer zu repräsentierender korporativer Akteure. Derartige Akteure von besonderer Bedeutung sind die eigene Partei bzw. die Fraktion im Landtag sowie der Koalitionspartner mit dem stets Einvernehmen hergestellt werden muss, um parlamentarische Mehrheiten zu sichern.

2.2 Parteiendemokratie

Die Unterstützung der eigenen Partei ist für jeden Ministerpräsidenten die erste und wichtigste Machtressource. Ohne ihre Unterstützung wäre er nicht ins Amt gekommen; gegen ihren ausdrücklichen Willen wird er sich nicht im Amt halten können. Es gibt zwar zahlreiche Beispiele für parteiferne Führungsstile, doch dann sind die jeweiligen Regierungschefs auf die wesentlich labileren Machtressourcen der Medien- und Verhandlungsdemokratie angewiesen. Schwächeperioden eskalieren schneller zu existenziellen Krisen, erst recht wenn sich neue Hoffnungsträger auf der Parteienbühne tummeln. Ein Ministerpräsident erhält umso größere Parteimacht, je mehr es ihm gelingt, die an ihn gerichteten Erwartungen zu erfüllen. Diese umfassen Stimmen-, Ämter- und Politikmaximierung, Geschlossenheit und Kampagnenfähigkeit sowie die Herstellung kollektiver Identität.

Allerdings sind Parteien keine monolithischen Blöcke. Sie sind „Zusammenschlüsse von Menschen aus den verschiedensten Lebens-, Wirtschafts- und Kulturkreisen; ihre Programme enthalten zahllose Kompromisse, und ihr Zusammenhalt ist manchmal von der politischen Stärke einzelner Führungspersonen abhängig und daher zumindest mittelfristig labil."[14] Zudem können die Ziele der Stimmen- und Politikmaximierung oft zu Zielkonflikten führen, in deren Folge auch die übrigen Handlungsintentionen verfehlt werden können. Die Parteiprogrammatik ist unter Umständen unpopulär, was Wahlniederlagen nach sich ziehen kann. Vielleicht wird der objektive Problemdruck auch so groß, dass sich der Ministerpräsident zu Korrekturen in der Regierungspolitik und damit auch der Parteiprogrammatik gezwungen sieht.[15] Auch die Verteilung von Ämtern und der damit verbundene Einfluss auf die Regierungspolitik ist eine sensible Aufgabe für die Führungsspitze einer Partei. Um die für die Regierungsarbeit zwingend erforderliche Geschlossenheit von Fraktion und Partei sicherzustellen, ist es ratsam, alle einflussreichen Flügel und Unterorganisationen durch ihre Berücksichtigung bei der Besetzung von Regierungsämtern einzubinden. In Nordrhein-Westfalen war es bis 2001 für die sozialdemokratischen Regierungen ein ungeschriebenes Gesetz, die mächtigen Bezirksvorsitzenden der Partei in ein Ministeramt zu berufen und damit unmittelbar in die Regierungsarbeit einzubinden. Bei den Christdemokraten wiederum behält sich der Arbeitnehmerflügel CDA die Nominierung für das Arbeits- und Sozialressort vor und übt somit parteilichen Einfluss auf ein Schlüsselressort aus.

Um sich der Loyalität ihrer Partei zu vergewissern, übernehmen wiederum Ministerpräsidenten häufig den Vorsitz ihrer Landespartei. Im Jahr 2007 hatten 11 von 16 Regierungschefs auch dieses Amt inne (Stand: 05/2007). Die daraus

---

14 Hans-Peter Bull, Die Ein-Parteienregierung. Eine Koalition eigener Art, in: Roland Sturm/ Sabine Kropp (Hrsg.): Hinter den Kulissen von Regierungsbündnissen. Koalitionspolitik in Bund, Ländern und Gemeinden, Baden-Baden 1999, S.169ff.
15 Timo Grunden, Der Einfluss von Wahlen auf die Staats- und Regierungstätigkeit in Demokratien, in: Thomas Heberer/ Claudia Derichs (Hrsg.): Wahlsysteme und Wahltypen. Politische Systeme und regionale Kontexte im Vergleich, Wiesbaden 2006, S. 49ff.

resultierende Doppelbelastung rechtfertigten die Ministerpräsidenten mit der „Vermeidung von Reibungsverlusten" oder der notwendigen „Einheitlichkeit des Handelns" von Partei und Regierung.[16]

Den größten Einfluss auf die Regierungspolitik haben Parteien zu Beginn der Amtszeit einer neuen Regierung. In der Partei wurde das Wahl- und Regierungsprogramm erarbeitet. Parteispitze und Fachpolitiker haben den Koalitionsvertrag verhandelt, der die Grundlage für die Regierungserklärung bildet und der Ministerialbürokratie als inhaltlicher Leitfaden dient. Im „Zauber des Aufbruchs"[17] will die neue Regierungsmannschaft beweisen, dass sie es anders und besser machen kann als ihre Vorgänger. Die parteipolitische Identität dominiert die Regierungstätigkeit und inhaltliche Prioritäten werden entlang des eigenen programmatischen Profils gesetzt. Unpopuläre Maßnahmen werden nicht unbedingt zurückgestellt, wenn sie für besonders wichtig gehalten werden oder zu den zentralen Anliegen des Koalitionspartners zählen.[18] Mit der Dauer der Regierungstätigkeit nimmt jedoch der Einfluss der Partei auf die Regierungspolitik kontinuierlich ab. Minister und Ministerialbürokratie übernehmen die Rolle des Agenda-Setters und die vertikale Fragmentierung gewinnt an Kontur.

Es wäre aber voreilig daraus zu folgern, dass der Einfluss der Parteien generell abnimmt, mithin auch ihr Stellenwert als Machtzentrum innerhalb einer Regierungsformation.[19] Die Parteien bleiben während der gesamten Regierungszeit ein bedeutender Machtfaktor, der allerdings erst in Krisensituationen sichtbar wird. Ihre scheinbare Degeneration zu „Wahlvereinen" ist vielmehr Ausdruck eines funktionalen Politikmanagements, das den Ministerpräsidenten „stilles Regieren" und die Demonstration „gespielter Kohärenz" ermöglicht.[20] Als kooperative Akteure übertragen Parteien Handlungsressourcen an individuelle Akteure. Sie erwarten, dass ihre Repräsentanten Handlungsspielräume ausfüllen und Führung ausüben. Aus der theoretischen Perspektive wird es also leicht nachvollziehbar, dass Parteien im Regierungsalltag hinter Regierungsakteure zurücktreten. Es gehört zu den konstitutionellen Merkmalen einer Partei, dass sie

---

16 Herbert Schneider, a.a.O., S. 75.
17 Michael Merte, Der Zauber des Aufbruchs – die Banalität des Endes, Zyklen des Regierens, in: Gerhard Hirscher/ Karl-Rudolf Korte (Hrsg.), Aufstieg und Fall von Regierungen, Machterwerb und Machterosionen in westlichen Demokratien, München 2001, S. 65ff.
18 Timo Grunden, Nach dem Machtwechsel der Politikwechsel? Die Frage der sozialen Gleichheit in christdemokratischer und sozialdemokratischer Steuer- und Haushaltspolitik 1994-2002, Duisburg 2004, S. 35ff.
19 Karlheinz Niclauß, Das Schicksal der Kanzlerparteien, in: Gerhard Hirscher/ Karl-Rudolf Korte, (Hrsg.), Darstellungspolitik oder Entscheidungspolitik? Über den Wandel von Politikstilen in westlichen Demokratien, München 2001, S. 86ff.
20 Karl-Rudolf Korte, Veränderte Entscheidungskultur: Politikstile der deutschen Bundeskanzler, in: Gerhard Hirscher/ Karl-Rudolf Korte (Hrsg.): Darstellungspolitik oder Entscheidungspolitik? Über den Wandel von Politikstilen in westlichen Demokratien, München, 2000, S. 13ff.

über Wahlen ihre Repräsentanten in Regierungsämter bringen wollen, die diese zur Stimmen- und Politikmaximierung nutzen sollen. Die Macht der Parteien wird dann wieder sichtbar, wenn die Verwirklichung ihrer Ziele in Frage steht, wie beispielsweise während langer demoskopischer Miseren oder nach Wahlniederlagen, bei Regierungs- und Koalitionskrisen oder im Vorfeld von weit reichenden Politikfeldentscheidungen. Parteien fungieren während einer Regierungszeit wie der Aufsichtsrat eines Konzerns. Sie legitimieren oder blockieren grundlegende Strategieentwürfe, wählen den Vorstandschef, fallen diesem in den Arm oder berufen ihn ab.

Für jeden Regierungschef gilt, dass er sich kontinuierlich der Unterstützung der Partei vergewissern muss, zumal die Partei über die Fraktion Einfluss auf das operative Alltagsgeschäft ausübt. Die Fraktion agiert gegenüber der Regierung als konsensualer Vetospieler. Sie stützt die Regierung, ohne die Parteiziele Stimmen- und Politikmaximierung aus den Augen zu verlieren. Für Karlheinz Niclauß ist die „Parlamentarisierung" der Parteien ein Indiz für ihren Bedeutungsverlust als zivilgesellschaftlicher Akteur.[21] Dem ist entgegen zu halten, dass die Parteibasis durch die Fraktion eine Verbindung zur Regierung herstellt, die ihr erst Einfluss und Kontrolle ermöglicht. Das gilt erst recht für die Landesebene. Die meisten Abgeordneten sind Vorstandsmitglieder ihrer jeweiligen Orts-, Kreis- oder Bezirksverbände. Dort haben sie Rechenschaft abzulegen, sowohl für ihr eigenes Handeln, als auch für das der Regierung. Und umgekehrt vermitteln sie dort ein Bild des Ministerpräsidenten und seiner Politik, was in der medial unterbelichteten Landespolitik von nicht zu unterschätzender Bedeutung ist.

2.3 Koalitionsdemokratie

Im Gegensatz zur Bundespolitik sind absolute Mehrheiten einer Partei auf Länderebene keine Seltenheit. Ein-Parteien-Regierungen sind aber auch nicht der Normalfall. Das Verhältniswahlrecht macht stabile Parlamentsmehrheiten oft nur durch die Bildung von Koalitionen zwischen zwei oder mehreren Parteien möglich. Die Koalitionspartner müssen sich fortwährend auf gemeinsames Handeln verständigen, was dazu führt, dass keine der Regierungsparteien ihr Programm ohne Abstriche durchsetzen kann. Aus der Perspektive des großen Koalitionspartners sind kleine Parteien „konsensuale Vetospieler", die zwar am Bestand des Bündnisses interessiert sind, aber gleichwohl die Möglichkeit besitzen, zent-

---

21 Karlheinz Niclauß, Darstellungspolitik, in: Gerhard Hirscher/ Karl-Rudolf Korte, (Hrsg.), Darstellungspolitik oder Entscheidungspolitik? Über den Wandel von Politikstilen in westlichen Demokratien, München 2001, S. 90ff.

rale Policy-Entscheidungen zu verhindern oder maßgeblich zu beeinflussen.[22] Insbesondere wenn der kleine Partner über alternative Koalitionsoptionen verfügt, besitzt er, gemessen an seiner Parlamentsstärke, einen überproportionalen Einfluss auf das Regierungshandeln. Die Lagerpolarisierung im westdeutschen Parteiensystem hat das Vetopotential kleiner Koalitionspartner zwar relativiert, aber keinesfalls aufgehoben.[23] Die fortwährende Übervorteilung des Juniorpartners birgt stets das Risiko eines Koalitionsbruchs und damit auch das Risiko eines Machtverlusts für die Partei des Ministerpräsidenten in sich. Die Herausforderung des Regierens in Koalitionen besteht darin, dass zwei oder mehr Parteien mit unterschiedlichen programmatischen Profilen eine legislative und exekutive Einheit bilden müssen. Der zwischen ihnen bestehende Wettbewerb um Wählerstimmen und Policy-Maximierung kann dabei nicht gänzlich aufgehoben werden. Das Spannungsverhältnis zwischen Einheit und Konkurrenz verlangt Konfliktregulierungsmuster, die einen dosierten Parteienwettbewerb möglich machen, ohne die Handlungsfähigkeit der Regierungskoalition zu gefährden.

Zu Beginn einer gemeinsamen Regierungszeit ist das Verhältnis der beteiligten Parteien durch gegenseitige Unsicherheit über die Interaktionsorientierungen, wie z.B. Verlässlichkeit oder Neigung zu kooperativer Zusammenarbeit, des jeweiligen Partners geprägt. Die gegenseitige Deutung der Interaktionsorientierung des Koalitionspartners ist allerdings entscheidend für die Fähigkeit, Kompromisse zu schließen und somit die Handlungsfähigkeit des Regierungsbündnisses zu gewährleisten. „Koalitionsakteure wägen demnach die erwarteten Interaktionsorientierungen ihres oder ihrer Partner ab und richten ihre eigenen Strategien nach diesen erwarteten Einstellungen ihres Gegenüber aus; auch erwarten sie, dass ihre Partner das eigene Handeln beobachten und Rückschlüsse auf die dem zugrunde liegende Handlungsorientierung ziehen."[24]

Den gegenseitigen Informationsmangel über die Einstellung des Partners (egoistisch oder kooperativ) versuchen Koalitionsparteien durch eine Institutionalisierung ihrer gemeinsamen Entscheidungsfindung zu kompensieren. Sie bedienen sich bestehender formaler oder erst zu etablierender informeller Regelsysteme. Institutionalisierte Entscheidungsverfahren bieten den Akteuren den Vorteil von Handlungssicherheit, Verbindlichkeit und verringerten Transaktionskosten.[25]

---

22 Uwe Wagschal, Schranken staatlicher Steuerungspolitik, Warum Steuerreformen scheitern können, in: Andreas Busch/ Thomas Plümper (Hrsg.), Nationaler Staat und internationale Wirtschaft, Anmerkungen zum Thema Globalisierung, Baden-Baden 1999, S.223ff.
23 Karl-Rudolf Korte/ Martin Florack/ Timo Grunden, a.a.O., S. 55ff.
24 Roland Sturm/ Sabine Kropp (Hrsg.), Hinter den Kulissen von Regierungsbündnissen. Koalitionspolitik in Bund, Ländern und Gemeinden, Baden-Baden 2001, S. 63.
25 Roland Sturm/ Sabine Kropp, (Hrsg.), a.a.O., S. 60.

Das erste informelle Regelsystem ist die Aushandlung eines Koalitionsvertrages, der zwar keine rechtliche, aber gleichwohl eine normative Bindung besitzt und als Berufungsgrundlage für mögliche Konflikte dient.[26] Neben der Festlegung von materiellen Zielen der gemeinsamen Regierungsarbeit wird im Koalitionsvertrag auch die Ressortverteilung vereinbart. Damit ist eine Verbindung zu bestehenden formalen Regelsystemen geschaffen. Angesichts der Exekutivlastigkeit der Landespolitik auf der einen und des Ressortprinzips, welches den jeweiligen Ministern relative Autonomie zugesteht, auf der anderen Seite ist die Verteilung von ministeriellen Zuständigkeiten für die Bündnispartner von entscheidender Bedeutung. Parteien haben auf jenen Politikfeldern, für die sie ministerielle Verantwortung tragen, eine besonders günstige Ausgangsposition, um eigene Politikziele zu verwirklichen.[27] Folglich werden sich Parteien um Ministerien bemühen, die ihnen Profilierungsmöglichkeiten für die eigene Wählerklientel und die eigene Basis bieten.

Für eine belastungsfähige Konfliktregulierung und eine effektive Koordinierung innerhalb der Koalition sind der Bündnisvertrag und die gegenseitige Kontrolle durch personelle „Kreuzstichverfahren" notwendige, aber keinesfalls hinreichende Instrumente. Insbesondere Koalitionsvereinbarungen sind unvollständige Verträge, in denen nicht jedes Detail geregelt oder gar jede möglicherweise auftretende Sachfrage berücksichtigt werden kann. Möglicherweise erwachsen aus Teilen der Koalitionsvereinbarung gar neue Probleme und Belastungen für die nachfolgende Koalitionsarbeit. Aus diesem Grund verlagern Koalitionsregierungen ihre Abstimmungsprozesse in informelle Netzwerke, die nicht selten in Form von Koalitionsrunden institutionalisiert werden. In solchen informellen Netzwerken verhandeln Spitzenakteure aus beiden Parteien über anstehende inhaltliche wie personelle Entscheidungen. Beteiligt sind neben dem Ministerpräsidenten und wichtigen Fachministern in der Regel auch die Fraktions- oder Parteichefs der Bündnispartner. Je verbindlicher die in Koalitionsrunden getroffenen Entscheidungen ausfallen, desto mehr werden sie zu informellen Steuerungszentren, welche die Bedeutung formaler Institutionen, insbesondere Kabinett und Parlament, relativieren. Entscheidungen über den Regierungskurs werden hier dann „weniger getroffen, als gebilligt".[28]

---

26 Uwe Jun, Koalitionsbildung in den deutschen Bundesländern. Theoretische Betrachtungen, Dokumentation und Analyse der Koalitionsbildungen auf Länderebene seit 1949, Opladen 1994.
27 Reimut Zohlnhöfer, Parteien, Vetospieler und der Wettbewerb um Wählerstimmen, Bremen 2001, S. 30.
28 Klaus von Beyme, Der Gesetzgeber. Der Bundestag als Entscheidungszentrum, Opladen 1997, S. 139.

Die Voraussetzung für gelingende informelle Konsensfindungsprozesse ist die Ausstattung von Spitzenakteuren mit relativ offenen Verhandlungsmandaten durch ihre jeweilige Fraktion oder Partei. Vor allem müssen sie berechtigt sein, „Tausch- und Koppelgeschäfte" zu vereinbaren: Zugeständnisse des Partners in einem Politikfeld werden durch eigene Zugeständnisse auf einem anderen Politikfeld erkauft. Solche „Paketlösungen" sind ein bewährtes Instrument zur Herbeiführung von Verhandlungslösungen. Entscheidend ist, dass die jeweiligen Verhandlungsspitzen genügend Vertrauen und Autorität über alle Flügelgrenzen hinweg genießen, um Entscheidungen Verbindlichkeit zu geben und somit die Handlungsfähigkeit der Regierung zu sichern.

2.4 Mediendemokratie

Regieren und Opponieren sind über Medien transportierte, kommunikative Akte. Die Handlungsspielräume des Regierens haben sich in der Mediendemokratie verändert. Medienkompetenz einer Regierung gilt heute als politischer Machtfaktor.[29] Politische Akteure ringen dabei um die Zustimmung und Unterstützung des Publikums. Sie konkurrieren um die zentrale Machtressource in einer Demokratie: Legitimation. Öffentliche Auseinandersetzungen sind Wettkämpfe um Meinungsführerschaften, Deutungshoheiten und Definitionen: „Wer die Dinge benennt, beherrscht sie. Definitionen schaffen Realitäten".[30]

Das Strukturmerkmal der „Mediendemokratie" ist kein Synonym zur „Mediokratie",[31] deren theoretische Verfechter in medialer Macht den primären, Regierungspolitik bestimmenden Faktor sehen. Zumindest über begrenzte Zeiträume hinweg erfolgreich gegen den Widerstand von Kommentatoren und Schlagzeilenmachern zu regieren, ist schwierig, aber nicht unmöglich. Denn Regierungen haben im Wettkampf um Deutungshoheit und Meinungsführerschaft einen entscheidenden Vorteil: Sie halten das Heft des Handelns in den Händen. Regierungen können Probleme definieren und Programme präsentieren. Das Publikum muss jederzeit damit rechnen, dass den Worten auch Taten folgen. So gilt dem Regierungshandeln weitaus größere mediale Aufmerksamkeit als der Oppositionstätigkeit.

---

29 Karl-Rudolf Korte, Politikmanagement und Steuerung, Machtmakler im Kommunikationskontext, in: Klaus Kamps/ Jörg-Uwe Nieland (Hrsg.), Regieren und Kommunikation, Meinungsbildung, Entscheidungsfindung und gouvernmentales Kommunikationsmanagement – Trends, Vergleiche, Perspektiven, Köln 2006, S. 73ff.
30 Martin Greiffenhagen (Hrsg.), Kampf um Wörter? Politische Begriffe im Meinungsstreit, München/Wien 1980, S.5.
31 Thomas Meyer, Mediokratie. Die Kolonisierung der Politik durch die Medien, Frankfurt am Main 2001.

Unabhängig von allen allgemeinen Trends im Verhältnis von Medien und Politik ist die Ausprägung der Mediendemokratie abhängig von der politischen Systemebene, der jeweiligen politischen Kultur und den Charakteristika des Parteiensystems.[32] Mit anderen Worten: Das Strukturmerkmal Mediendemokratie auf Landesebene unterscheidet sich in wesentlichen Punkten von dem der Bundesebene. Analog zum Autonomieverlust der Länder ist eine deutlich abgeschwächte mediale Begleitung der Landespolitik zu beobachten. Im Vergleich zur „großen Politik" in Berlin und der „kleinen Politik" in der Kommune führt die Landespolitik in der Berichterstattung ein Nischendasein. In Nordrhein-Westfalen beispielsweise berichten selbst die regionalen Zeitungen und Fernsehsendungen nicht wesentlich stärker über die Landespolitik als die überregionalen Medien.[33] Zugleich spielen Personal- und Machtfragen eine noch dominantere Rolle als in der bundespolitischen Berichterstattung, so dass der Ministerpräsident im Vergleich noch stärker im Mittelpunkt des medialen Interesses steht als der Bundeskanzler. Wichtige landespolitische Entscheidungen müssen aus diesem Grund durch das „Chefsache-Prinzip" popularisiert werden. Die in der Landespolitik vorherrschende Konzentration auf den Ministerpräsidenten kann zur Folge haben, dass nur mit ihm unmittelbar identifizierte Entscheidungen öffentliche Wahrnehmung und Unterstützung finden.

Die mediale Vernachlässigung der engeren Landespolitik können Ministerpräsidenten durch zwei sich gegenseitig ergänzende Strategien kompensieren: Um sich auf Landesebene einen hohen Bekanntheitsgrad, Problemlösungskompetenz und schließlich einen Amtsbonus zu erarbeiten, können sie einerseits den Umweg über die Bundespolitik wählen. Stellungnahmen zu bundespolitischen Themen und Ereignissen garantieren eine hohe mediale Aufmerksamkeit. Dieser Effekt lässt sich noch steigern, wenn sich Ministerpräsidenten in wohl dosierten Abständen einer „Outsider-Strategie"[34] bedienen, d. h. eine kritische Distanz zur eigenen Bundespartei erkennen lassen. Die „Erst das Land, dann die Partei"-Attitüde beeindruckt auch politisch fern stehende Wähler und festigt das Image als Landesvater. Die zweite Option ist der Umweg über die Kommunalpolitik. Stetiges Reisen in Städte und Landkreise sowie Besuche bei Vereinen und Unternehmen sichern kontinuierliche Präsenz in der Lokalpresse. Kommunale

---

32 Gianpietro Mazzoleni/ Winfried Schultz, "Mediatizations" of Politics, A Challenge for Democracy? in: Political Communication 16/1999, S.531ff.
33 Frank Marcinkowski/ Jörg-Uwe Nieland, Medialisierung im politischen Mehrebenensystem, Eine Spurensuche im nordrhein-westfälischen Landtagswahlkampf, in: Ulrich von Alemann/ Stefan Marschall (Hrsg.): Parteien in der Mediendemokratie, Wiesbaden 2002, S. 81ff..
34 Karlheinz Niclauß, Das Schicksal der Kanzlerparteien, in: Karl-Rudolf Korte/ Gerhard Hirscher (Hrsg.), Darstellungspolitik oder Entscheidungspolitik? Über den Wandel von Politikstilen in westlichen Demokratien, München 2000, S. 41ff.

Sichtbarkeit gewährleistet somit mediale Aufmerksamkeit, die auf die Landesebene ausstrahlen kann.

2.5 Verhandelnde Wettbewerbsdemokratie: Die Governance-Perspektive

Die bislang vorgestellten vier Strukturmerkmale gehören tendenziell in die Government-Dimension: Executive Politics, Party Politics, Coalition Politics und mediale Konzentration auf Regierung und Regierungschef. Erst mit dem Strukturmerkmal der Verhandlungsdemokratie wird Regierungshandeln durch die Governance-Dimension erweitert.

Die vielfältigen Verhandlungszwänge der Landespolitik sind zum einen die Folge der Mehrebenenverflechtung von Bund, Ländern und Europäischer Union. Zum anderen sind korporatistische und auf Interessenausgleich bedachte Verhandlungslösungen oftmals problemadäquatere Durchsetzungsstrategien als Hierarchie und Mehrheitsentscheid. Ferner gehört der Wunsch nach einem breiten gesellschaftlichen Konsens in wichtigen politischen Fragen zu einem Kennzeichen der politischen Kultur in Deutschland.[35] Mit Blick auf das Regieren in deutschen Bundesländern kann man somit vertikale Verhandlungssysteme als Folge der Mehrebenverflechtung von horizontalen Verhandlungssystemen als problemadäquate Durchsetzungsstrategie auf einer föderalen Ebene unterscheiden. Sowohl die Verhandlungsarrangements auf der vertikalen als auch auf der horizontalen Ebene sind eine Domäne der Exekutive: Die Definition der Landesinteressen und die Auswahl einer Verhandlungsstrategie in Bund-Länder-Verhandlungen obliegen dem Ministerpräsidenten und seiner Regierung. Gleiches gilt für Verhandlungen und Konsultationen mit Verbänden und organisierten Interessen auf der Landesebene. Im Folgenden werden wir uns auf die horizontalen, innerhalb des Landes angesiedelten Verhandlungsarrangements als Governance-Perspektive konzentrieren.

Auf dieser horizontalen Ebene der Verhandlungsdemokratie bieten sich einer Landesregierung mit Policy-Netzwerken oder korporatistischen Akteurkonstellationen verschiedene Möglichkeiten, um formale Zuständigkeitsdefizite oder den Mangel an problemadäquaten Steuerungsinstrumenten zu kompensieren. Sie erleichtern die Feinsteuerung und beugen einem dysfunktionalen Ausweichverhalten durch die Adressaten der Regierungstätigkeit vor. Policy-Netzwerke dienen dem Austausch von Informationen über die Kausalzusammenhänge eines

---

35 Manuela Glaab/ Andreas Kießling, Legitimation und Partizipation, in: Karl-Rudolf Korte/ Werner Weidenfeld (Hrsg.), Deutschland Trendbuch, Fakten und Orientierungen, Bonn 2001, S.571-611; Werner Weidenfeld/ Karl-Rudolf Korte, Die Deutschen. Profil einer Nation, Stuttgart 1991.

Politikfeldes und vor allem der Verpflichtung der Adressaten zu einem kooperativen Verhalten bei der Implementierung einer Problemlösungsstrategie.[36]

Von nicht zu unterschätzender Bedeutung ist neben den steuerungspraktischen Implikationen die Legitimationsfunktion von Verhandlungsverfahren. Einigen sich Regierung und Adressaten auf einen Maßnahmenkatalog, werden der Opposition Angriffsflächen genommen: Konsens suggeriert Gemeinwohl. Die Zustimmung der Interessenverbände suggeriert zudem Fachkompetenz. Ferner gehört der Wunsch nach einem breiten gesellschaftlichen Konsens in wichtigen politischen Fragen zu einem Kennzeichen der politischen Kultur in Nordrhein-Westfalen. Sichtbarer Konsens und öffentliche Zustimmung sind in der Verhandlungsdemokratie der Hauptgewinn für eine Regierung. Es ist aber auch schon ein Erfolg, wenn Policy-Netzwerke oder andere informelle Kontakte als „vertrauensbildende Maßnahmen" wirken und so zu einer Beißhemmung gegenüber der Regierung führen. Es ist schon mehr als ein Trostpreis, wenn Interessenverbände auf öffentliche Kritik verzichten.

Neben der Optimierung von Steuerungsinstrumenten und der Legitimationsakklamation bieten horizontale Verhandlungsarrangements noch einen weiteren Vorteil: Sie eröffnen Handlungskorridore, die durch die Imperative der Parteien- oder Koalitionsdemokratie zunächst verschlossen scheinen. Entscheidungen werden möglich, auf deren Herbeiführung zunächst verzichtet wurde, sei es aufgrund mangelnder Unterstützung in der eigenen Partei oder des absehbaren Vetos des Koalitionspartners. Einigt sich eine Regierungsformation auf ein Entscheidungsverfahren, dass die Adressaten der Gesetzgebung als Verhandlungspartner einbezieht, wird durch die Ausweitung von Vetorechten das Vetopotential von Teilakteuren zumindest beschnitten und ggf. der Koalitionspartner dazu gezwungen, den dosierten Parteienwettbewerb zurückzustellen. Umgekehrt kann es möglich sein, dass z. B. durch eine Veränderung der Regierungszusammensetzung, ein Entscheidungsprozess von der Governance-Ebene auf die Government-Ebene zurück verlagert werden muss. Vormals in korporatistischen Modi organisierte Entscheidungsprozesse rücken somit erneut in die Sphäre regierungsinterner Entscheidungsfindung und unterliegen in der Folge primär den stark auf die Government-Dimension ausgerichteten Strukturmerkmalen des Regierens.[37]

Festzuhalten bleibt, dass der Rückgriff auf Governance-Formen nicht ausschließlich aufgrund von Sachrationalität erfolgt, um Steuerungsprozesse zu

---

36 Renate Mayntz, Informalisierung politischer Entscheidungsprozesse, in: Axel Görlitz/ Hans-Peter Burth, (Hrsg.), Informale Verfassung, Baden-Baden 1998, S. 55ff.
37 So beispielsweise bei einer zentralen energiepolitischen Entscheidung in Nordrhein-Westfalen – zum Ausbau des Braunkohlentagebaus Garzweiler II – im Anschluss an die Koalitionsbildung von Sozialdemokraten und Grünen 1995.

optimieren. Die Initiierung von Governance-Prozessen beruht immer auch auf Machtkalkülen als Handlungsmaßstab der Government-Dimension. Governance, Government- und Legitimitätsaspekte sind folglich immer gegenseitig aufeinander bezogen.

3 Steuerungsformen und Legitimation auf Landesebene: Kein Governance ohne Government

Die fünf Strukturmerkmale – Ministerpräsidentendemokratie, Parteiendemokratie, Koalitionsdemokratie, Mediendemokratie und Verhandelnde Wettbewerbsdemokratie – stellen zum Teil sehr unterschiedliche Anforderungen an einen Ministerpräsidenten. Zugleich ergeben sich aus den fünf Strukturierungen aber auch Machtressourcen, die es zu nutzen gilt: Der Ministerpräsidenten agiert in der Rolle des Multioptionsbewahrers. Das Politikmanagement der Ministerpräsidenten operationalisieren wir daher als Konglomerat von Entscheidungs- und Darstellungspolitik unter den Bedingungen der Strukturmerkmale des Regierens. Dabei können sowohl personenübergreifende als auch personenspezifische Charakteristika des Politikmanagements in exemplarischer Weise herausgearbeitet werden.

So lassen sich im Politikmanagement der unterschiedlichen Ministerpräsidenten trotz grundsätzlich ähnlicher struktureller Rahmenbedingungen zentrale Unterschiede herausarbeiten, die im unterschiedlichen Akteursverhalten sowie situativen Faktoren begründet liegen.[38] Trotz dieser deutlich feststellbaren Unterschiede im Politikmanagement der jeweiligen Ministerpräsidenten lassen sich jedoch auch generalisierbare Ergebnisse für das Regieren auf Landesebene ableiten. Diese Generalisierungen verweisen auf einzelne Aspekte der Hauptthese dieses Beitrages, derzufolge die Steuerung durch Governance auf Landesebene der Strukturierung durch Government bedarf.

3.1 Entscheidungsprozesse sind exekutivlastig in einer Mischung aus Government und Governance

Die Herbeiführung gesellschaftlich verbindlicher Entscheidungen obliegt in erster Linie der Exekutive mit dem Ministerpräsidenten an ihrer Spitze. Es ist die Landesregierung, die Prioritäten für die Landespolitik setzt, Durchsetzungsstrategien auswählt und den Rahmen für Problemlösungen vorgibt. Die Ursachen für

---

38 Karl-Rudolf Korte/ Martin Florack/ Timo Grunden, a. a. O. 382ff.

die Exekutivlastigkeit des Regierens sind zum einen die vertikalen und horizontalen Verhandlungszwänge. Entscheidungen sind oft Teil von Paketlösungen und Koppelgeschäften, die Parteien und Parlamentsfraktionen nur unter Inkaufnahme hoher Transaktionskosten wieder aufschnüren können. Zum anderen hat sich in den vergangenen 15 Jahren der Charakter politischer Herausforderungen auf Landesebene verändert. Während sich die sozialen und wirtschaftlichen Probleme verschärften und der Bewältigungsdruck zunahm, gingen gleichzeitig Steuerungskapazitäten verloren. Politikmanagement musste sich auch auf Landesebene auf eine fortschreitende Ökonomisierung, Verrechtlichung und Internationalisierung (hier besonders Europäisierung) der politischen Entscheidungsprozesse einstellen. Diese Trends machen aus demokratischen Regierungssystemen immer komplexere Verhandlungssysteme mit zahlreichen Akteuren und Vetospielern.[39] Regierungshandeln erfordert folglich aufwendige Koordinierungsleistungen, die nur die Landesregierung erbringen kann. Das notwendige Expertenwissen, um komplexe Probleme mit einem abnehmenden Steuerungsinstrumentarium zu bewältigen, steht in erster Linie dem Regierungsapparat und nicht Parteien und Parlamenten zur Verfügung.

Die Institutionalisierung dieser Exekutivlastigkeit kann jedoch unterschiedliche Formen annehmen. Auf der einen Seite lassen die Befunde den Schluss einer Verbindung von Kabinetts- und Richtlinienprinzip des Ministerpräsidenten zu. Vielmehr ist die Bedeutung des Kabinetts als Kollegialorgan in hohem Maße vom persönlichen Regierungsstil des Ministerpräsidenten und den Machtkonstellationen innerhalb des Regierungsbündnisses abhängig. So nutzten manche Ministerpräsidenten das Kabinett als zentralen Ort der kollektiven Willensbildung innerhalb der Landesregierung. Hier fanden sich alle exekutiven Schlüsselakteure, die es zur Durchsetzung politischer Entscheidungen einzubinden galt. Die Kabinettsarbeit folgte dabei nicht dem Prinzip von Befehl und Gehorsam, sondern verbindliche Entscheidungen wurden durch eine ausgeprägte Konsensorientierung herbeigeführt. Dies erhöhte die Durchsetzungschancen einer Entscheidung, weil die Kabinettsmitglieder als inhaltliche Sachwalter der gesamten Landesregierung agierten. Auf der anderen Seite kann die Exekutivlastigkeit von Entscheidungsprozessen gerade unter den Imperativen der Koalitionsdemokratie zur Institutionalisierung von Koalitionsausschüssen führen. Dort finden sich die relevanten Akteure zusammen, um grundsätzliche Entscheidungen zu treffen, während dem Kabinett in der Folge nur noch die förmliche Bestätigung obliegt.

---

39 Ulrich von Alemann/ Claudia Münch (Hrsg.), Landespolitik im europäischen Haus, NRW und das dynamische Mehrebenensystem, Wiesbaden 2005; Ulrich von Alemann, Das Modell der kooperativen Demokratie, Politisches Erfolgsmodell für Nordrhein-Westfalen, in: Heribert Meffert/ Peer Steinbrück (Hrsg.), Trendbuch NRW, Perspektiven einer Metropolregion, Gütersloh 2005, S. 377ff.

3.2 Ministerpräsidentendominanz geht mit gesteigerten Erwartungen politischer Führung einher: Quasi-plebiszitäre Legitimation

Die Exekutivlastigkeit von Entscheidungsprozessen setzte sich innerhalb der Exekutive als Dominanz des Ministerpräsidentenprinzips fort. Dieses findet seinen Ausdruck in Form von Richtlinienkompetenz und Organisationsgewalt des Regierungschefs. Doch konkreter Einfluss wächst den Ministerpräsidenten zumeist über andere Machtressourcen zu. Da ist zum einen die mediale Konzentration auf die Person des Regierungschefs zu nennen. In seiner Funktion als „Wahlkampflokomotive" erhält er zum anderen quasi-plebiszitäre Legitimation, die seine parlamentarische Abhängigkeit von den Mehrheitsfraktionen faktisch relativiert. Gleichzeitig werden vom Ministerpräsidenten immer stärker inhaltliche Führungsleistungen erwartet. In allen sozialen Milieus ist der Bedarf an demokratischer Führung gewachsen, weil die gesellschaftlichen Veränderungen der letzten Jahrzehnte alte politische Gewissheiten haben schwinden lassen und politische Orientierungen personelle Repräsentation benötigen. Führungspersonen erscheinen als Problemlöser und verlässliche Lotsen im Alltag. Hoher Problemlösungsdruck und eingeforderte Führungsleistungen vertragen sich aber nur schwer mit komplexen Verhandlungszwängen. Dennoch versuchten die Ministerpräsidenten, den gesteigerten Führungserwartungen zu entsprechen. Dies taten Sie jedoch auf durchaus unterschiedliche Art und Weise: entweder durch die Betonung eines moderierenden Stils oder durch klare Policy-Akzentuierungen.[40] Mit der Ministerpräsidentendominanz wandelt sich die Legitimation seines Handelns aus Sicht der Bürger in Richtung einer Präsidentialisierung parlamentarische Politikformen.[41] Mit medialer Selbstüberhöhung, Präsidialkabinetten, „Going Public"-Stilen zur Mobilisierung von Stimmen über Stimmungen – um nur einige Beispiele zu nennen – greifen steuerungstechnisch „New Modes of Governance", die wiederum neue Legitimationsgrundlagen für parlamentarische Systeme auf Landesebene beschreiben.

Die mediale Vernachlässigung der engeren Landespolitik geht mit einer Konzentration des verbleibenden Medieninteresses auf die Person des Ministerpräsidenten einher. Nur seine Botschaften dringen kontinuierlich auch in die bundespolitische (Fernseh-)Öffentlichkeit und erreichen so einen großen Verbreitungsgrad. Ausnahmen gibt es nur situativ und politikfeldabhängig.[42] In

---

40   Karl-Rudolf Korte/ Martin Florack/ Timo Grunden, a. a. O. 132ff.
41   Thomas Poguntke/ Paul Webb, The Presidentialization of Politics: A Comparative Study of Modern Democracies, Oxford 2005.
42   So konnte sich beispielsweise Bärbel Höhn (Grüne) als Verbraucherschutzministerin bei der Bewältigung von Lebensmittelskandalen und Tierseuchen bundesweit – und damit eben auch in der Landesöffentlichkeit – profilieren.

der Regel genießt aber nur der Regierungschef große öffentliche Aufmerksamkeit. Damit erhalten seine Stellungnahmen auch ein besonderes Gewicht, das alle Ministerpräsidenten zur Durchsetzung von politischen Entscheidungen zu nutzen wussten. Durch mediale Festlegungen wurden Sachfragen zur Chefsache.

Als Machtressource bleiben Medien jedoch meist nur eine instabile Machtgrundlage. Da die Medien verstärkt zum Takt- und Formatgeber der Politik geworden sind, mussten sich alle Ministerpräsidenten mit der medialen Öffentlichkeit arrangieren. Das Prinzip „Tausche Information gegen Präsenz" zahlte sich in der Regel für die Ministerpräsidenten aus. Was ihnen an sachpolitischer Kompetenz und politischer Macht durch vertikale Politikverflechtung verloren ging, versuchten sie über Telepolitik zu kompensieren. Sie standen als Personen für das jeweilige politische Programm. Hinter der medialen Personalisierung verbirgt sich allerdings häufig nichts anderes als ein Chefsachen-Mythos. Politische Führung ist auch auf Landesebene kein Ein-Mann-Unternehmen. Allerdings gelingt es nur in sehr unzureichendem Maße, fehlende Parteimacht mit Telepolitik und „Going Public"-Instrumenten zu kompensieren.

3.3 Regieren ist Tagesintegrationswerk: Parteimacht stabilisiert Regierungshandeln

Exekutivlastigkeit und Ministerpräsidentendominanz dürfen nicht mit „Durchregieren" im Duktus von hierarchischer Steuerung verwechselt werden. Bevor die Landesregierung und der jeweilige Ministerpräsident Problemdefinitionen vornahmen, Durchsetzungsstrategien auswählten und den Rahmen von Lösungen benannten, war eine Vielzahl von Akteuren und Vetospielern zu berücksichtigen und zu konsultieren. Regieren wurde für die Ministerpräsidenten kontinuierlich verflochtener, kommunikationsabhängiger und komplexer. Generell gilt, dass Mehrheiten aus unterschiedlichsten Interessengruppen gebildet werden mussten. Die Sachrationalität einer geplanten Maßnahme musste zudem mit politischer Vermittlungs- und Durchsetzungsrationalität abgewogen werden. Exekutivlastiges Regieren bedeutet daher primär, Koordinierungs- und Vermittlungsaufgabe in der Kernexekutive – und damit im Bereich von Government – anzusiedeln, ihr Verhandlungsmandate zu übertragen und ihr abschließend die Benennung von Prioritäten zuzugestehen. Abhängig von Reichweite und Konfliktpotenzial einer Sachfrage muss ein Ministerpräsident genau abwägen, wann er seine persönliche Autorität zur Durchsetzung von Entscheidungen einbringt; unerschöpflich ist sie nicht. Wichtig blieb beim Tagesintegrationswerk der Schein der gespielten Kohärenz.[43] Die Ministerpräsidenten mussten integrativ und anpassungsfähig bleiben. Sie verkörpern gegenüber den Bürgern den verlässlichen Lotsen, der das Publikum sicher durch Problemfelder begleitet, den die Bürger allerdings auch jederzeit unkalkulierbar wieder von Bord schicken können.

Aus einer Steuerungsperspektive ist es dabei hilfreich, auf Parteimacht zurückgreifen zu können. Die Imperative der Parteiendemokratie prägten den Regierungsstil der Ministerpräsidenten unterschiedlich stark. So verfügten die einen über gut ausgebaute Parteinetzwerke, die sie durch ihre Amtsausübung auch zu pflegen wussten. Dass sie auf parteiinterne Proporzaspekte Rücksicht nahmen und sensibel auf die normativen Erwartungen ihrer Anhängerschaft reagierten, zeigt den hohen Stellenwert, den sie der Parteiendemokratie beimaßen. Zugleich gewannen sie damit zentrale Handlungsressourcen, die sie im Entscheidungsprozess steuerungspraktisch einsetzen konnten. Wer hingegen ohne parteipolitische Verankerung in den Milieustrukturen der großen Volksparteien antritt, ist stärker auf stimmungsflüchtige Machtgrundlagen angewiesen als der Typus des integralen Parteivorsitzenden. Folglich mussten Ministerpräsidenten ohne Parteimacht sich auf die Handlungskorridore der Verhandlungs- und/oder der Mediendemokratie konzentrieren – wie die Analyse zeigt eine durchaus fragile Grundlage für ein effektives Politikmanagement.

3.4 Mehrheitsfraktionen wirken als Vetospieler und „Aufsichtsrat": Delegitimierung von Verfassungsorganen

Die Kehrseite der Exekutivlastigkeit des Regierens ist ein Bedeutungsverlust des Landtages und eine damit einhergehende Schwächung der Gestaltungsmöglichkeiten dieses Verfassungsorgans. Weitreichende und innovative Reformvorschläge kommen aus der Exekutive, nicht aus dem Parlament. Aber der Verlust an Gestaltungsmöglichkeiten für den Landtag ist nicht gleichbedeutend mit einem generellen Machtverlust. Insbesondere die Mehrheitsfraktionen agierten vielmehr häufig als Vetospieler. Sie setzten zwar keine Entscheidungen gegen den erklärten Willen der von ihnen getragenen Regierung durch, aber gleichwohl stoppten sie Regierungsinitiativen oder veränderten den Inhalt ihrer Vorlagen. Sie sind gewissermaßen der „Aufsichtsrat" einer Regierung.

Dennoch wird eine gewisse Delegitimierung dieses Verfassungsorgans erkennbar, wenn man die zeitgleiche Zentralisierung der Macht und Verantwortung beim Ministerpräsidenten berücksichtigt. Es lässt sich eine fortschreitende

---

43 Karl-Rudolf Korte/ Manuel Fröhlich, a. a. O. 233ff.

Gouvernementalisierung des Gesetzgebungs- und Entscheidungsprozesses konstatieren, was den Legitimitätsanspruch des Landtags sukzessive verändert.

3.5 Akkomodierung und Konsens dominieren über Mehrheitsentscheide und Hierarchie: Abhängigkeit von Governance und Government

Die „Politik der Akkomodierung" zieht sich durch die Regierungspraxis aller Ministerpräsidenten. Sie ist vor allem in der Personalpolitik nachweisbar, die von zahlreichen Proporzüberlegungen geprägt war. Dies galt einerseits für die Besetzung zentraler Regierungsämter, andererseits für Schlüsselpositionen außerhalb des Kernbereichs der jeweiligen Landesregierung. Ein für alle nordrhein-westfälischen Ministerpräsidenten nachweisbarer Fall war die Besetzung der Spitzen der Regierungspräsidien, bei der auch die jeweils große Oppositionspartei berücksichtigt wurde.

Stark korporatistisch geprägten Strukturen zeigten sich zudem in zentralen landespolitischen Politikfeldern. Neben der Energiepolitik sind beispielsweise die Arbeits- und Sozialpolitik als akkomodierte Politikbereiche hervorzuheben. Staatliche und private Akteure wirken unter Governance-Bedingungen zusammen. Allerdings haben sich die Machtkonstellationen in den horizontalen Verhandlungsarrangements verändert. Während bestimmte Akteure, wie beispielsweise Kommunen und Unternehmen an Gewicht gewonnen haben, mussten andere wie Gewerkschaften und Verbände einen Bedeutungsverlust hinnehmen.

4 Ausblicks-Szenario

Zusammenfassend wird somit deutlich erkennbar, wie sich die Handlungskorridore des Regierens auf Landesebene und damit Faktoren des Politikmanagements durch die Strukturmerkmale auf der einen und spezifisches Akteurshandeln auf der anderen Seite ergeben. Auf der Basis unserer empirischen Befunde haben wir generalisierbare Ergebnisse zusammengetragen, die über das einzelne Fallbeispiel Nordrhein-Westfalen hinaus allgemeine Prägewirkung für das Politikmanagement auf Landesebene entfalten. Zwar lässt sich nur durch weitere systematische, vergleichende Studien klären, welche dieser Aspekte insgesamt auf Landesebene dauerhafte Governance- und Legitimitätsstrukturen konstituieren. Dennoch ist anzunehmen, dass die Heuristik der Strukturmerkmale auch für andere Bundesländer eine gangbare Konzeptionalisierung des Politikmanagements darstellt. Die hier kondensierten Teilergebnisse legen zumindest diesen Schluss nahe. Zudem unterstreichen sie unsere bereits eingangs vorgestellte

These: Das Politikmanagement einer Landesregierung ist durch eine reine Governance-Perspektive nicht ausreichend zu erfassen. Vielmehr scheint die Hinzunahme einer stark auf Government ausgerichteten Perspektive sinnvoll zu sein, um das Politikmanagement einer Landesregierung konzeptionell zu erfassen. Auf Landesebene bedarf die Steuerung durch Governance der Strukturierung durch Government.

Die Staatskanzlei als Regierungszentrale? Die nordrhein-westfälische Staatskanzlei zwischen „politischer" und „strategischer" Steuerung in der Hochschulpolitik

Martin Florack

1 Das Argument

Impulse zur Regierungsführung werden gängigerweise in Regierungszentralen verortet (vgl. Bertelsmann Stiftung 2007). Aus dem die Landespolitik prägenden Strukturmerkmal der Ministerpräsidentendemokratie (Korte/Florack/Grunden 2006: 87-91) folgt die zentrale Aufgabe eines Regierungschefs, Grundsätze und Ziele der Regierungsarbeit für die jeweilige Legislaturperiode vorzugeben (Schneider 2001: 50). Staatskanzleien sind aus dieser Perspektive heraus das zentrale institutionelle Instrument, dessen sich der Ministerpräsident zur Erfüllung seiner politischen Führungsaufgabe bedient. Als „Assistenz des Ministerpräsidenten bei der politischen Führung im Land" (Häußer/Beck 1995: 124) bildet die Staatskanzlei den institutionellen Nukleus zur Sicherstellung einer konsistenten Regierungspolitik und zur Durchsetzung der Richtlinienkompetenz des Regierungschefs. Oder anders gesagt: „Die Effizienz der Richtlinienkompetenz korrespondiert weitgehend mit der Leistungskraft der Staatskanzlei" (Altmeier 1967: 21–23). Dies umfasst sowohl die Formulierung politischer Zielvorstellungen und programmatischer Vorhaben einerseits als auch die Koordination intragouvernmentaler Aushandlungs- und Entscheidungsprozesse andererseits. Im Verständnis einer Regierungszentrale als „Innenhof der Macht" (König 2002: 225) wird der Institution der Staatskanzlei in beiden Dimensionen eine herausragende steuernde und koordinierende Rolle beigemessen (vgl. König 1993; König 2002; Knöpfle 1967; Häußer 1996; Häußer 1995).

Zur Erfassung beider Aspekte wird hier analytisch zwischen politischer und strategischer Steuerung unterschieden (Sturm/Pehle 2007: 59). Während erstere Form der regierungsinternen Koordination, die Konsensbildung und das geschlossenen Auftreten einer Regierung nach außen beinhaltet, umfasst strategische Steuerung die Umsetzung programmatischer Vorstellungen bis hin zur aktiven Kontrolle von Ressortpolitiken. Dies entspricht weitgehend der an anderer Stelle vorgenommenen Differenzierung zwischen „Leitungs-" und „Koordinationsfunktion" der Regierungszentrale (Häußer 1995: 41–47). Aufgaben der Regierungsführung beschränken sich aber nicht allein auf den Ministerpräsidenten. Vielmehr ziehen insbesondere Koalitionsregierungen andere Imperative nach sich, als es die Vorstellung von auf das Amt des Ministerpräsidenten bezogenen politischen und strategischen Steuerungsfunktionen der Staatskanzlei nahe legt. Koalitionsmanagement steht somit in einem direkten Spannungsverhältnis zu den oben genannten Führungsaufgaben einer Regierungszentrale (Kropp 2001; Kropp 1999; Manow 1996; Korte/Florack/Grunden 2006). Aus Koalitionskonstellationen abgeleitete Imperative wirken auf die Möglichkeiten einer Regierungszentrale zur politischen und strategischen Steuerung ein. Die Regierungszentralen zugeschriebenen Aufgaben von Koordination und Steuerung stellen folglich lediglich Handlungspotentiale dar, deren konkrete Ausprägung von zahlreichen Kontextfaktoren abhängt (Häußer 1995: 61). Diese kontextuellen Einschränkungen gelten insbesondere für Regieren in Koalitionen. So verschiebt die Dimension der Koalitionsdemokratie die Gewichte von der idealtypischen Vorstellung hierarchischer Steuerungsprozesse – wie sie beim Strukturmerkmal der Ministerpräsidentendemokratie anklingt – hin zu einer ausgeprägten Aushandlungs- und Verhandlungsorientierung (vgl. Korte/Florack/Grunden 2006: 117). Diese Imperative finden oftmals ihren Niederschlag in der Institutionalisierung informeller Aushandlungsarenen, wie sie beispielsweise Koalitionsausschüsse darstellen, die im Zuge institutionellen Wandels zugleich formale Prozesse der Regierungssteuerung überlagern oder ersetzen (vgl. Streeck/Thelen 2005; Thelen 2004).

In der Konsequenz wird eine Regierungszentrale hierdurch jedoch in ihren strategischen und politischen Steuerungspotentialen eingeschränkt. Daraus ergibt sich die zentrale Fragestellung dieses Beitrags: Welche Leitungs- und Koordinationsaufgaben besitzt die Staatskanzlei insbesondere in Politikfeldern, in denen Koalitionsimperative eine besondere Rolle spielen? Wie kommt die Staatskanzlei auf solchen Feldern den ihr allgemein zugeschriebenen Steuerungsaufgaben nach? Kann eine generalisierende Perspektive von Regierungszentralen als institutionelle Steuerungszentren aufrechterhalten werden oder welche Einschränkungen sind vorzunehmen? Welche Kontextfaktoren lassen sich als die intervenierenden Variablen identifizieren?

Der vorliegende Beitrag kann hierauf keine allgemeine Antwort geben. Vielmehr verfolgt er zwei Ziele. Erstens entwickelt er auf der Grundlage einer explorativen Einzelfallstudie zur nordrhein-westfälischen Staatskanzlei weiterführende Hypothesen zu strategischen und politischen Steuerungsleistungen von Regierungszentralen. Hierzu werden Kontextfaktoren identifiziert, die möglicherweise über den vorliegenden Fall hinaus Einfluss auf die Ausprägung von

Steuerungsleistungen durch Regierungszentralen beanspruchen können. Zweitens wählt dieser Beitrag einen anderen Fokus als die bisher meist auf verallgemeinernde Überblicksdarstellungen und grundlegende Organisationsprinzipien abzielende Literatur zu Regierungszentralen (u.a. Häußer 1995; König 1993; Bertelsmann Stiftung 2007; Busse 2001; Knöpfle 1967; Müller-Rommel 2000; Müller-Rommel/Pieper 1991). Im Mittelpunkt des Interesses steht hier die Rolle der nordrhein-westfälischen Staatskanzlei im Policy-Prozess. Konkreter Analysegegenstand ist dabei das im Jahr 2006 abgeschlossene Gesetzgebungsverfahren zum „Hochschulfreiheitsgesetz" (HFG).

Dieses Gesetzgebungsprojekt legt aus folgenden Gründen die Ausgangsvermutung nahe, dass es von Seiten der Staatskanzlei Interesse an einer strategischen und politischen Steuerung dieser Policy-Entscheidung gab. Erstens fällt die Hochschulpolitik in die alleinige Zuständigkeit der Länder. Im Gegensatz zu anderen Politikfeldern besteht somit ein herausragender Gestaltungsspielraum für die Landesregierung. Es ist davon auszugehen, dass sie zum Zwecke der Profilierung von diesen Möglichkeiten Gebrauch macht und dem Politikfeld besondere Aufmerksamkeit widmet. Zweitens war die Verabschiedung des HFG von Beginn an eines der zentralen Anliegen der seit Juni 2005 amtierenden Landesregierung aus CDU und FDP. Gemeinsam mit der Novellierung des Schulgesetzes gehörte das HFG zu einer der auch öffentlichkeitswirksam herausgestellten Schlüsselentscheidungen der Regierung in der Bildungspolitik (vgl. Korte/Florack/Grunden 2006: 367-373). Bereits im Wahlkampf hatte dieses Thema eine herausragende Rolle gespielt (hierzu Feist/Hoffmann 2006), was die Bedeutung für die Landespolitik unterstreicht. Schließlich musste Ministerpräsident Jürgen Rüttgers aufgrund seiner Doppelrolle als CDU-Parteivorsitzender in NRW diesem Gesetzesvorhaben große Bedeutung beimessen. Dies legt einerseits das unter seiner Führung erarbeitete CDU-Wahlprogramm zur Landtagswahl 2005 nahe, in welchem konkrete Vorschläge zur künftigen Hochschulpolitik enthalten waren.[1] Darüber hinaus hatte die CDU-Landtagsfraktion unter Rüttgers' Führung bereits im Jahr 2004 einen eigenen Gesetzentwurf zur Stärkung der Hochschulautonomie eingebracht.[2] Insofern ist davon auszugehen, dass gerade zu Beginn der Amtszeit ein besonderes Interesse an der Entwicklung einer konsistenten Regierungslinie in der Hochschulpolitik bestand. Dies zieht die Annahme nach sich, dass politikgestaltende Ressortpolitik mit politischen, wenn

---

1 CDU-Wahlprogramm zur Landtagswahl 2005: „Unsere Hochschulen brauchen mehr Freiheit und Autonomie. Sie müssen besser ausgestattet und aus der staatlichen Bevormundung und Zwangsbewirtschaftung in die Freiheit entlassen werden. Das erreichen wir durch eine neue Hochschulpolitik." (S. 21)

2 Der Entwurf wurde unter dem Titel „Gesetz zur Stärkung der Autonomie der Hochschulen des Landes Nordrhein-Westfalen" 2004 vorgelegt.

nicht gar strategischen Steuerungsintentionen des Regierungschefs konfrontiert war. Auf der anderen Seite erfüllt das Fallbeispiel die zweite Bedingung, auf welche sich die vorliegende Fragestellung stützt: Hochschulpolitik fällt in die Ressortzuständigkeit des durch Wissenschaftsminister Andreas Pinkwart im Kabinett vertretenen kleineren Koalitionspartners FDP. Da in Nordrhein-Westfalen, analog zur Bundesebene, sowohl Richtlinienkompetenz des Ministerpräsidenten als auch Ressorthoheit des Fachministers verfassungsrechtlich normiert sind[3], treten hier Ressortprinzip und Ministerpräsidentendominanz in direkte Konkurrenz zueinander. Abstrakter betrachtet impliziert diese Konstellation das Aufeinanderprallen von potentiellen politischen und strategischen Steuerungsabsichten des Regierungschefs einerseits und durch die Ressorthoheit verstärkten Imperativen der Koalitionsdemokratie andererseits.

Eine schrittweise Analyse des intragouvernmentalen Entscheidungsprozesses zum HFG ermöglicht die gezielte Untersuchung strategischer und politischer Steuerungsimpulse durch die Regierungszentrale unter den beschriebenen Bedingungen.[4] Die nachfolgende Analyse basiert auf Daten, die im Rahmen einer „teilnehmenden Beobachtung" erhoben werden konnten (hierzu u.a. Schöne 2005; Fenno 1992; Warneken/Wittel 1997). Diese methodische Herangehensweise mit längerfristigem, kontinuierlichem Feldzugang ermöglicht insbesondere die Beobachtung komplexer (mikro-)politischer Zusammenhänge sowie die Erfassung der Perzeptionen der beteiligten politischen Akteure.[5] Ergänzt wurden diese Daten durch weiterführende Interviews sowie verfügbare Regierungsdokumente.

Die mikropolitische Untersuchung legt den Schluss nahe, dass die Rolle der Staatskanzlei in dem untersuchten Fallbeispiel auf die Bereitstellung administrativer Unterstützungsleistungen und Aufgaben der Informationssammlung und Frühwarnung für den Ministerpräsidenten beschränkt blieb. Im koalitionsinternen Politikmanagement spielte die Regierungszentrale als Steuerungsinstanz dagegen bestenfalls eine Nebenrolle. Von einer allgemeinen politischen und strategischen Steuerung durch die Staatskanzlei kann folglich nicht gesprochen werden. Strategische Steuerung im Sinne inhaltlicher Steuerungsversuche und

---

3   Landesverfassung NRW Art. 55, Abs. 1 und 2.
4   Die im weiteren Verlauf gewählte Vorgehensweise orientiert sich an der Vorstellung von „process tracing", d.h. sie kombiniert historische Erklärungen und Formen „dichter Beschreibung" mit theoretischen Annahmen (vgl. ausführlicher George/Bennett 2005: 205-232; Bennett/George 2001).
5   Die teilnehmende Beobachtung zur Entstehung des HFG erfolgte zwischen September 2005 und Oktober 2006. Beobachtet wurden sowohl Abstimmungsprozesse innerhalb der Staatskanzlei als auch intragouvernmentale Koordinationsverfahren (z.B. Ressortbesprechungen) und Abstimmungen zwischen Landesregierung und Landtag.

Entscheidungen über Policy-Präferenzen erfolgte, soweit die Vorfestlegungen im Koalitionsvertrag weitere Konkretisierungen notwendig machten, auf Kabinettsebene und im auf die politischen Spitzenakteure begrenzten Koalitionsausschuss. Aber auch die politische Steuerung im Sinne effektiven Koalitionsmanagements fand weitgehend ohne aktive Einflussnahme der Staatskanzlei statt. Hierbei standen vielmehr eigens geschaffene Koordinierungsinstitutionen, wie der Koalitionsausschuss sowie ad-hoc-Institutionen im Mittelpunkt. Die Rolle der Staatskanzlei blieb dagegen auf die weitgehend unpolitische Informationssammlung, Prozessbeobachtung und rechtliche Prüfung beschränkt.

Damit weist die Untersuchung die generelle Auffassung einer Regierungszentrale als zentraler Steuerungsinstanz zurück. Zugleich eröffnen die mikropolitischen Einsichten der Fallanalyse jedoch Möglichkeiten zur Identifikation wichtiger Kontextfaktoren, die für diesen eingeschränkten Rückgriff auf die zweifellos vorhandenen Steuerungspotentiale der Staatskanzlei verantwortlich zeichnen. Dazu gehören insbesondere Akteurspräferenzen, zeitliche Einflussfaktoren und die strategische Nutzung informeller Koordinationsinstanzen. Im Fazit dieses Beitrages werden diese Kontextfaktoren zu Arbeitshypothesen verdichtet, deren verallgemeinerbare Bedeutung in weiteren Fallstudien zu überprüfen wäre. Zuvor jedoch wird der Entstehungsprozess des HFG unter besonderer Berücksichtigung der Rolle der Staatskanzlei dargestellt. Dies geschieht aber nicht, ohne vorher den Akteurscharakter der Staatskanzlei näher in den Blick zu nehmen.

2 Die Staatskanzlei als Akteur in unterschiedlichen Handlungsarenen

Wer ist gemeint, wenn im Folgenden von der Staatskanzlei als Akteur die Rede ist? Für die Fragestellung ist vor allem die institutionelle Unterstützung des Ministerpräsidenten durch die Regierungszentrale bei strategischen und politischen Steuerungsprozessen relevant. Dies legt nahe, den Ministerpräsidenten selbst nicht als Teil der Staatskanzlei zu verstehen. Zudem ist der Regierungschef auch formal nicht Amtschef der Staatskanzlei (vgl. Häußer 1995: 70–85). Der Regierungschef tritt vielmehr als parteipolitischer Akteur in Aktion, er agiert nicht als Repräsentant des korporativen Akteurs „Regierungszentrale".[6]

Die gängige Unterscheidung von Leitungs- und Arbeitsebene in Regierungszentralen (u.a. Häußer 1995: 70-85; König 2002: 238–240) legt zunächst den Schluss nahe, auch den Chef der Staatskanzlei (CdS) und weitere in der Staatskanzlei angesiedelte Staatssekretäre (StS) in ihrer politischen Rolle hervor-

---

6 Der Begriff des korporativen Akteurs ist dem Ansatz des akteurzentrierten Institutionalismus (Scharpf 2000: 96-107) entlehnt. Dort stehen ebenfalls korporative Akteure im Mittelpunkt, als deren Repräsentanten individuelle Akteure auftreten.

zuheben. Sie werden zuvorderst nach politischen Gesichtspunkten rekrutiert und treten in ihrer Funktion als Repräsentanten politischer Einheiten in Erscheinung. Demgegenüber werden sie aber oftmals explizit als „Staatskanzlisten" und damit in ihrer administrativen Rolle wahrgenommen. Angesichts der sich daraus ergebenden Doppelrolle werden sie hier als „Schnittstellenakteure" bezeichnet. Ihre konkrete Positionierung kann nicht a priori bestimmt werden, sondern ist von den jeweiligen Gegebenheiten abhängig, unter denen sie agieren. Sie können sowohl als originär politische und damit außerhalb der Staatskanzlei stehende Akteure wahrgenommen werden. Dies ist im Fall einer Teilnahme des CdS an Sitzungen des Koalitionsausschusses der Fall, der sich primär nach parteipolitischen Gesichtspunkten zusammensetzt und entsprechenden Logiken folgt. „Schnittstellenakteure" können aber gleichwohl auch als Repräsentanten des korporativen Akteurs „Staatskanzlei" verstanden werden. So agiert der CdS in der Staatssekretärsrunde als Vertreter des Amtes und damit als administrativer Akteur.

Individuelle Akteure der Arbeitsebene werden hier durchgehend als Repräsentanten des korporativen Akteurs Staatskanzlei verstanden. Die Arbeitsebene umfasst alle der Hausspitze nachgeordneten Organisationseinheiten sowie die Abteilungsleitungen.[7] Sie bilden das institutionelle Fundament der Regierungszentrale und halten politische und strategische Steuerungspotentiale institutionell vor. Anders als die „Schnittstellenakteure" werden sie immer als Vertreter der Regierungszentrale wahrgenommen.

Wann kann von politischen und strategischen Steuerungsimpulsen durch die Regierungszentrale gesprochen werden? Hierzu werden im Folgenden zu heuristischen Zwecken zwei Handlungsebenen unterschieden (vgl. Korte/Fröhlich 2004). Die erste Ebene bildet die parteiendemokratische Arena. Diese umfasst im weitesten Sinne die Dimensionen des party government, d.h. parteipolitisch geprägte Entscheidungen über Policy-Präferenzen. Parteienwettbewerb und ideologisch-programmatische Werturteile prägen diese Arena. Eingeschlossen sind aber auch Festlegungen zeitlicher Abläufe und Verfahrensschritte sowie die Bestimmung von Tagesordnungen und Prioritäten. Die zweite Ebene umfasst die administrative Arena. Dabei handelt es sich um weitgehend unpolitische Unterstützungsleistungen, wie Informationsbeschaffung, Prozessbeobachtung und Rechtsprüfungen. Dagegen spielen inhaltlich-programmatische Impulse hier keine Rolle und weniger parteipolitisch begründete Präferenzordnungen als vielmehr administrative Neutralität prägen diese Ebene. Mit Blick auf die Koor-

---

[7] Anders als auf Bundesebene sind Abteilungsleiter in NRW keine politischen Beamten. Trotz ihrer primär politischen Orientierung und als Vermittlungsakteure zwischen Leitungs- und Arbeitsebene können sie hier alleine schon aus formalen Gründen der Arbeitsebene zugerechnet werden.

Die Staatskanzlei als Regierungszentrale? 209

dinationsdimension handelt es sich um reine Sekretariatsaktivitäten ohne unmittelbare politische Implikationen.

Nur bei dem Nachweis von Einflussnahme der Staatskanzlei in der parteiendemokratischen Handlungsarena kann von politischen und strategischen Steuerungsimpulsen durch die Regierungszentrale gesprochen werden. Dies setzt keine autonome Handlungsinitiative individueller Akteure voraus, sondern schließt Weisungen und Aufträge durch den Regierungschef durchaus ein. Solange die Aktivitäten der Staatskanzlei lediglich auf der administrativen Handlungsebene verbleiben, kann hingegen nur von administrativen Unterstützungsleistungen gesprochen werden. Beide Ebenen sind dabei nicht a priori trennscharf zu konzeptualisieren. Die Grenzen zwischen beiden Arenen sind in der Realität fließend. Es ist folglich Teil der nachfolgenden empirischen Analyse, die Aktivitäten der Staatskanzlei jeweils eindeutig einer Handlungsebene zuzuordnen. Dies wird jeweils einzelfallbezogen und in Abhängigkeit von den konkreten Umständen empirisch begründet. Dies gilt insbesondere für Aspekte politischer Steuerung. So reicht die Wahrnehmung rein administrativer Sekretariatsfunktionen durch das Kabinettsreferat im Zuge der Ressortkoordination nicht aus, um von Steuerungsimpulsen auf der politischen Handlungsebene durch die Regierungszentrale zu sprechen. Greift die Staatskanzlei jedoch beispielsweise aktiv in die Planung zeitlicher Abläufe ein und bestimmt Verfahrensschritte im regierungsinternen Koordinationsprozess, so kann durchaus von einem politischen Steuerungsimpuls gesprochen werden, der sich auf die politische Handlungsarena bezieht. Dabei ist es irrelevant, ob dieser Impuls auf einen Auftrag der Hausspitze zurückgeht oder aus eigenem Antrieb heraus erfolgt.

Die Darstellung erfolgt im Weiteren entlang der idealtypischen Phasen des Policy-Zyklus. Allerdings sind für die vorliegende Fragestellung nur die Phasen bis zum Abschluss der Programmformulierung relevant. Aspekte der Implementation bleiben dagegen von der Betrachtung ausgeschlossen. Die Systematik der weiteren Darstellung lässt sich grafisch folgendermaßen zusammenfassen (Abb. 1):

Abbildung 1: Analytische Heuristik

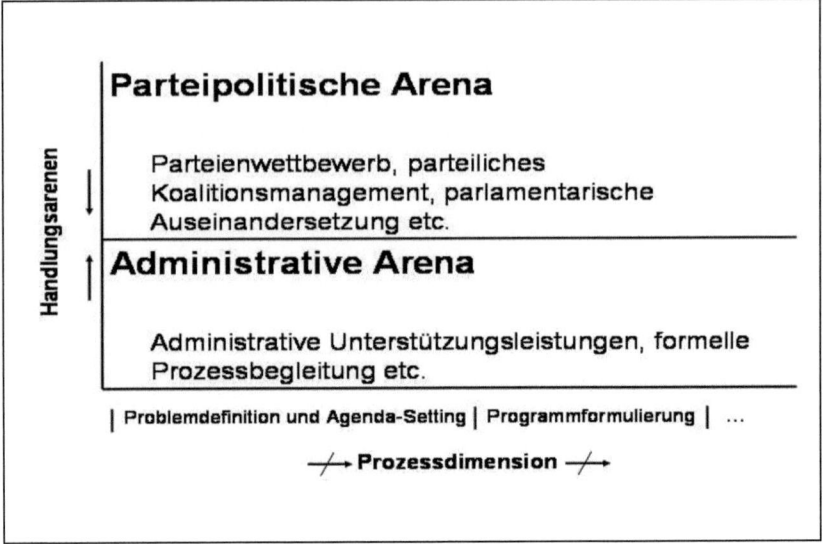

Quelle: eigene Darstellung.

Dabei konzentriert sich die Darstellung des Gesetzgebungsprozesses zum HFG auf zentrale Wegmarken. Im Mittelpunkt der Darstellung steht dabei immer das Agieren der Staatskanzlei. Wie und wann war die Staatskanzlei in den Prozess einbezogen? Nahm sie dabei in der parteipolitischen Arena Einfluss? Waren damit politische und strategische Steuerungsimpulse verbunden?

3 Die Staatskanzlei als „Zentrale der Regierung" in der Hochschulpolitik?

3.1 Vorgaben in Koalitionsvertrag und Regierungserklärung

Eine Reform der Hochschulgesetzgebung hatte bereits vor der Landtagswahl 2005 eine wichtige Rolle gespielt. Die beiden neuen Regierungsparteien CDU und FDP hatten in der vorhergehenden Legislaturperiode programmatische Vorstellungen zu diesem Politikfeld entwickelt, die ihren Niederschlag in den jeweiligen Wahlprogrammen fanden. Während die CDU von mehr „Freiheit und Autonomie" sprach, erklärte die FDP das „Umsteuern in der Hochschulpolitik des

Landes" zu ihrer zentralen Zielsetzung. Im Zuge der Koalitionsverhandlungen einigte man sich auf zentrale Eckpunkte zur Reform des Hochschulrechts. Die am 20. Juni 2005 unterzeichnete Koalitionsvereinbarung sah die Erarbeitung eines „Hochschulfreiheitsgesetzes" vor. Zielsetzung der Landesregierung für die Hochschulen seien künftig „mehr Freiheit und Autonomie". Den Hochschulen sollten zu diesem Zweck „im Rahmen eines Hochschulfreiheitsgesetzes Kompetenzen und Verantwortung auch für Finanz-, Personal- und Organisationsentscheidungen" übertragen werden. Weiter formulierten die Regierungspartner das Ziel der Umwandlung der Hochschulen zu „Körperschaften des öffentlichen Rechts mit dem Recht auf Selbstverwaltung". Ergänzende Festlegungen sahen unter anderem eine Verbesserung von Qualität und Leistungsfähigkeit des Hochschulwesens, neue Verfahren zur Hochschulsteuerung, die Förderung privater Hochschulen sowie die Einführung von „Studienentgelten" vor. Zugleich entschied man grundsätzliche Veränderungen des Hochschulrechts und die Erhebung von Studiengebühren durch zwei unterschiedliche Gesetzesvorhaben voneinander zu entkoppeln.

Der Umsetzung dieser Programmpunkte zur Hochschulpolitik räumte die Landesregierung oberste Priorität ein. So unterstrich Ministerpräsident Rüttgers in seiner Regierungserklärung vom 13. Juli 2005 die zentrale Bedeutung dieses Gesetzesvorhabens, indem er vor dem Landtag erklärte: „Wir werden baldmöglichst ein Hochschulfreiheitsgesetz vorlegen. Freiheit und Wettbewerb werden die Leitmotive dieses Gesetzes sein. Die Hochschulen bleiben Körperschaften des öffentlichen Rechts, werden jedoch keine staatlichen Anstalten mehr sein. Der Staat führt die Rechts-, jedoch nicht mehr die Fachaufsicht."[8] Die Regierungserklärung war bewusst noch vor Beginn der Sommerpause terminiert worden, um die Fachressorts angesichts des gerade vollzogenen Regierungswechsels möglichst noch im Herbst zur Erarbeitung erster Entwürfe zu den zentralen Vorhaben der Landesregierung zu bewegen (hierzu ausführlicher Korte/Florack/Grunden 2006: 364-365). Die Federführung zur Ausarbeitung des HFG besaß das vom FDP-Landesvorsitzenden Pinkwart geführte Ministerium für Wissenschaft, Innovationen, Forschung und Technik (MIWFT). Unmittelbar im Anschluss an den Amtsantritt des Ministers erhielten die Fachabteilungen einen entsprechenden Arbeitsauftrag.

Die Rolle der Staatskanzlei blieb in diesem gesamten Zeitraum auf die Beobachtung der Vorgänge beschränkt. Angesichts des Regierungswechsels hatte die Regierungszentrale nicht an der Programmentwicklung mitgewirkt. Auch in die Koalitionsverhandlungen und die Formulierung der Regierungserklärung war die Staatskanzlei nicht unmittelbar eingebunden gewesen (ausführlich Kor-

---

8 Landtag NRW, Plenarprotokoll 14/4, S. 139ff.

te/Florack/Grunden 2006: 339-366). Genau wie den Fachressorts blieb ihr zunächst nicht anderes zu tun, als die Vorgaben von Koalitionsvertrag und Regierungserklärung abzuwarten. Während das MIWFT mit der Ausarbeitung der Eckpunkte zum HFG begann, startete die Staatskanzlei die Erfassung aller landespolitischen Vorhaben in der von ihr gebündelten Aufgabenplanung.

3.2 Erarbeitung von Eckpunkten

Auf der Grundlage des Koalitionsvertrages und auf Weisung des Fachministers Pinkwart erarbeitete das MIWFT in den folgenden Wochen ein erstes Eckpunktepapier. Die Landesregierung hatte sich darauf verständigt, bei zentralen Gesetzesvorhaben zunächst solche Orientierungspunkte zu entwickeln, diese regierungsintern zu beraten und einem offiziellen Abstimmungsprozess im Kabinett zu unterziehen. Am 15. Dezember 2005 übermittelte Ressortchef Pinkwart das vom MIWFT erarbeitete Papier sowie einen Zeitplan für den weiteren Gesetzgebungsprozess an die Staatskanzlei. Eine informelle Vorabinformation zwischen MIWFT und Staatskanzlei auf Arbeitsebene war dem einen Tag vorausgegangen. Das Eckpunktepapier wurde allerdings nicht unmittelbar Gegenstand der formellen Ressortabstimmung. Vielmehr fand am 19. Dezember 2005 zunächst ein informelles Gespräch zu den vorgelegten Eckpunkten unter Beteiligung des Ministerpräsidenten, des CDU-Fraktionschefs Helmut Stahl, Minister Pinkwart sowie dem Staatssekretär im MIWFT, Michael Stückradt, statt. Das zuständige Spiegelreferat der Staatskanzlei hatte Rüttgers zur Vorbereitung dieses Gesprächs in einem Vermerk die weitgehende Orientierung des Eckpunktepapiers an den Vorgaben von Koalitionsvereinbarung und Regierungserklärung bestätigt, eine erste rechtliche Prüfung in Zusammenarbeit mit dem Rechtsreferat im Haus zugesagt sowie Bedenken angesichts des engen zeitlichen Rahmens geäußert. In dem informellen Gespräch wurden die Eckpunkte grundsätzlich zustimmend aufgenommen und das MIWFT gebeten, einige kleinere inhaltliche Anregungen einzuarbeiten. Zudem regte Rüttgers eine Einladung der Rektoren und Kanzler der Hochschulen und Fachhochschulen des Landes in die Staatskanzlei an, um die Grundlinien des HFG in dieser Runde gemeinsam mit Pinkwart persönlich vorzustellen. Er drückte damit sein persönliches Engagement in dieser Angelegenheit aus. Die Einladung und Vorbereitung dieser für den 19. und 20. Januar terminierten Gesprächstermine oblag jedoch in der Folge alleine dem MIWFT. Die Staatskanzlei sollte dort zwar vertreten sein, jedoch blieb dies auf eine reine Beobachterrolle beschränkt. Schließlich wurde in der Viererrunde entschieden, das in den folgenden Tagen angepasste Eckpunktepapier am 09. Januar 2006

Die Staatskanzlei als Regierungszentrale? 213

auch im Koalitionsausschuss zu beraten.[9] Zu diesem Zweck übermittelte das MIWFT Anfang Januar eine auf der Grundlage des Gesprächs vom 19. Dezember überarbeitete Fassung der Eckpunkte. Dieses an den Koalitionsausschuss weitergeleitete Papier wurde dort zustimmend beraten und der Beginn der formellen regierungsinternen Ressortberatungen beschlossen. Folglich übermittelte das MIWFT am 11. Januar 2006 eine Kabinettvorlage mit den entsprechenden Unterlagen an die Staatskanzlei sowie die Fachministerien. Eine formelle Ressortabstimmung wurde für den 17. Januar im MIWFT terminiert und alle Ressorts zur Teilnahme eingeladen. In dem bis dahin informellen Vorabstimmungsprozess agierte die Staatskanzlei als Informationsdienstleister für den Ministerpräsidenten sowie als Sekretariat für den Koalitionsausschuss. Allerdings erfolgten weder inhaltliche Anregungen noch direkte Vorschläge zum weiteren Koordinationsverfahren. Vielmehr bestimmten das MIWFT als federführendes Ressort und der Koalitionsausschuss als Instrument des Koalitionsmanagements das weitere Vorgehen zum HFG.

Mit der Kabinettsvorlage des MIWFT vom 11. Januar begann das formale Abstimmungsverfahren zum Eckpunkteentwurf. Dieses erfolgte in drei Schritten. Zunächst fand am 17. Januar eine Ressortbesprechung unter Beteiligung aller Ressorts sowie der Staatskanzlei im Wissenschaftsministerium statt. Hier wurden auf Arbeitsebene zahlreiche Einzelpunkte beraten, zugleich jedoch auf den noch allgemeinen Charakter der Eckpunkte verwiesen. Zahlreiche Ressorts betonten, geäußerte Bedenken im Zuge der Beratungen eines ersten Referentenentwurfes vertiefen zu können. Auch von Seiten der Staatskanzlei wurden keine grundsätzlichen Bedenken signalisiert. Bereits im Vorfeld der Ressortbesprechung hatte das Spiegelreferat der Staatskanzlei aber redaktionelle Änderungswünsche formuliert. Diese sollten über einen direkten Kontakt vom zuständigen Abteilungsleiter an den Staatssekretär des MIWFT übermittelt werden. In dieser ersten formalen Ressortbesprechung vorgenommene kleinere Änderungen wurden vom MIWFT am 18. Januar in eine Neufassung des Eckpunktepapiers übertragen und mit der Bitte um Mitzeichnung durch die Ressorts bis zum Abend des gleichen Tages an diese verschickt.

Bereits parallel zu den beginnenden Ressortberatungen hatte sich die Staatssekretärskonferenz[10] am 16. Januar 2006 mit dem Eckpunktepapier beschäftigt. Schon hier wurde nach einer ersten summarischen Beratung die Aufnahme auf

---

9   Der Koalitionsausschuss tagte im wöchentlichen Turnus im kleinen Kreis der politischen Spitzenakteure aus beiden Regierungsparteien.
10 Die Staatssekretärskonferenz fungierte als administrative Clearing-Stelle zur Vorbereitung der Kabinettssitzungen (vgl. hierzu die entsprechende Darstellung von Häußer 1996, S. 300–302). Ein zustimmender Beschluss hier war Voraussetzung für die Aufnahme einer Kabinettvorlage in die Tagesordnung des Kabinetts.

die Tagesordnung des Kabinetts am 24. Januar 2006 empfohlen. Nach dem Abschluss der Ressortberatungen auf Arbeitsebene befasste sich diese Runde am 23. Januar 2006 erneut mit der nun angepassten Version des Eckpunktepapiers. Die von Seiten des Finanzministeriums vorgebrachten Einwände gegen einige finanzrechtliche Implikationen verhinderten hierbei eine Zustimmung der Staatssekretäre zum Eckpunktepapier nicht. Man einigte sich vielmehr auf die Klärung dieser Punkte im Rahmen einer frühzeitigen Ressortabstimmung zum nachfolgenden Referentenentwurf.

Damit war schließlich der Weg frei für einen positiven Kabinettsbeschluss am 24. Januar 2006. Darüber hinaus verständigte sich die Ministerrunde unter Leitung von Ministerpräsident Rüttgers auf die Verabschiedung des Zeitplans, der die Erarbeitung des Referentenentwurfs bis zum 07. März 2006 vorsah. Ein im Kabinett abgestimmter Regierungsentwurf zum HFG wurde für den 30. Mai avisiert.

Mit dem Kabinettsbeschluss zum Eckpunktepapier war die erste Hürde des Gesetzgebungsverfahrens überwunden. Die Staatskanzlei hatte einen aktiven Beitrag hierzu geleistet. Allerdings bewegte dieser sich eindeutig in der administrativen Arena. Eine wichtige Rahmenbedingung hierfür stellte die Tatsache dar, dass ein Teil der inhaltlichen Beratungen nicht im formalen Verfahren, sondern bereits im Vorfeld in informellen Verfahren getroffen wurden. Hier ist insbesondere die herausragende Rolle des Koalitionsausschusses hervorzuheben. Mit der besonderen Betonung dieser Institution wurde nicht nur das Steuerungspotential der Staatskanzlei relativiert, sondern der Einfluss formaler Regierungsinstitutionen insgesamt beschnitten. Doch auch innerhalb des weiteren Verfahrens blieb die Staatskanzlei auf Unterstützungsaufgaben der politischen Führung beschränkt. So hatte sie keinen Einfluss auf den vom MIWFT vorgelegten und in Teilen bereits mit den Regierungsfraktionen koordinierten Zeitplan.[11] Damit war von Beginn an das politische Steuerungspotential der Regierungszentrale beschnitten. Darüber hinaus trat die Staatskanzlei in dieser Phase des Entscheidungsprozesses vor allem als Beobachter auf. Prozessbegleitung und Informationsaufbereitung für die Abteilungsleitung und Hausspitze waren die vorrangigen Tätigkeiten. Hinzu kamen verfahrensübliche rechtliche Prüfungsaufgaben. Auch informelle Kontakte beschränkten sich weitgehend auf die Informationsbeschaffung oder die politisch wenig zentrale Einspeisung redaktioneller Textvorschläge. Wichtige politische und strategische Steuerungsimpulse setzte die Staatskanzlei nicht.

---

11 Ein entsprechendes Klärungsverfahren mit dem Landtag war insbesondere wichtig, um die im Zeitplan vorgesehenen knappen Fristen einhalten zu können. Auch hier lag die Zuständigkeit für diese Vorklärungen beim Fachressort.

Die Staatskanzlei als Regierungszentrale? 215

3.3 Erarbeitung des Referentenentwurfes

Auf der Grundlage des Kabinettsbeschlusses verkündete Minister Pinkwart am 25. Januar 2006 vor der Landespressekonferenz die Eckpunkte des geplanten HFG und markierte damit auch öffentlichkeitswirksam den Start des Verfahrens zur Vorlage eines entsprechenden Referentenentwurfes. Verfahrenstechnisch koordiniert, um das Thema auch im Landtag auf die Agenda zu setzen, brachten die Regierungsfraktionen im Landtag einen Antrag zur Hochschulpolitik ein. Darin „begrüßt[en]" die Regierungsparteien das Eckpunktepapier der Landesregierung und „bestärkt[en] die Landesregierung in ihrem Vorhaben, einen darauf aufbauenden Entwurf für ein Hochschulfreiheitsgesetz vorzulegen".[12]

Regierungsintern kam das MIWFT bereits am 15. Februar 2006 dieser Aufforderung nach und übermittelte den im Haus erarbeiteten Referentenentwurf zum HFG an die Fachressorts und die Staatskanzlei. Für die Ressortabstimmung sah die begleitende Kabinettvorlage eine Beratungszeit bis zum 22. Februar vor. Für den 20. Februar war zudem eine Ressortbesprechung unter Beteiligung aller Fachministerien und der Staatskanzlei angesetzt worden. Bei dieser kristallisierte sich eine vor allem haushaltsrelevante Rechtsfrage nach der künftigen Insolvenzfähigkeit von Hochschulen als Hauptkonfliktpunkt heraus. Dieser wurde vor allem zwischen den Vertretern des MIWFT und des Finanzministeriums diskutiert, ohne allerdings auf Arbeitsebene zu einer Einigung zu kommen. Stattdessen einigte man sich darauf, diese Frage an ein Ministergespräch zwischen den beiden zuständigen Fachministern zu delegieren. Diese Unterredung zwischen Pinkwart und Finanzminister Helmut Linssen war bereits im Vorfeld der Ressortbesprechung für den nachfolgenden Tag angesetzt worden. Wie den Fachressorts durch das MIWFT am nachfolgenden Tag schriftlich mitgeteilt wurde, kamen beide Fachminister darin zu einer vorläufigen Einigung. Die entsprechenden Anpassungen wurden in der Folge vom MIWFT in den Referentenentwurf eingearbeitet und dieser in überarbeiteter Fassung erneut der formellen Ressortkoordination überantwortet. In der entsprechenden Kabinettvorlage vom 23. Februar schlug das MIWFT nun einen zustimmenden Kabinettsbeschluss sowie die Freigabe des Referentenentwurfes für die schriftliche Verbändeanhörung vor. Diesem Votum schloss sich die erneut als verfahrenstechnische Clearing-Stelle agierende Staatssekretärskonferenz am 6. März 2006 an und plädierte für eine Aufnahme der Kabinettsvorlage in die Tagesordnung des Kabinetts am nachfolgenden Tag. Allerdings blieb die Zustimmung der Ministerrunde zum Referen-

---

12   Antrag „Mehr Autonomie für die Hochschulen - Nordrhein-Westfalen erhält das freiheitlichste Hochschulrecht", Drucksache 14/1192. Dieser Antrag wurde mit den Stimmen der Regierungsparteien am 16. Februar 2006 im Landtag beschlossen (Plenarprotokoll 14/22, S. 2195-2208).

tenentwurf an Qualifikationen gebunden. Das im Vorfeld diskutierte Thema der Insolvenzfähigkeit wurde als noch nicht endgültig geklärt betrachtet. Da es sich hierbei vor allem um verfassungsrechtliche Bedenken handelte, einigte man sich ergänzend zur allgemeinen Zustimmung auf die Anrufung des Interministeriellen Ausschusses für Verfassungsfragen. Allerdings sollte durch diese fortgesetzte regierungsinterne Prüfung das avisierte Anhörungsverfahren nicht behindert werden. Damit hatte auch der Referentenentwurf im zeitlich knapp bemessenen Verfahren die grundsätzliche Zustimmung der gesamten Regierung erhalten. Stärker noch als bei den Beratungen zum Eckpunktepapier blieb die Staatskanzlei hierbei jedoch auf die Prozessbeobachtung, Informationsdienstleistungen für die Abteilungsleitung und Hausspitze sowie Aufgaben verfassungsrechtlicher Prüfungen beschränkt und bewegte sich damit eindeutig in der administrativen Handlungsarena. Die Regierungszentrale agierte hingegen nicht als politischer und strategischer Steuerungsakteur.

3.4 Vorlage des Regierungsentwurfes

Mit Beginn der Verbändeanhörung zum vorliegenden Referentenentwurf am 07. März 2006 konzentrierte sich die regierungsinterne Diskussion vor allem auf die verbleibenden verfassungsrechtlichen Fragen. Dabei erhielt in erster Linie der im Rahmen der vorhergehenden Beratungen zurückgestellte Aspekt der potentiellen Insolvenzfähigkeit von Hochschulen herausragende Beachtung. Im damit befassten Interministeriellen Ausschuss für Verfassungsfragen konnte hierzu bis zum Mai 2006 dennoch keine endgültige Klärung herbeigeführt werden, unterschiedliche Rechtsauffassungen zwischen den Ressorts blieben bestehen. In einem Gespräch zwischen Pinkwart, Rüttgers und Stahl am 04. Mai stand diese Frage daher im Mittelpunkt der Diskussion. Hier sollte eine politische Lösung für das rechtliche Problem gefunden werden. Das Ergebnis dieser Runde deutete sich bereits in einem Zeitungsinterview des Wissenschaftsministers wenige Tage später an. In diesem skizzierte Pinkwart die Möglichkeit, die inhaltliche Intention auch über eine andere Rechtskonstruktion lösen zu können (Welt am Sonntag vom 08. Mai 2006) und damit von den ursprünglich vereinbarten Eckpunkten abzuweichen. Die im Zuge der am 18. April abgeschlossenen Verbändeanhörung erfassten sonstigen Anregungen und Vorschlägen zum Gesetzentwurf wurden parallel zu dieser Diskussion bis zum 05. Mai erneut durch das MIWFT diskutiert und relevante Punkte in den Entwurfstext integriert. Das Ergebnis in Form des Regierungsentwurfes übermittelte das MIWFT am 15. Mai an die übrigen Ressorts und die Staatskanzlei. Die Kabinettvorlage sah einen Beschluss der Ministerrunde am 30. Mai vor und bat um Mitzeichnung der Vorlage durch die

Die Staatskanzlei als Regierungszentrale? 217

Ressorts bis zum 22. Mai. Die für den 19. Mai avisierte Ressortbesprechung zum Regierungsentwurf fand aufgrund mangelnden Bedarfs von Seiten der Ministerien nicht statt. Offensichtlich waren alle grundsätzlichen Probleme der vorhergehenden Entwürfe regierungsintern ausreichend diskutiert. Zu der im Regierungsentwurf nun gestrichenen Insolvenzfähigkeit[13] der Hochschulen einigte man sich auf Vorschlag des MIWFT auf eine Sprachregelung, um diese Abweichung vom Eckpunktepapier öffentlich zu begründen. Nach einigen letzten Korrekturen des Regierungsentwurfs waren die Zustimmung der Staatssekretärskonferenz am 29. Mai und der Kabinettsbeschluss am 30. Mai schließlich reine Formsache. Der damit verbundene Abschluss der regierungsinternen Programmformulierung gab den Startschuss für das parlamentarische Beratungsverfahren zum Regierungsentwurf.[14]

Die Staatskanzlei hatte in diesem letzten Schritt der regierungsinternen Beratungen vor allem bei der verfassungsrechtlichen Prüfung mitgewirkt. Sie nahm hierbei aber keine koordinierende Führungsrolle oder gar Steuerungsfunktion im Sinne der Regierungsführung wahr. Vielmehr ordnete sie ihren verfassungsrechtlichen Standpunkt schließlich dem Ergebnis der politischen Beratungen auf Spitzenebene unter. In die vor allem zwischen Wissenschafts- und Finanzministerium umstrittene Frage hatte sie sich hingegen nicht aktiv eingeschaltet. Ausschlaggebend für das Überwinden der letzten inhaltlichen Kontroversen war einmal mehr ein informeller Beratungsprozess, der ohne Beteiligung der Staatskanzlei auf politischer Ebene in Spitzengesprächen geführt wurde. Über die Rechtsprüfung hinaus beschränkte sich die Rolle der Regierungszentrale auf die Prozessbeobachtung und die Weitergabe von Informationen.

3.5 Parlamentarisches Beratungs- und Beschlussverfahren

Mit der Eröffnung des parlamentarischen Gesetzgebungsverfahrens schwand die Bedeutung der für den regierungsinternen Beratungsprozess noch vorgesehenen formalen Koordinierungsrolle der Staatskanzlei obendrein. Das parlamentarische Verhandlungsverfahren dominierten nun andere Akteure. Zudem waren Vorabsprachen, die notwendig waren, um den engen Zeitplan des Gesetzgebungsprojekts nicht zu gefährden, bereits im Vorfeld durch das MIWFT koordiniert worden. Hierzu diente unter anderem ein regelmäßiger „Jour fix" von Vertretern der Hausspitze des MIWFT mit den für die Hochschulpolitik verantwortlichen Fachpolitikern der Regierungsfraktionen. Im Umfeld der Ersten Lesung des Gesetz-

---

13 Diese Frage wurde nun über die Rechtskonstruktionen eines Staatsbeauftragten und eines Haushaltssicherungskonzepts gelöst (vgl. HFG, Art. 1, § 5 (6)).
14 Der Regierungsentwurf wurde vom Landtag als Drucksache 14/2063 geführt.

entwurfes im Landtag am 21. Juni 2006[15] traten zudem weitere parlamentarische Koordinierungs- und Beratungsgremien auf den Plan. Dazu gehörten insbesondere die Facharbeitskreise der Fraktionen, die mitunter in koalitionsübergreifender Zusammensetzung tagten.[16] In diesen Runden agierten die Vertreter der Staatskanzlei lediglich als Beobachter. Der Zugang beschränkte sich zudem weitgehend auf Gremien der CDU-Fraktion. Der kleinere Koalitionspartner FDP öffnete parlamentarische Beratungszirkel nicht routinemäßig für die Arbeitsebene der Staatskanzlei.

Die erste Lesung des Gesetzentwurfes endete mit der Überweisung an den Ausschuss für Innovation, Wissenschaft, Forschung und Technologie (AIWFT).[17] Dieser beschloss in seiner Sitzung vom 22. Juni die Durchführung einer öffentlichen Anhörung zum Gesetzentwurf für den 24. August.[18] Parallel zu den daran anschließenden Beratungen des AIWFT fanden weitere Besprechungen der koalitionären Fachpolitiker statt. Dazu gehörten ergänzende Treffen der am „Jour fix" Beteiligten aus beiden Regierungsparteien sowie Treffen der Fraktionsarbeitskreise. Die Ausschussberatungen zum Gesetzentwurf wurden auf der Grundlage der Ergebnisse der öffentlichen Anhörung[19] am 21. September und 19. Dezember fortgesetzt. Der AIWFT empfahl schließlich die Annahme des Regierungsentwurfes mit einigen Änderungen. Allerdings beschränkten sich die substantiellen Abweichungen auf wenige Punkte des ursprünglichen Regierungsentwurfes.[20] Damit war der Weg frei für die Zweite Lesung des Gesetzentwurfes am 25. Oktober 2006. Mit den Stimmen der CDU/FDP-Mehrheit wurden die vom AIWFT vorgeschlagenen Änderungen und damit der vorgelegte Gesetzentwurf angenommen.[21] Der vom Landtag beschlossene Gesetzentwurf wurde am 31. Oktober veröffentlicht und damit eines der zentralen Gesetzesprojekte der Landesregierung in Kraft gesetzt.

In dieser letzten Phase der förmlichen parlamentarischen Beschlussfassung war die Rolle der Staatskanzlei deutlich eingeschränkt. Durch die Verlagerung in die parlamentarische Arena hatten sich die Umstände für ihre aktive Einfluss-

---

15 Plenarprotokoll 14/33, S.3601-3617. Eine umfassende Gesetzesdokumentation mit allen parlamentarischen Dokumenten findet sich unter der GED-Online Gesetz Nr. 14/33 auf der Internetseite des Landtags NRW.
16 So beispielsweise am 20. Juni 2006 der Arbeitskreis der CDU. Hier nahmen als Gäste von Seiten des MIWFT Minister Pinkwart und Staatssekretär Stückradt teil. Für die FDP-Fraktion war Christian Lindner in seiner Rolle als hochschulpolitischer Sprecher anwesend.
17 Dieser erhielt die parlamentarische Federführung. Ebenfalls beteiligt wurde der Ausschuss für Schule und Weiterbildung (ASW).
18 AIWFT, Ausschussprotokoll 14/228.
19 Hierzu AIWFT, Ausschussprotokoll 14/239.
20 Eine Übersicht über die Änderungen enthält die Beschlussvorlage des Ausschusses. Vgl. Drucksache 14/2737.
21 Plenarprotokoll 14/41, S. 4528-4543.

nahme strukturell verschlechtert. Sie blieb aber auch im parlamentarischen Verfahren als Akteur präsent. Wiederum spielte sich dieses Agieren aber auf der administrativen Unterstützungsebene ab. Als Beobachter parlamentarischer Beratungs- und Entscheidungsgremien leistete die Staatskanzlei Informationsdienstleistungen für die Hausspitze. Von Seiten der Landesregierung blieb aber das zuständige Fachressort wichtigster Akteur. Inhaltliche Diskussionen zwischen Regierung und parlamentarischen Akteuren wurden nicht über die Staatskanzlei, sondern unmittelbar von den politischen Spitzen in Parlament und Regierung geführt. Angesichts der auch eingeschränkten formalen Einflussmöglichkeiten der Regierungszentrale verengte sich ihre Rolle in der Folge auf die Informationsaufnahme und -weitergabe. Von strategischen und politischen Steuerungsaufgaben jedoch blieb die Staatskanzlei enthoben.

4 Fazit und Konsequenzen

Die Analyse des Entscheidungsprozesses zum HFG legt den Schluss nahe, dass die Rolle der Staatskanzlei weitgehend auf die Bereitstellung administrativer Unterstützungsleistungen, Aufgaben der Informationssammlung, Formen der Prozessbeobachtung und inhaltliche Frühwarnung für den Ministerpräsidenten beschränkt blieb. Im koalitionsinternen Politikmanagement spielte die Regierungszentrale als Steuerungsinstanz dagegen bestenfalls eine Nebenrolle. Von einer allgemeinen politischen und strategischen Steuerung durch die Staatskanzlei kann folglich nicht gesprochen werden. Strategische Steuerung im Sinne inhaltlicher Steuerungsversuche und aktiver Kontrolle von Ressortpolitiken erfolgte, soweit die Vorfestlegungen im Koalitionsvertrag weitere Konkretisierungen notwendig machten, auf Kabinettsebene und im auf die politischen Spitzenakteure begrenzten Koalitionsausschuss. Auch informelle ad-hoc-Institutionen wie Gespräche der politischen Spitzenakteure besaßen hier entscheidendes Einflusspotential. Aber auch die politische Steuerung im Sinne regierungsinterner Koordination und koalitionsinterner Konsensbildung fand weitgehend ohne aktive Einflussnahme der Staatskanzlei statt. Hierbei standen vielmehr eigens geschaffene Koordinierungsinstitutionen, wie der Koalitionsausschuss sowie informelle ad-hoc-Institutionen im Mittelpunkt.

Damit weist dieser Beitrag die These von einer Regierungszentrale als zentraler Steuerungsinstanz einer Regierung zurück. Zugleich eröffnen die Einsichten der Fallanalyse jedoch Möglichkeiten zur Identifikation wichtiger Kontextfaktoren, die für diesen eingeschränkten Rückgriff auf die zweifellos vorhandenen Steuerungspotentiale der Staatskanzlei verantwortlich zeichnen. Die Ergebnisse legen den Schluss nahe, dass insbesondere Akteurspräferenzen, zeitliche

Einflussfaktoren und die strategische Nutzung informeller Koordinationsinstanzen für diese eingeschränkte Steuerungsleistung der Staatskanzlei maßgebend sind. Aus diesen Befunden lassen sich damit abschließend einige weiterführende Hypothesen ableiten, die gleichwohl in weiteren Fallstudien zu überprüfen wären, um mögliche Generalisierungen und Übertragungspotentiale zu erkunden.

Eine erste Folgerung ist die notwendige Betonung von Akteurspräferenzen im Steuerungsprozess. Damit ist insbesondere die Person des Ministerpräsidenten gemeint, auf den das Amt der Staatskanzlei in besonderer Weise ausgerichtet ist. Diese an anderer Stelle (u.a. Häußer 1995: 33–36; Knöpfle 1967; König 2002: 232) wiederholt unterstrichene institutionelle Ausrichtung der Regierungszentrale auf das Amt des Regierungschefs findet insofern weitergehende Unterstützung. Folglich ist Knöpfle in seiner nachfolgenden Einschätzung noch immer eindeutig zuzustimmen: „Am Regierungschef liegt es, von dem Hilfsinstrument Staatskanzlei den richtigen Gebrauch zu machen und ihr Potential an Arbeitskraft, Sachverstand, Erfahrungswissen und Arbeitsfreude zur Entfaltung zu bringen" (Knöpfle 1967: 312). Regierungsinterner Steuerungsbedarf ist demnach nicht objektiv gegeben, sondern wird subjektiv durch das politische Führungspersonal definiert. Hierbei spielen persönliche Präferenzen, Vertrauen in das zuarbeitende Personal, weitere verfügbare institutionelle Arrangements und personengebundene Ausprägungen des jeweiligen Politikstils eine besondere Rolle. So verzichtete Rüttgers beispielsweise im vorliegenden Fall darauf, die Staatskanzlei zur inhaltlichen Intervention im Entscheidungsprozess aufzufordern. Vielmehr schaltete er sich persönlich in den dafür geeigneten informellen Institutionen des Koalitionsmanagements ein oder überließ das notwendige Koordinationsverfahren der Selbstkoordination der beteiligten Ressorts.

Zugleich verweist diese erste Schlussfolgerung auf eine zweite ableitbare Hypothese: Die Definition des als notwendig erachteten Steuerungsimpulses durch die Regierungszentrale erfolgt nicht alleine entlang kurzfristiger Überlegungen und Bedarfe. Hinzu treten auch taktische und strategische Kalküle als intervenierende Einflussfaktoren, die über den konkreten Gegenstand hinausreichen und den Arbeitsmodus einer Regierung auf längere Sicht beeinflussen. Auf den konkreten Fall bezogen lässt sich dies hinsichtlich des weiteren Feldes des Koalitionsmanagement festmachen. Langfristige Überlegungen zur politischen Stärkung der Regierungskoalition spielten den zurückhaltenden Rückgriff des Ministerpräsidenten auf die Staatskanzlei eine wichtige Rolle. Rüttgers hielt es für essentiell, dem kleineren Koalitionspartner FDP mit dem HFG Gelegenheit zur politischen Profilierung zu bieten. Allzu offene Versuche der Einflussnahme hätten diese Haltung konterkariert und einen dosierten Austrag des auch in der Koalition fortbestehenden Parteienwettbewerbs schwieriger gemacht. Daher erschien das informelle Instrument des Koalitionsausschusses besser geeignet als das formaler verfasste Steuerungspotential der Staatskanzlei, um eigene Vorstellungen aktiv einzubringen. Der Koalitionsausschuss bot mit den geltenden Vertraulichkeitsregeln Möglichkeiten zur Intervention, ohne dies institutionell und außenwirksam kenntlich zu machen. Andere Politikfelder zeigen, dass der Regierungschef bei den der eigenen Partei zugehörigen Ministern und Ressorts weniger Zurückhaltung walten ließ und auch der Staatskanzlei eine aktivere Rolle beimaß (Korte/Florack/Grunden 2006: 367-373).

Schließlich sind temporale Einflussfaktoren von Bedeutung für das strategische und politische Steuerungspotential einer Regierungszentrale. So liegt in einer allgemeinen Betrachtung des untersuchten Fallbeispiels die Schlussfolgerung nahe, dass zu Beginn einer Legislaturperiode insbesondere das strategische Steuerungspotential einer Regierungszentrale eingeschränkt ist. Dies gilt umso mehr, wenn es sich um eine neu ins Amt gelangte Regierung handelt. Die Möglichkeiten zum Einfluss auf Policy-Präferenzen oder zu eigenständigen Initiativen zur Politikgestaltung sind angesichts weit reichender Programmvereinbarungen im Vorfeld der offiziellen Amtsaufnahme beschränkt. So zeigt das untersuchte Fallbeispiel, dass es von beiden Parteien der neuen Regierungsformation ausgearbeitete Programmvorschläge zur künftigen Hochschulpolitik gab. Diese gingen über reine Absichtsbekundungen deutlich hinaus, so dass eine inhaltliche Einflussnahme und damit strategische Steuerungsimpulse von Seiten der Regierungszentrale weitgehend ausschied. Aber auch das politische Steuerungspotential ist beschnitten, wenn Politikvorhaben in Koalitionsverhandlungen weitgehend vorbesprochen wurden. So sind Zeitpläne, Prioritäten und nicht zuletzt Verfahrenszuständigkeiten vorgeplant und nicht erst in den üblichen Verfahren der Regierungskoordination zu erarbeiten.

Einiges spricht aber dafür, dass sich im weiteren Verlauf einer Legislaturperiode der Steuerungsbedarf durch die Regierungszentrale wieder erhöht. Auf der einen Seite sind programmatische Vorfestlegungen einer Regierung aufgebraucht und neue Impulse werden benötigt. Außerdem gilt es, im Tagesgeschäft auf neue inhaltliche Herausforderungen zu antworten. Strategische Steuerungsimpulse der Regierungszentrale werden in der Folge wieder eingefordert. Auf der anderen Seite gewinnt der zu Beginn der Legislaturperiode stark dosierte Parteienwettbewerb innerhalb einer Regierungskoalition erneut an polarisierender Kraft und erfordert andere Formen der regierungsinternen Koordination. Vormals aus strategischen Gründen des Koalitionsmanagements zurückgedrängte Koordinationsansprüche der Regierungszentrale werden nun virulent, um Verfahrenswege zu bestimmen. Damit steigt schließlich auch der politische Steuerungsbedarf. Die Staatskanzlei könnte so zu einer echten Regierungszentrale werden.

Literatur

Altmeier, Peter (1967): Erfordernisse der Leitung. In: Hochschule für Verwaltungswissenschaften Speyer (Hrsg.) (1967): 19–23.
Beck, Joachim u.a. (Hrsg.) (1995): Arbeitender Staat. Studien zur Regierung und Verwaltung. Klaus König zum sechzigsten Geburtstag (zusammen mit Joachim Beck, Angelika Benz, Friedrich W. Bolay, Otto Häußer, Christoph Hauschild, Jan Heimann und Barbara Sippl). Baden-Baden: Nomos.
Bennett, Andrew/George, Alexander L. (2001): Case Studies and Process Tracing in History and Political Science: Similar Strokes for Different Foci. In: Elman/Elman (Hrsg.) (2001): 138–166.
Bertelsmann Stiftung (Hrsg.) (2007): „Jenseits des Ressortdenkens". Reformüberlegungen zur Institutionalisierung strategischer Regierungsführung in Deutschland. Gütersloh.
Busse, Volker (2001): Bundeskanzleramt und Bundesregierung. Aufgaben, Organisation, Arbeitsweise. Heidelberg.
Elman, Colin/Elman, Miriam Fendius (Hrsg.) (2001): Bridges and Boundaries. Historians, Political Scientists, and the Study of International Relations. Cambridge.
Feist, Ursula/Hoffmann, Hans-Jürgen (2006): Die nordrhein-westfälische Landtagswahl vom 22. Mai 2005. Gelb löst Rot-Grün ab. In: Zeitschrift für Parlamentsfragen, H. 1: 163–182.
Fenno, Richard F. (1992): Watching Politicians. Essays on Participant Observation. Berkeley.
George, Alexander L./Bennett, Andrew (2005): Case studies and theory development in the social sciences. Cambridge.
Häußer, Otto (1995): Die Staatskanzleien der Länder. Aufgabe Funktionen Personal und Organisation unter Berücksichtigung des Aufbaus in den neuen Ländern. Baden-Baden.
Häußer, Otto (1996): Die Staatskanzleien in der Regierungszentrale. Zur Organisation politischer Koordination in den Ländern. In: Verwaltung und Management 2: 5, 299–302.
Häußer, Otto/Beck, Joachim (1995): Zum Aufbau von Regierungszentralen in den neuen Ländern - dargestellt am Beispiel der Sächsischen Staatskanzlei. In: Beck et al. (Hrsg.) (1995): 123–154.
Hochschule für Verwaltungswissenschaften Speyer (Hrsg.) (1967): Die Staatskanzlei. Aufgaben, Organisation und Arbeitsweise auf vergleichender Grundlage. Berlin.
Knöpfle, Franz (1967): Tätigkeitssphären und Organisationsstrukturen der Staatskanzlei. In: Zeitschrift für Politik 14: 3, 290–312.
König, Klaus (1993): Staatskanzleien. Funktionen und Organisation. Opladen.
König, Klaus (2002): Zur Funktionsfähigkeit der Regierungszentralen. Profile der Staatskanzleien. In: König, Klaus: Verwaltete Regierung. Studien zur Regierungslehre. Köln, S. 222–259.
König, Klaus (2002): Verwaltete Regierung. Studien zur Regierungslehre. Köln.
Korte, Karl-Rudolf/Florack, Martin/Grunden, Timo (2006): Regieren in Nordrhein-Westfalen. Strukturen, Stile und Entscheidungen 1990 bis 2006. Wiesbaden.

Korte, Karl-Rudolf/Fröhlich, Manuel (2004): Politik und Regieren in Deutschland. Strukturen, Prozesse, Entscheidungen. Paderborn.
Kropp, Sabine (1999): Strategisches Koalitionshandeln und Koalitionstheorien. Konzeptionelle Überlegungen zur Untersuchung von Konflikt und Konsensbildung in Koalitionen. In: Sturm/Kropp (Hrsg.) (1999): 44–80.
Kropp, Sabine (2001): Regieren in Koalitionen. Handlungsmuster und Entscheidungsbildung in deutschen Länderregierungen. Wiesbaden.
Manow, Philip (1996): Informalisierung und Parteipolitisierung. Zum Wandel exekutiver Entscheidungsprozesse in der Bundesrepublik. In: Zeitschrift für Parlamentsfragen 27: 1, 96–107.
Müller-Rommel, Ferdinand (2000): Management of Politics in the German Chancellor's Office. In: Peters et al. (Hrsg.) (2000): 81–100.
Müller-Rommel, Ferdinand/Pieper, Gabriele (1991): Das Bundeskanzleramt als Regierungszentrale. In: Aus Politik und Zeitgeschichte 21/22, 3–13.
Peters, B. Guy/Rhodes, R. A. W./Wright, Vincent (Hrsg.) (2000): Administering the Summit. Administration of the Core Executive in Developed Countries. London.
Scharpf, Fritz W. (2000): Interaktionsformen. Akteurzentrierter Institutionalismus in der Politikforschung. Opladen.
Schneider, Herbert (2001): Ministerpräsidenten. Profil eines politischen Amtes im deutschen Föderalismus. Opladen.
Schöne, Helmar (2005): Die teilnehmende Beobachtung als Datenerhebungsmethode in der Politikwissenschaft. Methodologische Reflexion und Werkstattbericht. In: Historical Social Research/Historische Sozialforschung 30, 168–199.
Streeck, Wolfgang/Thelen, Kathleen (2005): Introduction. Institutional Change in Advanced Political Economies. In: Streeck/Thelen (Hrsg.) (2005): 1–39.
Streeck, Wolfgang/Thelen, Kathleen (Hrsg.) (2005): Beyond continuity. Institutional change in advanced political economies. Oxford.
Sturm, Roland/Kropp, Sabine (Hrsg.) (1999): Hinter den Kulissen von Regierungsbündnissen. Koalitionspolitik in Bund, Ländern und Gemeinden. Baden-Baden.
Sturm, Roland/Pehle, Heinrich (2007): Das Bundeskanzleramt als strategische Machtzentrale. In: Bertelsmann Stiftung (Hrsg.) (2007): 56–106.
Thelen, Kathleen Ann (2004): How institutions evolve. The Political Economy of Skills in Germany, Britain, the United States, and Japan. Cambridge.
Warneken, Bernd Jürgen/Wittel, Andreas (1997): Die neue Angst vor dem Feld. Ethnographisches research up am Beispiel der Unternehmensforschung. In: Zeitschrift für Volkskunde H. 93, 1–16.

Staatskanzleien als Regierungszentralen. Erfahrungen und Erkenntnisse eines Akteurs

Rüdiger Frohn

14 Jahre habe ich als Jurist in der Staatskanzlei des Landes Nordrhein-Westfalen gearbeitet. Als junger Referent kam ich im Sommer 1985 nach fünfjähriger Tätigkeit im Justizministerium des Landes in die Staatskanzlei. Als Chef der Staatskanzlei schied ich im Sommer 1999 aus, um Chef des Bundespräsidialamtes zu werden. In dieser Zeit habe ich vom Referatsleiter bis zum Abteilungsleiter alle Stufen durchlaufen, bin in verschiedenen Bereichen tätig gewesen und habe in dieser Zeit für die Chefs der Staatskanzleien Klaus Dieter Leister und Wolfgang Clement und für die Ministerpräsidenten Johannes Rau und Wolfgang Clement gearbeitet. Von den alltäglichen und besonderen Aufgaben will ich gern berichten, damit die Kenntnis über diese Behörde wächst.

Zugleich möchte ich mit diesem Beitrag die theoretische Diskussion über die Staatskanzleien als Regierungszentralen durch eine Schilderung der Praxis ein wenig irritieren. Diese Irritation kann der Politikwissenschaft vielleicht helfen, den Untersuchungsgegenstand besser zu verstehen.

Die Staatskanzlei – Was ist das? – Wie funktioniert sie?

Kaum eine Behördenbezeichnung ist traditioneller und respekterheischender als diese. Dabei ist ihre Funktion einfach beschrieben: Die Staatskanzlei ist die dienende Behörde des Ministerpräsidenten und Zentrale der Landesregierung. Schon in dieser Spannung zwischen Individual- und Kollektivaufgaben liegt eine Besonderheit, die kein Fachressort hat.

In den Anfängen der Länder waren die Staatskanzleien kleine Arbeitseinheiten, die mehr dem Persönlichen Büro eines Regierungschefs heutiger Tage ähnelten und die kaum mehr Funktionen hatten als Terminplanung und Regierungsnotariat. Größe und Bedeutung der Staatskanzlei wuchs in dem Maße, in dem sich in den Ländern die politische Macht von der Legislative zur Exekutive verschob. Nicht mehr das Machen von Landesgesetzen und Verordnungen, die Organisation oder Reform der Verwaltung, die Planung der Landesentwicklung, sondern die Teilhabe des Regierungschefs im politischen Diskurs der Republik, die Möglichkeiten über den Bundesrat Einfluss zu behaupten oder zu haben, wurde zum bedeutenden Teil des politischen Handelns des Ministerpräsidenten.

Für diese wachsende Aufgabe brauchte der Regierungschef eigene Zuarbeit aus seiner Behörde, der Staatskanzlei. So wuchs sie an Bedeutung und Beschäftigtenzahl. Dem steht eine vergleichsweise matte normative Ermächtigungsgrundlage gegenüber. § 3 der Geschäftsordnung der Landesregierung besagt: „Der Chef der Staatskanzlei koordiniert die politische und fachliche Arbeit der Landesregierung." Hier begegnet uns also zum ersten Mal das Schlüsselwort „Koordination". Was bedeutet es?

In der Physiologie bedeutet Koordination nach allgemeiner Definition „das vom Zentralnervensystem gesteuerte, den jeweiligen Gegebenheiten angepasste, geordnete und harmonische Zusammenspiel der Skelettmuskeln."[1] Eine wunderbare und passende Beschreibung, was die Ressortkoordination gewährleisten soll, nämlich eine konsistente Regierungspolitik nach den Vorstellungen des Regierungschefs.[2]

Daneben hat die Staatskanzlei – in der Regel – wenige eigene Ressortzuständigkeiten. Sie ist das Notariat der Landesregierung, d.h. hier werden alle wesentlichen Dokumente geprüft, ausgefertigt und verwahrt. Weil der Ministerpräsident eines Landes, wie das Staatsoberhaupt, Ordens- und Begnadigungskompetenz hat (verglichen mit der Bundesebene ist die Staatskanzlei also zugleich Kanzleramt und Präsidialamt) fallen auch hier zahlenmäßig nicht geringe Aufgaben an. Der Ministerpräsident vertritt das Land staatsrechtlich, was nicht nur protokollarisch, sondern auch bei dem Abschluss von Staatsverträgen von Bedeutung ist. Daraus begründet sich ebenso die Zuständigkeit für das Staatskirchenrecht und das Medienrecht. Schließlich hat die Staatskanzlei die Entscheidungen des Ministerpräsidenten zur Organisation der Landesregierung umzusetzen.

Von Bedeutung und Aufgabenfülle steht aber etwas anderes im Mittelpunkt. Das ist die Unterstützung des politischen Akteurs „Ministerpräsident" in allen seinen Aufgaben und speziell in der Um- und Durchsetzung seiner aus den Artikeln 54, 55 der Landesverfassung herrührenden Leitungsbefugnis und der Richtlinienkompetenz des Regierungschefs.

Das schlägt sich in folgenden Aufgaben für die Staatskanzlei nieder: Die Staatskanzlei setzt nach Wahlen und der Bildung der Regierung Wahlprogramme

---

1 Vgl. hierzu: Weiß, Jochachim (Red.) (2005): Die Zeit - das Lexikon. 8: Kir – Leul. Stichwort „Koordination". Hamburg: Zeitverlag Bucerius.
2 Vgl hierzu: Karl-Rudolf Korte/Martin Florack/Timo Grunden (2006): Regieren in Nordrhein-Westfalen, Strukturen, Stile, Entscheidungen 1990-2006. Wiesbaden: Verlag für Sozialwissenschaften: 78.

oder Koalitionsverträge in ein handhabbares Arbeitsprogramm der Landesregierung um. Sie überwacht die inhaltliche und termingerechte Erledigung des Arbeitsprogramms. Sie plant dazu die Arbeit der Regierung als Ganzes und koordiniert ein effektives, mindestens aber widerspruchsfreies, Verhalten der Fachressorts. Sie steuert, wann und welches Thema im Kollegialorgan der Landesregierung, dem Kabinett, beraten wird. Sie führt einen politischen Kalender, der eine Übersicht über alle für die Politik der Landesregierung wichtigen Termine und Ereignisse in einer Vorschau enthält. Sie ist über das Landespresseamt für die zentrale Kommunikation der Landesregierung verantwortlich. Abhängig von politischer Wertschätzung oder strategisch-taktischer Einschätzung haben Ministerpräsidenten einzelne Aufgabenbereiche in die Staatskanzlei geholt oder in Ressorts verlagert. In NRW betraf das zum Beispiel die Medienwirtschaft, die Landesplanung und die Europapolitik.

Bei Betrachtungen des Aufgabenbestandes einer Staatskanzlei werden bisweilen solche Tätigkeiten des Ministerpräsidenten übersehen, die nicht durch Verfassung und Gesetz bestimmt sind, bei denen der Ministerpräsident aber erwarten darf, dass er Unterstützung durch „seine" Behörde erhält. Das steht außerhalb jeder Kritik, soweit der Ministerpräsident als Ministerpräsident Mandate und Funktionen wahrnimmt, also z.B. das Land in einer Beteiligungsgesellschaft vertritt. Gilt das aber auch für so genannte „persönliche" Mandate? Also wenn der Ministerpräsident im Senat der Max Planck-Gesellschaft mitwirkt, Mitglied im Präsidium des Kirchentages oder einer Synode ist? Und was ist mit den Funktionen in seiner Partei, als deren Kandidat er in das Amt gekommen ist? Soll oder darf ihn da die Staatskanzlei nicht unterstützen, weil sonst der Vorwurf der Verfilzung droht? Hier ist nicht der Ort für einen genauen Abgrenzungsversuch. Vielleicht deshalb nur so viel: Natürlich ist die Staatskanzlei weder dazu da, ihrem Ministerpräsidenten persönliche Hobbies zu organisieren oder die Geschäftstelle seiner Partei zu ersetzen, manche laute Kritik der jeweiligen Opposition, dass die Staatskanzlei „ein Hofsstaat des Ministerpräsidenten sei", ist aber einem Empörungsreflex geschuldet, der antipolitischen Boulevardjournalismus bedienen soll.

In diesem Zusammenhang wäre es interessant, einmal Folgendes zu untersuchen: Von jeder Ehefrau eines Ministerpräsidenten wird selbstverständlich erwartet, eine Vielzahl von Ehrenämtern zu übernehmen. Darf die Staatskanzlei sie dabei unterstützen? Also z.B. Briefe beantworten, Terminvorbereitungen machen, ein Fahrzeug bereitstellen, eine Begleitung organisieren? Da bewegt sich vieles in einer Grauzone. Mehr Klarheit wäre da wünschenswert.

Und schließlich ist im Laufe der Jahre eine ganz neue Kategorie von Zuständigkeiten für die Staatskanzlei entstanden. Ich nenne sie „Zuständigkeit durch Chefsachenmythos." Dahinter verbergen sich Krisen, Katastrophen, Probleme oder Themen von wirklicher oder behaupteter Dramatik, die dem Regierungschef in der Regel durch die Opposition oder die Medien als „seine Angelegenheit" zugeschrieben werden, um die er sich und nicht der eigentlich zuständige Minister kümmern müsse. Auch hier wird die Staatskanzlei für den Regierungschef tätig. Und hier liegt eine weitere interessante und bisher nicht bearbeitete Fragestellung: Wie viel „Chefsachen" erträgt eine Regierung in der Spannung von Ressortzuständigkeit und Richtlinienkompetenz? Nun ist das Aufgabenfeld umschrieben und es stellt sich die nächste Frage:

Wie nimmt die Staatskanzlei nun diese Aufgaben wahr?

Die alltägliche Herausforderung für die Mitarbeiterinnen und Mitarbeiter der Staatskanzlei besteht nicht darin, die in Mußestunden gewonnenen Ideen aufs Papier zu bringen, sondern ist die unter Zeitdruck zu erstellende Terminvorbereitung. Und das beginnt am Tage 1 nach der Wahl. Eine Schonzeit der 100 Tage gibt es nicht. Termin reiht sich an Termin, jeder setzt sich aus unterschiedlichen Themen zusammen. Deshalb ist Staatskanzleiarbeit vielleicht am besten mit „Puzzle-Arbeit" zu vergleichen. Wahrzunehmende Termine gibt es für den Regierungschef immer:

- Montags: Fraktionsvorstand, Parteigremien,
- Dienstags: Fraktionen, Kabinett,
- Mittwochs: Landtag und seine Ausschüsse,
- Donnerstags: wie Mittwoch, aber auch Sitzungen des Bundesrates und seiner Ausschüsse,
- Freitags: Plenum des Bundesrats,

Und das ist nicht alles: Stiftungen und Aufsichtsgremien, Fachkonferenzen, regional- und bundespolitische Abstimmungen und europäische Verpflichtungen, die eigene Partei auf allen Ebenen und die ganz alltäglichen Verpflichtungen des Regierungschefs: Gemeinde- und Firmenbesuche, Gespräche mit Verbänden und Interessengruppen und Reden, Reden, Reden...

So werden jeden Tag eine Vielzahl von ganz verschiedenen Puzzles zusammengesetzt und zwar optimalerweise so, dass ein in sich stimmiges Gesamtmuster erkennbar wird. Das braucht Zeit und Aufmerksamkeit und der Geschwindigkeitswahn oder Fristendruck erzeugt Stress und begünstigt Fehler. Bei dem jeweiligen Puzzle werden die Teile aus den Produkten der politikberatenden Staatskanzlei (von ihren sonstigen Aufgaben soll hier nicht die Rede sein) geholt und zusammengesetzt. Die Produkte lassen sich in vier große Gruppen einordnen:

Staatskanzleien als Regierungszentralen 229

1. Informationen beschaffen und bewerten
2. Programme entwickeln („den roten Faden spinnen")
3. Umsetzungsstrategien entwickeln und verfolgen
4. Zustimmung organisieren

Information

Informationen müssen gesammelt, bewertet und bereitgestellt werden. Das klingt einfach, ist aber in einer Zeit, die als „over-newsed but underinformed" gilt, nicht leicht.

- Was ist eine unbestreitbare Tatsache?
- Wie sicher oder verlässlich ist die Quelle?
- Wer filtert die Interessen aus den Nachrichten?
- Wer bewertet die Methoden der Statistik kritisch?
- Was ist strategisch wichtig?
- Wie stellt man die richtigen Fragen?
- Wo bekommt man Antwort auf Fragen, die bisher nicht gestellt wurden?
- Wie bereitet man Informationen so auf, dass sie für den Ministerpräsidenten aktuell, brauchbar und nützlich sind?
- Wie kann der Ministerpräsident über wichtige gesellschaftspolitische Diskussionen, etwa der Stammzellforschung, ebenso verlässlich informiert werden, wie über die kommunalpolitischen Probleme der Stadt Gevelsberg, wenn er dort einen Besuch macht?

Nach wie vor ist die Herstellung solcher Informationen Einzelanfertigung und bedient sich aus Datenbanken, Ressortwissen, Aktenkenntnis. Und das alles muss kurz, aber vollständig und anlassbezogen, aber objektiv und zugleich brauchbar aufbereitet sein.

Entgegen vieler Erwartungen in den achtziger Jahren konnten dazu automatisierte Informationssysteme nicht entwickelt werden. Sie können der Komplexität politischer Anforderungen nicht gerecht werden, was übrigens auch für die Aussagefähigkeit von Benchmarkingbetrachtungen in der Politik gilt.

Kritische Sichtung aller verfügbaren Quellen, konsequente Beobachtung der gesellschaftlichen Diskussionen und auf den jeweiligen Anlass- und Empfängerhorizont abgestellte Informationen, die auf Beurteilungsfähigkeit und Beurteilungskraft beruhen, sind eben nicht technisch zu gewinnen und auch nicht in der gewünschten Qualität extern einzukaufen. So bleibt die Bereitstellung verlässlicher Information eine zentrale Aufgabe der politischen Administration. Nur eine gut informierte Staatskanzlei kann eine gut informierende Führungshilfe für den Ministerpräsidenten sein. Und jeder Mitarbeiter weiß, schon eine leichtfertig fehlerhafte oder auch nur unvollständige Information, die der Ministerpräsident benutzt, kann diesen das Amt kosten („Der Ministerpräsident hat gelogen.").

Programme entwickeln – „Den roten Faden spinnen"

Politischer Erfolg entsteht nicht aus der Addition einzelner richtiger Entscheidungen, sondern aus einer durchgängigen, glaubwürdigen und damit vertrauensschaffenden Handlungsweise im Spannungsbogen der Legislaturperiode. Dazu braucht jede Regierung ein Arbeitsprogramm als „roten Faden." Er wird im Wesentlichen in der Staatskanzlei gesponnen und entsteht aus Rohmaterial. Das sind:

1. Parteiprogramme
2. Wahlprogramme
3. Koalitionsvereinbarung

Sie bilden die Grundlage für die Regierungserklärung und aus der Summe dieser Erklärungen „politischen Wollens" und aus sonstigen Gründen gebotenem politischen Handeln (EU, Anpassung an Bundesrecht, Konsequenzen gerichtlicher Entscheidungen) entsteht eine Art von „Drehbuch für die Legislaturperiode."

In diesem Drehbuch werden Akteure, Zeitpläne und Ziele festgeschrieben. Dabei geht es nicht nur darum, zu fixieren, was sowieso geschieht, sondern jede Regierungszentrale versucht, einen fünfjährigen Spannungsbogen für die Legislaturperiode aufzubauen und dabei eine Erfolgsbilanz „vorauszudenken." Angekündigt sollte nur das werden, was sich in der Legislaturperiode zum Erfolg führen lässt.

Wie läuft die Erarbeitung eines solchen Drehbuches? Die Planungsverantwortlichen der Staatskanzlei schreiben auf der Basis von Regierungserklärung und Koalitionsvereinbarung ein operationell strukturiertes Grundgerüst (Wer soll wann was tun?). Dazu nehmen die Ressortkoordinatoren der Staatskanzlei Stellung. Das sind die Mitarbeiter, die in den so genannten Spiegelreferaten die Fachpolitik der Ministerien beobachten, ihnen gegenüber das Regierungsgesamtinteresse vertreten, aber auch die Sicht des Ressorts in die Arbeit der Staatskanzlei einbringen. Sie arbeiten in einem außerordentlich konfliktreichen Feld, weil sie der Staatskanzlei als „Spitzel der Ressorts" und den Ressorts „als Spione der Regierungszentrale" gelten. Sie müssen diesen Konflikt aushalten können. Verschwiegenheit, Loyalität und alle Eigenschaften eines fairen Interessensmaklers sind dabei sehr wichtig.

Mit ihrer Hilfe werden durch einen breiten und integrierenden Blick Fehler ausgemerzt und Widersprüche ausgeglichen und ein erster Entwurf geschrieben, der den Ressorts zur Stellungnahme und Ergänzung übermittelt wird. Jetzt hagelt es Widersprüche und Einsprüche, Ergänzungs- und vor allem auch Streichungswünsche aus dem Finanzministerium, denn immer geht es um Geld oder die sonstige Verteilung anderer Ressourcen. Manches ist gerechtfertigt, manches entspricht Ressortegoismen und Neiddenken („Warum hat das Ministerium x mehr Projekte als unser Ministerium? Warum wird bei uns mehr gespart als dort?").

Auf der Grundlage der Ressortstellungnahmen schreiben die Planer den Entwurf fort. Sachliche, politische oder zeitliche Differenzen werden in so genannte „Streitlisten" erfasst und die Staatskanzlei versucht, sie im Verhandlungswege mit den Ressorts auszuräumen, zunächst auf Referenten- dann auf Abteilungsleiter-Ebene. Dabei schafft manche Problemlösung mit dem einen Ressort ein neues Problem mit einem anderen Ressort. Deshalb wird in einer Schlussrunde aller Ressorts auf Abteilungsleiter-Ebene multilateral verhandelt und eine Kabinettvorlage erarbeitet. Sie geht dann in die förmliche Ressortabstimmung, wird danach von den Staatssekretären aller Ministerien beraten und schlussendlich dem Kabinett zur Beschlussfassung vorgelegt. Mancher Minister beginnt dann aus Überzeugung oder Profilierung manchen beigelegten Streit von vorn und bisweilen wird versucht, Interessen durch einen plötzlichen „Überfall" oder durch die Hintertür „schleichend" durchzusetzen. Es ist Sache der Staatskanzlei, den Ministerpräsidenten für alle diese Fälle mit streitbeilegenden, konsensstiftenden und finanzierbaren Vorschlägen zu versehen. Eine enge Abstimmung mit dem Finanzministerium ist dabei notwendig. Wenn das Kabinett am Ende beschließt, ist das Drehbuch verbindlich.

Umsetzungsstrategien entwickeln und verfolgen

Glauben Sie aber nicht, dass von nun an nur ein Film abgespult werden müsse, weil doch jeder Minister seine Rolle kenne, beherrsche und bei ihr bleibe! Disziplin gegenüber dem Vereinbarten durchzusetzen ist Sache der Ressortkoordinatoren in der Staatskanzlei. Sie haben darauf zu achten, dass die verabredeten Ziele erreicht werden. Dazu müssen sie die fachpolitischen Beratungen im Parlament und in der gesellschaftlichen Auseinandersetzung beobachten, den Ministerpräsidenten über die „Performance" seiner Minister informieren und die Gesamtansprüche der Regierung durchsetzen. Das Regierungsmanagement muss ineinander greifen und möglichst reibungslos laufen. Das heißt, die im Regierungsprogramm verabredeten Vorhaben müssen nach einem Zeitplan fristgerecht vorbereitet, durch das Kabinett beraten und verabschiedet und durch das Parlament gebracht werden. Das ist für jedes Regierungsvorhaben so etwas wie ein Marathonlauf im unwegsamen Gelände mit Hindernissen, Stolpersteinen und manchmal auch Umwegen.

Denn auf jeder Stufe eines solchen Prozesses ist mit Einwirkungen von unterschiedlichen Interessen zu rechnen (Parteien, Verbände, Kommunen und Wirtschaftsunternehmen, kurz: die Lobbyisten suchen ihren Vorteil). Solche Entwicklungen zu beobachten, den Kurs zu halten und den Kompromiss zwischen den Ressortinteressen zu finden, ist eine zentrale Aufgabe der Staatskanzlei. Aber auch die Anpassung an sich verändernde Umstände muss bedacht werden. So hat etwa der Unfall im Kernkraftwerk Tschernobyl ebenso Auswirkungen auf die Landespolitik und ihre Planung gehabt, wie der Fall der Mauer oder der Wechsel der Bundesregierung. Stur bei dem „Versprochenen" zu bleiben, ist eben nicht immer der Ausweis politischer Klugheit.

Zustimmung organisieren

Kein Vorhaben einer Regierung läuft automatisch zu seinem erfolgreichen Ende. Für das von der Regierung Gewollte muss im demokratischen Staat Zustimmung organisiert und Überzeugungsarbeit geleistet werden – im Parlament, in der Öffentlichkeit und gegenüber gesellschaftlichen Interessengruppen. Machtworte von Regierungschefs sind in der Regel Ausdruck von politischer Ohnmacht und deshalb von begrenzter Wirkung. Begründungen und Argumentationen werden entworfen, in Gesprächen mit wichtigen Personen und Verbänden wird erläutert und geworben und schließlich werden für die Medien und die Öffentlichkeit Informationen in vielgestaltiger Form aufbereitet – in Regierungserklärungen, Broschüren, Kongressen oder durch andere Aufmerksamkeit erzeugende Veranstaltungen. Auch dabei geht es der Staatskanzlei immer darum, das erwünschte Gesamtprofil und den roten Faden der Regierungspolitik im Auge zu halten.

Krisenmanagement und Chefsachenmythos

Bisher war die Rede von solchen Tätigkeiten, die für die Staatskanzlei mehr oder weniger planbar sind. Wenn ein Stahlwerk wie in Duisburg-Rheinhausen geschlossen werden soll, zwei große Firmen wie Krupp und Thyssen sich mit feindlichen Übernahmen drohen, wenn Massenentlassungen oder Firmenpleiten erwartet werden, dann bestimmt dies das politische Leben ungleich stärker, als der Vollzug irgendwelcher Regierungsplanungen. Aber auch andere ganz unvorhersehbare Ereignisse entfalten politische Wirkungen: ein terroristischer Anschlag, ein Flughafenbrand, eine Tierseuche. Das sind dann oft Ereignisse, in denen der Ministerpräsident die Staatskanzlei als „Feuerwehr der Landesregierung" einsetzt. Hier muss sie in der Lage sein, ihrem Ministerpräsidenten als Feuerwehrhauptmann die Löschempfehlungen zu geben, die angemessen sind und dem Bedürfnis der Bürgerinnen und Bürger nach Anteilnahme, Verständnis und Problemlösung entsprechen. Weder Allmachtsphantasien („Ich mache das") noch Ohnmachtsgesten („Da kann ich nichts machen") sind überzeugend. Politik, die Vertrauen gewinnen oder behalten will, muss leisten, was sie leisten kann und darf nicht mehr versprechen, als sie zu leisten vermag. Dazu muss die Staatskanzlei das richtige Angebot finden. Zugleich besteht das Geschick der Staatskanzlei darin, die politische Führung durch den Regierungschef mit der Ressortverantwortung eines Ministers zu kombinieren.

Die Mitarbeiter

Wer leistet nun aber diese interne politische Beratung? Wo kommen die Mitarbeiter her, welchen Ausbildungshintergrund und welche Berufserfahrung haben sie?

Die Staatskanzlei NRW hat eine sehr gute Erfahrung gemacht mit einer Mischung von überwiegend klassischer Rekrutierung aus Ministerien und den anderen Verwaltungen des Landes und einigen wenigen „bunten Vögeln", die außerhalb angeworben wurden. Eine Mischung von Juristen, Volkswirten, Verwaltungswissenschaftlern und Historikern, Naturwissenschaftlern, Journalisten, Lehrern, auch unterschiedlichen Lebensalters und beruflicher Erfahrung, erzeugt ein kreatives Klima und führt zu einem weiten Blick. Durch eine organisierte Rotation, d.h. durch einen regelmäßigen Wechsel der Mitarbeiter mit Ministerien kann Verkrustung in Organisation und im Denken verhindert werden.

Bei den Eigenschaften haben wir weniger den fachlichen Spezialisten gesucht, sondern danach geschaut, ob der Kandidat oder die Kandidatin analytisch und konzeptionell denken kann, kommunikative Fähigkeiten hat, über eine ausgeprägte soziale Kompetenz und Verhandlungsfähigkeit verfügt und dabei stressfest, diskret, loyal und uneitel ist. Wer für den Ministerpräsidenten arbeitet, der sollte keine eigenen politischen Ambitionen haben und auch literarisch-journalistische Neigungen zurückstellen. Jedes Abweichen von dieser Regel führt über kurz oder lang zum Konflikt.

Absolventen spezieller „Government"- oder „Governance"-Ausbildungen haben es, soweit ich das überblicke, bisher nicht in solche Verwendungen geschafft. Das wird vielleicht in Zukunft anders werden. Überzeugt bin ich jedenfalls davon, dass eine Staatskanzlei, die auf der Höhe der Zeit tätig sein will, in die Fortbildung und beständige Weiterqualifizierung ihres Personals investieren muss.

Wann ist eine Staatskanzlei erfolgreich?

Lassen Sie mich die Antwort mit einer Anekdote versuchen: Eine der großen fliegerischen Leistungen war die Überquerung des Südpols. Als der erfolgreiche Pilot Richard Byrd nach seiner Rückkehr gefragt wurde „Welche Abenteuer haben Sie erlebt?" antwortete er: „Ich hätte sehr viele Abenteuer erleben können, wenn ich den Flug nicht gründlich vorbereitet hätte. So aber habe ich alles sorgsam vorbereitet und bin nur hingeflogen und wieder zurück, ohne etwas Besonderes zu erleben."

So ähnlich – allerdings erdnäher – funktioniert eine gute Staatskanzlei: Je besser sie vorbereitet, moderiert und koordiniert, je diskreter sie ist, um so erfolgreicher wird die Regierung sein. Noch deutlicher: Je weniger man die Staatskanzlei als politischen Akteur wahrnimmt, umso besser für die Regierung und den Regierungschef. Ehrlicher Makler zwischen Ressortinteressen kann sie nur sein, wenn sie sich nicht als eine Art von Oberministerium aufspielt, sich nicht in die Fachfragen der Ressorts einmischt und nicht selbst wie ein Ressort an den Verteilungskämpfen in der Regierung um Ressourcen und Aufmerksamkeit teilnimmt. Es spricht also vieles dafür, dass eine Staatskanzlei möglichst wenig fachliche Zuständigkeit hat und nicht von einem Minister geleitet wird.

Verzeichnis der Autorinnen und Autoren

Julia von Blumenthal, Prof. Dr., Leiterin des Lehrbereichs Innenpolitik der Bundesrepublik Deutschland am Institut für Sozialwissenschaften der Humboldt-Universität zu Berlin.

Basil Bornemann, Dipl.-Umweltwiss., wissenschaftlicher Mitarbeiter am Institut für Politikwissenschaft der Leuphana Universität Lüneburg.

Stephan Bröchler, PD Dr., Vertretungsprofessur für das politisch-soziale System Deutschlands/Vergleich politischer Systeme an der Justus-Liebig-Universität Gießen.

Julia Fleischer, Dipl.-Verw. Wiss., Forschungsreferentin am Deutschen Forschungsinstitut für öffentliche Verwaltung Speyer.

Martin Florack, M.A., wissenschaftlicher Mitarbeiter und Akademischer Rat im Fachgebiet Didaktik der Politik, Institut für Politikwissenschaft, Universität Duisburg-Essen.

Rüdiger Frohn, Jurist, Staatssekretär a.D. als Chef des Bundespräsidialamtes (1999-2004), Beiratsvorsitzender der Stiftung Mercator, Essen.

Timo Grunden, Dr. rer. pol., wissenschaftlicher Mitarbeiter und Akademischer Rat am Institut für Politikwissenschaft der Universität Duisburg-Essen.

Klaus König, em. Prof. an der Deutschen Hochschule für Verwaltungswissenschaften Speyer, zuletzt Lehrstuhl für Verwaltungswissenschaft, Regierungslehre und Öffentliches Recht.

Karl-Rudolf Korte, Prof. Dr., Leiter des Lehrbereichs Politikwissenschaft mit dem Schwerpunkt „Politisches System der Bundesrepublik Deutschland und moderne Staatstheorien" am Institut für Politikwissenschaft der Universität Duisburg-Essen.

Friedbert W. Rüb, Prof. Dr., Leiter des Lehrbereichs Politische Soziologie und Sozialpolitik am Institut für Sozialwissenschaften der Humboldt-Universität zu Berlin.

Ralf Tils, Dr., Post-Doc-Stipendiat an der Graduate School der Leuphana Universität Lüneburg.

Neu im Programm Politikwissenschaft

Gerhard Bäcker / Gerhard Naegele / Reinhard Bispinck / Klaus Hofemann / Jennifer Neubauer

Sozialpolitik und soziale Lage in Deutschland

Band 1: Grundlagen, Arbeit, Einkommen und Finanzierung
5., durchges. Aufl. 2010. 622 S. Geb.
EUR 34,95
ISBN 978-3-531-17477-8

Band 2: Gesundheit, Familie, Alter und Soziale Dienste
5., durchges. Aufl. 2010. 616 S. Geb.
EUR 34,95
ISBN 978-3-531-17478-5

Das zweibändige Hand- und Lehrbuch bietet einen breiten empirischen Überblick über die Arbeits- und Lebensverhältnisse in Deutschland und die zentralen sozialen Problemlagen. Im Mittelpunkt der Darstellung stehen Arbeitsmarkt, Arbeitslosigkeit und Arbeitsbedingungen, Einkommensverteilung und Armut, Krankheit und Pflegebedürftigkeit sowie die Lebenslagen von Familien und von älteren Menschen.
Das Buch gibt nicht nur den aktuellen Stand der Gesetzeslage wieder, sondern greift auch in die gegenwärtige theoretische und politische Diskussion um die Zukunft des Sozialstaates in Deutschland ein. Es wendet sich an Studierende und Lehrende an Hochschulen, Schulen, Bildungseinrichtungen sowie an Experten in Verwaltungen, Verbänden und Gewerkschaften.

Schmidt, Manfred G.

Demokratietheorien
Eine Einführung
5. Aufl. 2010. 571 S. Br. EUR 19,95
ISBN 978-3-531-17310-8

Dieses Buch führt in klassische und moderne Demokratietheorien ein. Es schlägt einen Bogen von der Staatsformenlehre des Aristoteles bis zu den Demokratietheorien der Gegenwart und erörtert dabei auch den neuesten Stand der international vergleichenden Demokratieforschung. Der Band stellt zudem die wichtigsten Demokratietypen und die leistungsfähigsten Demokratiemessungen vor. Ferner erkundet er die Funktionsvoraussetzungen der Demokratie, klärt die Bedingungen für erfolgreiche und erfolglose Demokratisierungsvorgänge und geht der Frage nach, ob die Europäische Union an einem strukturellen Demokratiedefizit laboriert. Überdies handelt das Werk sowohl von den Stärken der Demokratie wie auch von ihren Schwächen. Außerdem prüft es die Leistungskraft der Demokratie im Vergleich mit Nichtdemokratien. Auf diesen Grundlagen wird abschließend die Zukunft der Demokratie prognostiziert. Das vorliegende Werk ist die fünfte – mittlerweile mehrfach erweiterte – Auflage des erstmals 1995 erschienenen Buches.

Erhältlich im Buchhandel oder beim Verlag.
Änderungen vorbehalten. Stand: Juli 2010.

www.vs-verlag.de

VS VERLAG

Abraham-Lincoln-Straße 46
65189 Wiesbaden
Tel. 0611.7878-722
Fax 0611.7878-400

Neu im Programm Politikwissenschaft

Andreas Kost /
Hans-Georg Wehling (Hrsg.)
Kommunalpolitik in den deutschen Ländern
Eine Einführung
2., akt. u. überarb. Aufl. 2010. 413 S. Br.
EUR 34,95
ISBN 978-3-531-17007-7

Dieser Band behandelt systematisch die Kommunalpolitik und -verfassung in allen deutschen Bundesländern. Neben den Einzeldarstellungen zu den Ländern werden auch allgemeine Aspekte wie kommunale Finanzen in Deutschland, Formen direkter Demokratie und die Kommunalpolitik im politischen System der Bundesrepublik Deutschland behandelt. Damit ist der Band ein unentbehrliches Hilfsmittel für Studium, Beruf und politische Bildung.

Hans-Joachim Lauth (Hrsg.)
Vergleichende Regierungslehre
Eine Einführung
3., akt. u. erw. Aufl. 2010. 437 S. Br.
EUR 29,95
ISBN 978-3-531-17309-2

Dieser Band gibt einen umfassenden Überblick über die methodischen und theoretischen Grundlagen der Subdisziplin und erläutert die zentralen Begriffe und Konzepte. In 16 Beiträgen werden hierbei nicht nur die klassischen Ansätze behandelt, sondern gleichfalls neuere innovative Konzeptionen vorgestellt, die den aktuellen Forschungsstand repräsentieren. Darüber hinaus informiert der Band über gegenwärtige Diskussionen, Probleme und Kontroversen und skizziert Perspektiven der politikwissenschaftlichen Komparatistik.

Wolfgang Schroeder /
Bernhard Weßels (Hrsg.)
Handbuch Arbeitgeber- und Wirtschaftsverbände in Deutschland
2010. 552 S. Geb. EUR 59,95
ISBN 978-3-531-14195-4

Arbeitgeber- und Wirtschaftsverbände organisieren kollektives Handeln von wirtschaftlichen Konkurrenten, indem sie versuchen, gemeinsame Interessen gegenüber dem Staat, den Gewerkschaften und der Wirtschaft selbst zu artikulieren, zu repräsentieren und durchzusetzen. Dieses Handbuch stellt Geschichte, Funktionen, Strukturen und Perspektiven der Arbeitgeber- und Wirtschaftsverbände in den Mittelpunkt. Hierbei werden die Reaktionen dieser Verbände auf die veränderten Umweltbedingungen aufgezeigt sowie der Frage nachgegangen, inwieweit zu konstatierende Veränderungsprozesse bei den Arbeitgeber- und Wirtschaftsverbänden zu einer weitgehenden Transformation des deutschen Modells insgesamt beitragen.

Erhältlich im Buchhandel oder beim Verlag.
Änderungen vorbehalten. Stand: Juli 2010.

www.vs-verlag.de

VS VERLAG

Abraham-Lincoln-Straße 46
65189 Wiesbaden
Tel. 0611.7878-722
Fax 0611.7878-400

MIX
Papier aus verantwortungsvollen Quellen
Paper from responsible sources
FSC® C105338

If you have any concerns about our products,
you can contact us on
ProductSafety@springernature.com

In case Publisher is established outside the EU,
the EU authorized representative is:
Springer Nature Customer Service Center GmbH
Europaplatz 3, 69115 Heidelberg, Germany

Printed by Libri Plureos GmbH
in Hamburg, Germany